Basketball Scoresheet Book

200 Pages (100 sheets)

Julien Coallier

BASKETBALL SCORE SHEET

Date _____

Game Time _____

Site _____

Court # _____

Referees _____

Type
- [ ] Traditional
- [ ] Unified

Sex
- [ ] Men
- [ ] Women

Age Group
- [ ] Youth
- [ ] Junior
- [ ] Senior
- [ ] Master
- [ ] Senior Master

Division
- [ ] 1
- [ ] 2
- [ ] 3
- [ ] 4
- [ ] 5
- [ ] 6
- [ ] 7
- [ ] 8

VISITORS _____   **Uniform Color** _____

Team Fouls:

1st Half	1	2	3	4	5	6	7	8	9	10	+
2nd Half	1	2	3	4	5	6	7	8	9	10	+

1 + 1   2 Shots

Time Outs: 60 Secs | 1 | 2 | 3 |

30 Secs | 1 | 2 |

No.	U	Player	Fouls					SCORING: 3 = 3 point goal 2 = 2 point goal ● = FT Made O = FT missed			
								1st	2nd	3rd	4th
			1	2	3	4	5				
			1	2	3	4	5				
			1	2	3	4	5				
			1	2	3	4	5				
			1	2	3	4	5				
			1	2	3	4	5				
			1	2	3	4	5				
			1	2	3	4	5				
			1	2	3	4	5				
			1	2	3	4	5				
			1	2	3	4	5				
			1	2	3	4	5				

FINAL SCORE: _____   Quarter Total

Running Score

1	29	57
2	30	58
3	31	59
4	32	60
5	33	61
6	34	62
7	35	63
8	36	64
9	37	65
10	38	66
11	39	67
12	40	68
13	41	69
14	42	70
15	43	71
16	44	72
17	45	73
18	46	74
19	47	75
20	48	76
21	49	77
22	50	78
23	51	79
24	52	80
25	53	81
26	54	82
27	55	83
28	56	84

Alternating Possession | H | V | H | V | H | V | H | V | H | V | H | V | H | V | H | V | H | V | H | V | H | V | H | V |

Defensive Warning | | |

HOME _____   **Uniform Color** _____

Team Fouls:

1st Half	1	2	3	4	5	6	7	8	9	10	+
2nd Half	1	2	3	4	5	6	7	8	9	10	+

1 + 1   2 Shots

Time Outs: 60 Secs | 1 | 2 | 3 |

30 Secs | 1 | 2 |

No.	U	Player	Fouls					SCORING: 3 = 3 point goal 2 = 2 point goal ● = FT Made ○ = FT missed			
								1st	2nd	3rd	4th
			1	2	3	4	5				
			1	2	3	4	5				
			1	2	3	4	5				
			1	2	3	4	5				
			1	2	3	4	5				
			1	2	3	4	5				
			1	2	3	4	5				
			1	2	3	4	5				
			1	2	3	4	5				
			1	2	3	4	5				
			1	2	3	4	5				
			1	2	3	4	5				

_____   Quarter Total

Running Score

1	29	57
2	30	58
3	31	59
4	32	60
5	33	61
6	34	62
7	35	63
8	36	64
9	37	65
10	38	66
11	39	67
12	40	68
13	41	69
14	42	70
15	43	71
16	44	72
17	45	73
18	46	74
19	47	75
20	48	76
21	49	77
22	50	78
23	51	79
24	52	80
25	53	81
26	54	82
27	55	83
28	56	84

BASKETBALL SCORE SHEET

Date _____

Game Time _____

Site _____

Court # _____

Referees _____

Type
- ☐ Traditional
- ☐ Unified

Sex
- ☐ Men
- ☐ Women

Age Group
- ☐ Youth
- ☐ Junior
- ☐ Senior
- ☐ Master
- ☐ Senior Master

Division
- ☐ 1   ☐ 5
- ☐ 2   ☐ 6
- ☐ 3   ☐ 7
- ☐ 4   ☐ 8

VISITORS _____

Uniform Color _____

Team Fouls:

1st Half: | 1 | 2 | 3 | 4 | 5 | 6 | | 7 | 8 | 9 | | 10 | + |

2nd Half: | 1 | 2 | 3 | 4 | 5 | 6 | | 7 | 8 | 9 | | 10 | + |

1 + 1   2 Shots

Time Outs: 60 Secs | 1 | 2 | 3 |

30 Secs | 1 | 2 |

No.	U	Player	Fouls					SCORING: 3 = 3 point goal 2 = 2 point goal ● = FT Made O = FT missed			
								1st	2nd	3rd	4th
			1	2	3	4	5				
			1	2	3	4	5				
			1	2	3	4	5				
			1	2	3	4	5				
			1	2	3	4	5				
			1	2	3	4	5				
			1	2	3	4	5				
			1	2	3	4	5				
			1	2	3	4	5				
			1	2	3	4	5				
			1	2	3	4	5				
			1	2	3	4	5				

FINAL SCORE: _____ Quarter Total

Running Score (Visitors)

1	29	57	15	43	71
2	30	58	16	44	72
3	31	59	17	45	73
4	32	60	18	46	74
5	33	61	19	47	75
6	34	62	20	48	76
7	35	63	21	49	77
8	36	64	22	50	78
9	37	65	23	51	79
10	38	66	24	52	80
11	39	67	25	53	81
12	40	68	26	54	82
13	41	69	27	55	83
14	42	70	28	56	84

Alternating Possession | H | V | H | V | H | V | H | V | H | V | H | V | H | V | H | V | H | V | H | V | H | V | H | V |

Defensive Warning | | |

HOME _____

Uniform Color _____

Team Fouls:

1st Half: | 1 | 2 | 3 | 4 | 5 | 6 | | 7 | 8 | 9 | | 10 | + |

2nd Half: | 1 | 2 | 3 | 4 | 5 | 6 | | 7 | 8 | 9 | | 10 | + |

1 + 1   2 Shots

Time Outs: 60 Secs | 1 | 2 | 3 |

30 Secs | 1 | 2 |

No.	U	Player	Fouls					SCORING: 3 = 3 point goal 2 = 2 point goal ● = FT Made ○ = FT missed			
								1st	2nd	3rd	4th
			1	2	3	4	5				
			1	2	3	4	5				
			1	2	3	4	5				
			1	2	3	4	5				
			1	2	3	4	5				
			1	2	3	4	5				
			1	2	3	4	5				
			1	2	3	4	5				
			1	2	3	4	5				
			1	2	3	4	5				
			1	2	3	4	5				
			1	2	3	4	5				

_____ Quarter Total

Running Score (Home)

1	29	57	15	43	71
2	30	58	16	44	72
3	31	59	17	45	73
4	32	60	18	46	74
5	33	61	19	47	75
6	34	62	20	48	76
7	35	63	21	49	77
8	36	64	22	50	78
9	37	65	23	51	79
10	38	66	24	52	80
11	39	67	25	53	81
12	40	68	26	54	82
13	41	69	27	55	83
14	42	70	28	56	84

BASKETBALL SCORE SHEET

Date _____

Game Time _____

Site _____

Court # _____

Referees _____

Type
- ☐ Traditional
- ☐ Unified

Sex
- ☐ Men
- ☐ Women

Age Group
- ☐ Youth
- ☐ Junior
- ☐ Senior
- ☐ Master
- ☐ Senior Master

Division
☐	1	☐	5
☐	2	☐	6
☐	3	☐	7
☐	4	☐	8

VISITORS _____

Uniform Color _____

Team Fouls:
1st Half [1 | 2 | 3 | 4 | 5 | 6] [7 | 8 | 9] [10 | +]
2nd Half [1 | 2 | 3 | 4 | 5 | 6] [7 | 8 | 9] [10 | +]
1 + 1   2 Shots

Time Outs: 60 Secs [1 | 2 | 3]
30 Secs [1 | 2]

No.	U	Player	Fouls					SCORING: 3 = 3 point goal 2 = 2 point goal ● = FT Made O = FT missed			
								1st	2nd	3rd	4th
			1	2	3	4	5				
			1	2	3	4	5				
			1	2	3	4	5				
			1	2	3	4	5				
			1	2	3	4	5				
			1	2	3	4	5				
			1	2	3	4	5				
			1	2	3	4	5				
			1	2	3	4	5				
			1	2	3	4	5				
			1	2	3	4	5				
			1	2	3	4	5				

FINAL SCORE: _____   Quarter Total

Running Score
1		29		57
2		30		58
3		31		59
4		32		60
5		33		61
6		34		62
7		35		63
8		36		64
9		37		65
10		38		66
11		39		67
12		40		68
13		41		69
14		42		70
15		43		71
16		44		72
17		45		73
18		46		74
19		47		75
20		48		76
21		49		77
22		50		78
23		51		79
24		52		80
25		53		81
26		54		82
27		55		83
28		56		84

Alternating Possession [H | V | H | V | H | V | H | V | H | V | H | V | H | V | H | V | H | V | H | V | H | V | H | V]

Defensive Warning [|]

HOME _____

Uniform Color _____

Team Fouls:
1st Half [1 | 2 | 3 | 4 | 5 | 6] [7 | 8 | 9] [10 | +]
2nd Half [1 | 2 | 3 | 4 | 5 | 6] [7 | 8 | 9] [10 | +]
1 + 1   2 Shots

Time Outs: 60 Secs [1 | 2 | 3]
30 Secs [1 | 2]

No.	U	Player	Fouls					SCORING: 3 = 3 point goal 2 = 2 point goal ● = FT Made ○ = FT missed			
								1st	2nd	3rd	4th
			1	2	3	4	5				
			1	2	3	4	5				
			1	2	3	4	5				
			1	2	3	4	5				
			1	2	3	4	5				
			1	2	3	4	5				
			1	2	3	4	5				
			1	2	3	4	5				
			1	2	3	4	5				
			1	2	3	4	5				
			1	2	3	4	5				
			1	2	3	4	5				

_____   Quarter Total

Running Score
1		29		57
2		30		58
3		31		59
4		32		60
5		33		61
6		34		62
7		35		63
8		36		64
9		37		65
10		38		66
11		39		67
12		40		68
13		41		69
14		42		70
15		43		71
16		44		72
17		45		73
18		46		74
19		47		75
20		48		76
21		49		77
22		50		78
23		51		79
24		52		80
25		53		81
26		54		82
27		55		83
28		56		84

BASKETBALL SCORE SHEET

	Type		Age Group		Division			
Date _____	☐	Traditional	☐	Youth	☐	1	☐	5
Game Time _____	☐	Unified	☐	Junior	☐	2	☐	6
Site _____	**Sex**		☐	Senior	☐	3	☐	7
Court # _____	☐	Men	☐	Master	☐	4	☐	8
Referees _____	☐	Women	☐	Senior Master				

VISITORS

VISITORS _____

Uniform Color _____

Team Fouls:

1st Half	1	2	3	4	5	6	7	8	9	10	+
2nd Half	1	2	3	4	5	6	7	8	9	10	+

1 + 1   2 Shots

Time Outs: 60 Secs | 1 | 2 | 3 |

30 Secs | 1 | 2 |

No.	U	Player	Fouls					SCORING: 3 = 3 point goal 2 = 2 point goal ● = FT Made O = FT missed			
								1st	2nd	3rd	4th
			1	2	3	4	5				
			1	2	3	4	5				
			1	2	3	4	5				
			1	2	3	4	5				
			1	2	3	4	5				
			1	2	3	4	5				
			1	2	3	4	5				
			1	2	3	4	5				
			1	2	3	4	5				
			1	2	3	4	5				
			1	2	3	4	5				
			1	2	3	4	5				

FINAL SCORE: _____   Quarter Total

Running Score

1	29	57
2	30	58
3	31	59
4	32	60
5	33	61
6	34	62
7	35	63
8	36	64
9	37	65
10	38	66
11	39	67
12	40	68
13	41	69
14	42	70
15	43	71
16	44	72
17	45	73
18	46	74
19	47	75
20	48	76
21	49	77
22	50	78
23	51	79
24	52	80
25	53	81
26	54	82
27	55	83
28	56	84

Alternating Possession | H | V | H | V | H | V | H | V | H | V | H | V | H | V | H | V | H | V | H | V | H | V | H | V |

Defensive Warning ☐☐

HOME

HOME _____

Uniform Color _____

Team Fouls:

1st Half	1	2	3	4	5	6	7	8	9	10	+
2nd Half	1	2	3	4	5	6	7	8	9	10	+

1 + 1   2 Shots

Time Outs: 60 Secs | 1 | 2 | 3 |

30 Secs | 1 | 2 |

No.	U	Player	Fouls					SCORING: 3 = 3 point goal 2 = 2 point goal ● = FT Made ○ = FT missed			
								1st	2nd	3rd	4th
			1	2	3	4	5				
			1	2	3	4	5				
			1	2	3	4	5				
			1	2	3	4	5				
			1	2	3	4	5				
			1	2	3	4	5				
			1	2	3	4	5				
			1	2	3	4	5				
			1	2	3	4	5				
			1	2	3	4	5				
			1	2	3	4	5				
			1	2	3	4	5				

_____ Quarter Total

Running Score

1	29	57
2	30	58
3	31	59
4	32	60
5	33	61
6	34	62
7	35	63
8	36	64
9	37	65
10	38	66
11	39	67
12	40	68
13	41	69
14	42	70
15	43	71
16	44	72
17	45	73
18	46	74
19	47	75
20	48	76
21	49	77
22	50	78
23	51	79
24	52	80
25	53	81
26	54	82
27	55	83
28	56	84

BASKETBALL SCORE SHEET

Date _____

Game Time _____

Site _____

Court # _____

Referees _____

Type
- ☐ Traditional
- ☐ Unified

Sex
- ☐ Men
- ☐ Women

Age Group
- ☐ Youth
- ☐ Junior
- ☐ Senior
- ☐ Master
- ☐ Senior Master

Division
- ☐ 1 ☐ 5
- ☐ 2 ☐ 6
- ☐ 3 ☐ 7
- ☐ 4 ☐ 8

VISITORS _____

Uniform Color _____

Team Fouls:

1st Half | 1 | 2 | 3 | 4 | 5 | 6 | | 7 | 8 | 9 | | 10 | + |

2nd Half | 1 | 2 | 3 | 4 | 5 | 6 | | 7 | 8 | 9 | | 10 | + |

1 + 1   2 Shots

Time Outs: 60 Secs | 1 | 2 | 3 |

30 Secs | 1 | 2 |

No.	U	Player	Fouls					SCORING: 3 = 3 point goal 2 = 2 point goal • = FT Made O = FT missed			
								1st	2nd	3rd	4th
			1	2	3	4	5				
			1	2	3	4	5				
			1	2	3	4	5				
			1	2	3	4	5				
			1	2	3	4	5				
			1	2	3	4	5				
			1	2	3	4	5				
			1	2	3	4	5				
			1	2	3	4	5				
			1	2	3	4	5				
			1	2	3	4	5				
			1	2	3	4	5				

FINAL SCORE: _____   Quarter Total

Running Score		
1	29	57
2	30	58
3	31	59
4	32	60
5	33	61
6	34	62
7	35	63
8	36	64
9	37	65
10	38	66
11	39	67
12	40	68
13	41	69
14	42	70
15	43	71
16	44	72
17	45	73
18	46	74
19	47	75
20	48	76
21	49	77
22	50	78
23	51	79
24	52	80
25	53	81
26	54	82
27	55	83
28	56	84

Alternating Possession | H | V | H | V | H | V | H | V | H | V | H | V | H | V | H | V | H | V | H | V | H | V | H | V |

Defensive Warning | | |

HOME _____

Uniform Color _____

Team Fouls:

1st Half | 1 | 2 | 3 | 4 | 5 | 6 | | 7 | 8 | 9 | | 10 | + |

2nd Half | 1 | 2 | 3 | 4 | 5 | 6 | | 7 | 8 | 9 | | 10 | + |

1 + 1   2 Shots

Time Outs: 60 Secs | 1 | 2 | 3 |

30 Secs | 1 | 2 |

No.	U	Player	Fouls					SCORING: 3 = 3 point goal 2 = 2 point goal • = FT Made ○ = FT missed			
								1st	2nd	3rd	4th
			1	2	3	4	5				
			1	2	3	4	5				
			1	2	3	4	5				
			1	2	3	4	5				
			1	2	3	4	5				
			1	2	3	4	5				
			1	2	3	4	5				
			1	2	3	4	5				
			1	2	3	4	5				
			1	2	3	4	5				
			1	2	3	4	5				
			1	2	3	4	5				

_____   Quarter Total

Running Score		
1	29	57
2	30	58
3	31	59
4	32	60
5	33	61
6	34	62
7	35	63
8	36	64
9	37	65
10	38	66
11	39	67
12	40	68
13	41	69
14	42	70
15	43	71
16	44	72
17	45	73
18	46	74
19	47	75
20	48	76
21	49	77
22	50	78
23	51	79
24	52	80
25	53	81
26	54	82
27	55	83
28	56	84

BASKETBALL SCORE SHEET

Date	_____
Game Time	_____
Site	_____
Court #	_____
Referees	_____

Type
- ☐ Traditional
- ☐ Unified

Sex
- ☐ Men
- ☐ Women

Age Group
- ☐ Youth
- ☐ Junior
- ☐ Senior
- ☐ Master
- ☐ Senior Master

Division
- ☐ 1
- ☐ 2
- ☐ 3
- ☐ 4
- ☐ 5
- ☐ 6
- ☐ 7
- ☐ 8

VISITORS _____

Uniform Color _____

Team Fouls:
1st Half | 1 2 3 4 5 6 | 7 8 9 | 10 +
2nd Half | 1 2 3 4 5 6 | 7 8 9 | 10 +

1 + 1   2 Shots

Time Outs: 60 Secs | 1 2 3
30 Secs | 1 2

No.	U	Player	Fouls	SCORING: 3 = 3 point goal 2 = 2 point goal • = FT Made O = FT missed			
				1st	2nd	3rd	4th
			1 2 3 4 5				
			1 2 3 4 5				
			1 2 3 4 5				
			1 2 3 4 5				
			1 2 3 4 5				
			1 2 3 4 5				
			1 2 3 4 5				
			1 2 3 4 5				
			1 2 3 4 5				
			1 2 3 4 5				
			1 2 3 4 5				
			1 2 3 4 5				
			1 2 3 4 5				

FINAL SCORE: _____   Quarter Total

Running Score

1	29	57
2	30	58
3	31	59
4	32	60
5	33	61
6	34	62
7	35	63
8	36	64
9	37	65
10	38	66
11	39	67
12	40	68
13	41	69
14	42	70
15	43	71
16	44	72
17	45	73
18	46	74
19	47	75
20	48	76
21	49	77
22	50	78
23	51	79
24	52	80
25	53	81
26	54	82
27	55	83
28	56	84

Alternating Possession | H V H V H V H V H V H V H V H V H V H V H V H V

Defensive Warning ☐☐

HOME _____

Uniform Color _____

Team Fouls:
1st Half | 1 2 3 4 5 6 | 7 8 9 | 10 +
2nd Half | 1 2 3 4 5 6 | 7 8 9 | 10 +

1 + 1   2 Shots

Time Outs: 60 Secs | 1 2 3
30 Secs | 1 2

No.	U	Player	Fouls	SCORING: 3 = 3 point goal 2 = 2 point goal • = FT Made ○ = FT missed			
				1st	2nd	3rd	4th
			1 2 3 4 5				
			1 2 3 4 5				
			1 2 3 4 5				
			1 2 3 4 5				
			1 2 3 4 5				
			1 2 3 4 5				
			1 2 3 4 5				
			1 2 3 4 5				
			1 2 3 4 5				
			1 2 3 4 5				
			1 2 3 4 5				
			1 2 3 4 5				
			1 2 3 4 5				

_____   Quarter Total

Running Score

1	29	57
2	30	58
3	31	59
4	32	60
5	33	61
6	34	62
7	35	63
8	36	64
9	37	65
10	38	66
11	39	67
12	40	68
13	41	69
14	42	70
15	43	71
16	44	72
17	45	73
18	46	74
19	47	75
20	48	76
21	49	77
22	50	78
23	51	79
24	52	80
25	53	81
26	54	82
27	55	83
28	56	84

BASKETBALL SCORE SHEET

Date _____
Game Time _____
Site _____
Court # _____
Referees _____

Type
☐ Traditional
☐ Unified

Sex
☐ Men
☐ Women

Age Group
☐ Youth
☐ Junior
☐ Senior
☐ Master
☐ Senior Master

Division
☐ 1   ☐ 5
☐ 2   ☐ 6
☐ 3   ☐ 7
☐ 4   ☐ 8

VISITORS _____

Uniform Color _____

Team Fouls:	1st Half	1	2	3	4	5	6		7	8	9		10	+
	2nd Half	1	2	3	4	5	6		7	8	9		10	+

1 + 1   2 Shots

Time Outs: 60 Secs | 1 | 2 | 3 |

30 Secs | 1 | 2 |

No.	U	Player	Fouls					SCORING: 3 = 3 point goal 2 = 2 point goal ● = FT Made O = FT missed			
								1st	2nd	3rd	4th
			1	2	3	4	5				
			1	2	3	4	5				
			1	2	3	4	5				
			1	2	3	4	5				
			1	2	3	4	5				
			1	2	3	4	5				
			1	2	3	4	5				
			1	2	3	4	5				
			1	2	3	4	5				
			1	2	3	4	5				
			1	2	3	4	5				
			1	2	3	4	5				

FINAL SCORE: _____   Quarter Total

Alternating Possession | H | V | H | V | H | V | H | V | H | V | H | V | H | V | H | V | H | V | H | V | H | V | H | V |

Defensive Warning | | |

HOME _____

Uniform Color _____

Team Fouls:	1st Half	1	2	3	4	5	6		7	8	9		10	+
	2nd Half	1	2	3	4	5	6		7	8	9		10	+

1 + 1   2 Shots

Time Outs: 60 Secs | 1 | 2 | 3 |

30 Secs | 1 | 2 |

No.	U	Player	Fouls					SCORING: 3 = 3 point goal 2 = 2 point goal ● = FT Made ○ = FT missed			
								1st	2nd	3rd	4th
			1	2	3	4	5				
			1	2	3	4	5				
			1	2	3	4	5				
			1	2	3	4	5				
			1	2	3	4	5				
			1	2	3	4	5				
			1	2	3	4	5				
			1	2	3	4	5				
			1	2	3	4	5				
			1	2	3	4	5				
			1	2	3	4	5				
			1	2	3	4	5				

_____   Quarter Total

Running Score (Visitors)

1		29		57	
2		30		58	
3		31		59	
4		32		60	
5		33		61	
6		34		62	
7		35		63	
8		36		64	
9		37		65	
10		38		66	
11		39		67	
12		40		68	
13		41		69	
14		42		70	
15		43		71	
16		44		72	
17		45		73	
18		46		74	
19		47		75	
20		48		76	
21		49		77	
22		50		78	
23		51		79	
24		52		80	
25		53		81	
26		54		82	
27		55		83	
28		56		84	

Running Score (Home)

1		29		57	
2		30		58	
3		31		59	
4		32		60	
5		33		61	
6		34		62	
7		35		63	
8		36		64	
9		37		65	
10		38		66	
11		39		67	
12		40		68	
13		41		69	
14		42		70	
15		43		71	
16		44		72	
17		45		73	
18		46		74	
19		47		75	
20		48		76	
21		49		77	
22		50		78	
23		51		79	
24		52		80	
25		53		81	
26		54		82	
27		55		83	
28		56		84	

BASKETBALL SCORE SHEET

		Type	Age Group	Division

Date _____

Game Time _____

Site _____

Court # _____

Referees _____

Type
- ☐ Traditional
- ☐ Unified

Sex
- ☐ Men
- ☐ Women

Age Group
- ☐ Youth
- ☐ Junior
- ☐ Senior
- ☐ Master
- ☐ Senior Master

Division
- ☐ 1 ☐ 5
- ☐ 2 ☐ 6
- ☐ 3 ☐ 7
- ☐ 4 ☐ 8

VISITORS _____

Uniform Color _____

Team Fouls:

1st Half: | 1 | 2 | 3 | 4 | 5 | 6 | | 7 | 8 | 9 | | 10 | + |

2nd Half: | 1 | 2 | 3 | 4 | 5 | 6 | | 7 | 8 | 9 | | 10 | + |

1 + 1   2 Shots

Time Outs: 60 Secs | 1 | 2 | 3 |

30 Secs | 1 | 2 |

No.	U	Player	Fouls					SCORING: 3 = 3 point goal 2 = 2 point goal ● = FT Made O = FT missed			
								1st	2nd	3rd	4th
			1	2	3	4	5				
			1	2	3	4	5				
			1	2	3	4	5				
			1	2	3	4	5				
			1	2	3	4	5				
			1	2	3	4	5				
			1	2	3	4	5				
			1	2	3	4	5				
			1	2	3	4	5				
			1	2	3	4	5				
			1	2	3	4	5				
			1	2	3	4	5				

FINAL SCORE: _____   Quarter Total

Running Score (Visitors)

1		29		57	
2		30		58	
3		31		59	
4		32		60	
5		33		61	
6		34		62	
7		35		63	
8		36		64	
9		37		65	
10		38		66	
11		39		67	
12		40		68	
13		41		69	
14		42		70	
15		43		71	
16		44		72	
17		45		73	
18		46		74	
19		47		75	
20		48		76	
21		49		77	
22		50		78	
23		51		79	
24		52		80	
25		53		81	
26		54		82	
27		55		83	
28		56		84	

Alternating Possession | H | V | H | V | H | V | H | V | H | V | H | V | H | V | H | V | H | V | H | V | H | V | H | V |

Defensive Warning | | |

HOME _____

Uniform Color _____

Team Fouls:

1st Half: | 1 | 2 | 3 | 4 | 5 | 6 | | 7 | 8 | 9 | | 10 | + |

2nd Half: | 1 | 2 | 3 | 4 | 5 | 6 | | 7 | 8 | 9 | | 10 | + |

1 + 1   2 Shots

Time Outs: 60 Secs | 1 | 2 | 3 |

30 Secs | 1 | 2 |

No.	U	Player	Fouls					SCORING: 3 = 3 point goal 2 = 2 point goal ● = FT Made o = FT missed			
								1st	2nd	3rd	4th
			1	2	3	4	5				
			1	2	3	4	5				
			1	2	3	4	5				
			1	2	3	4	5				
			1	2	3	4	5				
			1	2	3	4	5				
			1	2	3	4	5				
			1	2	3	4	5				
			1	2	3	4	5				
			1	2	3	4	5				
			1	2	3	4	5				
			1	2	3	4	5				

_____   Quarter Total

Running Score (Home)

1		29		57	
2		30		58	
3		31		59	
4		32		60	
5		33		61	
6		34		62	
7		35		63	
8		36		64	
9		37		65	
10		38		66	
11		39		67	
12		40		68	
13		41		69	
14		42		70	
15		43		71	
16		44		72	
17		45		73	
18		46		74	
19		47		75	
20		48		76	
21		49		77	
22		50		78	
23		51		79	
24		52		80	
25		53		81	
26		54		82	
27		55		83	
28		56		84	

BASKETBALL SCORE SHEET

Date	_____
Game Time	_____
Site	_____
Court #	_____
Referees	_____

Type
- ☐ Traditional
- ☐ Unified

Sex
- ☐ Men
- ☐ Women

Age Group
- ☐ Youth
- ☐ Junior
- ☐ Senior
- ☐ Master
- ☐ Senior Master

Division
- ☐ 1 ☐ 5
- ☐ 2 ☐ 6
- ☐ 3 ☐ 7
- ☐ 4 ☐ 8

VISITORS _____

Uniform Color _____

Team Fouls:

1st Half: | 1 | 2 | 3 | 4 | 5 | 6 | 7 | 8 | 9 | 10 | + |

2nd Half: | 1 | 2 | 3 | 4 | 5 | 6 | 7 | 8 | 9 | 10 | + |

1 + 1   2 Shots

Time Outs: 60 Secs | 1 | 2 | 3 |

30 Secs | 1 | 2 |

No.	U	Player	Fouls					SCORING: 3 = 3 point goal 2 = 2 point goal • = FT Made O = FT missed			
								1st	2nd	3rd	4th
			1	2	3	4	5				
			1	2	3	4	5				
			1	2	3	4	5				
			1	2	3	4	5				
			1	2	3	4	5				
			1	2	3	4	5				
			1	2	3	4	5				
			1	2	3	4	5				
			1	2	3	4	5				
			1	2	3	4	5				
			1	2	3	4	5				
			1	2	3	4	5				

FINAL SCORE: _____   Quarter Total

Alternating Possession | H | V | H | V | H | V | H | V | H | V | H | V | H | V | H | V | H | V | H | V | H | V | H | V |

Defensive Warning | | |

Running Score

1		29		57	
2		30		58	
3		31		59	
4		32		60	
5		33		61	
6		34		62	
7		35		63	
8		36		64	
9		37		65	
10		38		66	
11		39		67	
12		40		68	
13		41		69	
14		42		70	
15		43		71	
16		44		72	
17		45		73	
18		46		74	
19		47		75	
20		48		76	
21		49		77	
22		50		78	
23		51		79	
24		52		80	
25		53		81	
26		54		82	
27		55		83	
28		56		84	

HOME _____

Uniform Color _____

Team Fouls:

1st Half: | 1 | 2 | 3 | 4 | 5 | 6 | 7 | 8 | 9 | 10 | + |

2nd Half: | 1 | 2 | 3 | 4 | 5 | 6 | 7 | 8 | 9 | 10 | + |

1 + 1   2 Shots

Time Outs: 60 Secs | 1 | 2 | 3 |

30 Secs | 1 | 2 |

No.	U	Player	Fouls					SCORING: 3 = 3 point goal 2 = 2 point goal • = FT Made ○ = FT missed			
								1st	2nd	3rd	4th
			1	2	3	4	5				
			1	2	3	4	5				
			1	2	3	4	5				
			1	2	3	4	5				
			1	2	3	4	5				
			1	2	3	4	5				
			1	2	3	4	5				
			1	2	3	4	5				
			1	2	3	4	5				
			1	2	3	4	5				
			1	2	3	4	5				
			1	2	3	4	5				

_____   Quarter Total

Running Score

1		29		57	
2		30		58	
3		31		59	
4		32		60	
5		33		61	
6		34		62	
7		35		63	
8		36		64	
9		37		65	
10		38		66	
11		39		67	
12		40		68	
13		41		69	
14		42		70	
15		43		71	
16		44		72	
17		45		73	
18		46		74	
19		47		75	
20		48		76	
21		49		77	
22		50		78	
23		51		79	
24		52		80	
25		53		81	
26		54		82	
27		55		83	
28		56		84	

BASKETBALL SCORE SHEET

	Type		Age Group		Division			
Date _____	☐	Traditional	☐	Youth	☐	1	☐	5
Game Time _____	☐	Unified	☐	Junior	☐	2	☐	6
Site _____	**Sex**		☐	Senior	☐	3	☐	7
Court # _____	☐	Men	☐	Master	☐	4	☐	8
Referees _____	☐	Women	☐	Senior Master				

VISITORS _____   Uniform Color _____

Team Fouls:	1st Half	1 2 3 4 5 6	7 8 9	10 +	Time Outs: 60 Secs	1 2 3
	2nd Half	1 2 3 4 5 6	7 8 9	10 +	30 Secs	1 2

1 + 1   2 Shots

No.	U	Player	Fouls					SCORING: 3 = 3 point goal 2 = 2 point goal • = FT Made O = FT missed			
								1st	2nd	3rd	4th
			1	2	3	4	5				
			1	2	3	4	5				
			1	2	3	4	5				
			1	2	3	4	5				
			1	2	3	4	5				
			1	2	3	4	5				
			1	2	3	4	5				
			1	2	3	4	5				
			1	2	3	4	5				
			1	2	3	4	5				
			1	2	3	4	5				
			1	2	3	4	5				

FINAL SCORE: _____   Quarter Total

Running Score

1	29	57
2	30	58
3	31	59
4	32	60
5	33	61
6	34	62
7	35	63
8	36	64
9	37	65
10	38	66
11	39	67
12	40	68
13	41	69
14	42	70
15	43	71
16	44	72
17	45	73
18	46	74
19	47	75
20	48	76
21	49	77
22	50	78
23	51	79
24	52	80
25	53	81
26	54	82
27	55	83
28	56	84

Alternating Possession: H V H V H V H V H V H V H V H V H V H V H V H V H V   Defensive Warning ☐ ☐

HOME _____   Uniform Color _____

Team Fouls:	1st Half	1 2 3 4 5 6	7 8 9	10 +	Time Outs: 60 Secs	1 2 3
	2nd Half	1 2 3 4 5 6	7 8 9	10 +	30 Secs	1 2

1 + 1   2 Shots

No.	U	Player	Fouls					SCORING: 3 = 3 point goal 2 = 2 point goal • = FT Made ○ = FT missed			
								1st	2nd	3rd	4th
			1	2	3	4	5				
			1	2	3	4	5				
			1	2	3	4	5				
			1	2	3	4	5				
			1	2	3	4	5				
			1	2	3	4	5				
			1	2	3	4	5				
			1	2	3	4	5				
			1	2	3	4	5				
			1	2	3	4	5				
			1	2	3	4	5				
			1	2	3	4	5				

_____   Quarter Total

Running Score

1	29	57
2	30	58
3	31	59
4	32	60
5	33	61
6	34	62
7	35	63
8	36	64
9	37	65
10	38	66
11	39	67
12	40	68
13	41	69
14	42	70
15	43	71
16	44	72
17	45	73
18	46	74
19	47	75
20	48	76
21	49	77
22	50	78
23	51	79
24	52	80
25	53	81
26	54	82
27	55	83
28	56	84

BASKETBALL SCORE SHEET

Date _____

Game Time _____

Site _____

Court # _____

Referees _____

Type
- ☐ Traditional
- ☐ Unified

Sex
- ☐ Men
- ☐ Women

Age Group
- ☐ Youth
- ☐ Junior
- ☐ Senior
- ☐ Master
- ☐ Senior Master

Division
- ☐ 1 ☐ 5
- ☐ 2 ☐ 6
- ☐ 3 ☐ 7
- ☐ 4 ☐ 8

VISITORS _____

Uniform Color _____

Team Fouls:

1st Half: | 1 | 2 | 3 | 4 | 5 | 6 | | 7 | 8 | 9 | | 10 | + |

2nd Half: | 1 | 2 | 3 | 4 | 5 | 6 | | 7 | 8 | 9 | | 10 | + |

1 + 1   2 Shots

Time Outs: 60 Secs | 1 | 2 | 3 |

30 Secs | 1 | 2 |

No.	U	Player	Fouls					SCORING: 3 = 3 point goal 2 = 2 point goal ● = FT Made O = FT missed			
								1st	2nd	3rd	4th
			1	2	3	4	5				
			1	2	3	4	5				
			1	2	3	4	5				
			1	2	3	4	5				
			1	2	3	4	5				
			1	2	3	4	5				
			1	2	3	4	5				
			1	2	3	4	5				
			1	2	3	4	5				
			1	2	3	4	5				
			1	2	3	4	5				
			1	2	3	4	5				
			1	2	3	4	5				

FINAL SCORE: _____   Quarter Total

Running Score

1	29	57
2	30	58
3	31	59
4	32	60
5	33	61
6	34	62
7	35	63
8	36	64
9	37	65
10	38	66
11	39	67
12	40	68
13	41	69
14	42	70
15	43	71
16	44	72
17	45	73
18	46	74
19	47	75
20	48	76
21	49	77
22	50	78
23	51	79
24	52	80
25	53	81
26	54	82
27	55	83
28	56	84

Alternating Possession | H | V | H | V | H | V | H | V | H | V | H | V | H | V | H | V | H | V | H | V | H | V | H | V |

Defensive Warning | | |

HOME _____

Uniform Color _____

Team Fouls:

1st Half: | 1 | 2 | 3 | 4 | 5 | 6 | | 7 | 8 | 9 | | 10 | + |

2nd Half: | 1 | 2 | 3 | 4 | 5 | 6 | | 7 | 8 | 9 | | 10 | + |

1 + 1   2 Shots

Time Outs: 60 Secs | 1 | 2 | 3 |

30 Secs | 1 | 2 |

No.	U	Player	Fouls					SCORING: 3 = 3 point goal 2 = 2 point goal ● = FT Made ○ = FT missed			
								1st	2nd	3rd	4th
			1	2	3	4	5				
			1	2	3	4	5				
			1	2	3	4	5				
			1	2	3	4	5				
			1	2	3	4	5				
			1	2	3	4	5				
			1	2	3	4	5				
			1	2	3	4	5				
			1	2	3	4	5				
			1	2	3	4	5				
			1	2	3	4	5				
			1	2	3	4	5				
			1	2	3	4	5				

_____   Quarter Total

Running Score

1	29	57
2	30	58
3	31	59
4	32	60
5	33	61
6	34	62
7	35	63
8	36	64
9	37	65
10	38	66
11	39	67
12	40	68
13	41	69
14	42	70
15	43	71
16	44	72
17	45	73
18	46	74
19	47	75
20	48	76
21	49	77
22	50	78
23	51	79
24	52	80
25	53	81
26	54	82
27	55	83
28	56	84

BASKETBALL SCORE SHEET

Date	_____
Game Time	_____
Site	_____
Court #	_____
Referees	_____

Type
- ☐ Traditional
- ☐ Unified

Sex
- ☐ Men
- ☐ Women

Age Group
- ☐ Youth
- ☐ Junior
- ☐ Senior
- ☐ Master
- ☐ Senior Master

Division
- ☐ 1 ☐ 5
- ☐ 2 ☐ 6
- ☐ 3 ☐ 7
- ☐ 4 ☐ 8

VISITORS _____

Uniform Color _____

Team Fouls:

1st Half: | 1 | 2 | 3 | 4 | 5 | 6 | | 7 | 8 | 9 | | 10 | + |

2nd Half: | 1 | 2 | 3 | 4 | 5 | 6 | | 7 | 8 | 9 | | 10 | + |

1 + 1   2 Shots

Time Outs: 60 Secs | 1 | 2 | 3 |

30 Secs | 1 | 2 |

No.	U	Player	Fouls					SCORING: 3 = 3 point goal 2 = 2 point goal ● = FT Made O = FT missed			
								1st	2nd	3rd	4th
			1	2	3	4	5				
			1	2	3	4	5				
			1	2	3	4	5				
			1	2	3	4	5				
			1	2	3	4	5				
			1	2	3	4	5				
			1	2	3	4	5				
			1	2	3	4	5				
			1	2	3	4	5				
			1	2	3	4	5				
			1	2	3	4	5				
			1	2	3	4	5				

FINAL SCORE: _____   Quarter Total

Running Score

1	29	57
2	30	58
3	31	59
4	32	60
5	33	61
6	34	62
7	35	63
8	36	64
9	37	65
10	38	66
11	39	67
12	40	68
13	41	69
14	42	70
15	43	71
16	44	72
17	45	73
18	46	74
19	47	75
20	48	76
21	49	77
22	50	78
23	51	79
24	52	80
25	53	81
26	54	82
27	55	83
28	56	84

Alternating Possession: | H | V | H | V | H | V | H | V | H | V | H | V | H | V | H | V | H | V | H | V | H | V | H | V |

Defensive Warning | | |

HOME _____

Uniform Color _____

Team Fouls:

1st Half: | 1 | 2 | 3 | 4 | 5 | 6 | | 7 | 8 | 9 | | 10 | + |

2nd Half: | 1 | 2 | 3 | 4 | 5 | 6 | | 7 | 8 | 9 | | 10 | + |

1 + 1   2 Shots

Time Outs: 60 Secs | 1 | 2 | 3 |

30 Secs | 1 | 2 |

No.	U	Player	Fouls					SCORING: 3 = 3 point goal 2 = 2 point goal ● = FT Made o = FT missed			
								1st	2nd	3rd	4th
			1	2	3	4	5				
			1	2	3	4	5				
			1	2	3	4	5				
			1	2	3	4	5				
			1	2	3	4	5				
			1	2	3	4	5				
			1	2	3	4	5				
			1	2	3	4	5				
			1	2	3	4	5				
			1	2	3	4	5				
			1	2	3	4	5				
			1	2	3	4	5				

_____   Quarter Total

Running Score

1	29	57
2	30	58
3	31	59
4	32	60
5	33	61
6	34	62
7	35	63
8	36	64
9	37	65
10	38	66
11	39	67
12	40	68
13	41	69
14	42	70
15	43	71
16	44	72
17	45	73
18	46	74
19	47	75
20	48	76
21	49	77
22	50	78
23	51	79
24	52	80
25	53	81
26	54	82
27	55	83
28	56	84

BASKETBALL SCORE SHEET

Date _____

Game Time _____

Site _____

Court # _____

Referees _____

Type
- ☐ Traditional
- ☐ Unified

Sex
- ☐ Men
- ☐ Women

Age Group
- ☐ Youth
- ☐ Junior
- ☐ Senior
- ☐ Master
- ☐ Senior Master

Division
- ☐ 1   ☐ 5
- ☐ 2   ☐ 6
- ☐ 3   ☐ 7
- ☐ 4   ☐ 8

VISITORS _____

Uniform Color _____

Team Fouls:	1st Half	1	2	3	4	5	6		7	8	9		10	+
	2nd Half	1	2	3	4	5	6		7	8	9		10	+

1 + 1   2 Shots

Time Outs: 60 Secs | 1 | 2 | 3 |

30 Secs | 1 | 2 |

SCORING: 3 = 3 point goal 2 = 2 point goal
• = FT Made   O = FT missed

No.	U	Player	Fouls					1st	2nd	3rd	4th
			1	2	3	4	5				
			1	2	3	4	5				
			1	2	3	4	5				
			1	2	3	4	5				
			1	2	3	4	5				
			1	2	3	4	5				
			1	2	3	4	5				
			1	2	3	4	5				
			1	2	3	4	5				
			1	2	3	4	5				
			1	2	3	4	5				
			1	2	3	4	5				

FINAL SCORE: _____   Quarter Total

Alternating Possession | H | V | H | V | H | V | H | V | H | V | H | V | H | V | H | V | H | V | H | V | H | V |

Defensive Warning ☐ ☐

Running Score		
1	29	57
2	30	58
3	31	59
4	32	60
5	33	61
6	34	62
7	35	63
8	36	64
9	37	65
10	38	66
11	39	67
12	40	68
13	41	69
14	42	70
15	43	71
16	44	72
17	45	73
18	46	74
19	47	75
20	48	76
21	49	77
22	50	78
23	51	79
24	52	80
25	53	81
26	54	82
27	55	83
28	56	84

HOME _____

Uniform Color _____

Team Fouls:	1st Half	1	2	3	4	5	6		7	8	9		10	+
	2nd Half	1	2	3	4	5	6		7	8	9		10	+

1 + 1   2 Shots

Time Outs: 60 Secs | 1 | 2 | 3 |

30 Secs | 1 | 2 |

SCORING: 3 = 3 point goal 2 = 2 point goal
• = FT Made   o = FT missed

No.	U	Player	Fouls					1st	2nd	3rd	4th
			1	2	3	4	5				
			1	2	3	4	5				
			1	2	3	4	5				
			1	2	3	4	5				
			1	2	3	4	5				
			1	2	3	4	5				
			1	2	3	4	5				
			1	2	3	4	5				
			1	2	3	4	5				
			1	2	3	4	5				
			1	2	3	4	5				
			1	2	3	4	5				

_____   Quarter Total

Running Score		
1	29	57
2	30	58
3	31	59
4	32	60
5	33	61
6	34	62
7	35	63
8	36	64
9	37	65
10	38	66
11	39	67
12	40	68
13	41	69
14	42	70
15	43	71
16	44	72
17	45	73
18	46	74
19	47	75
20	48	76
21	49	77
22	50	78
23	51	79
24	52	80
25	53	81
26	54	82
27	55	83
28	56	84

BASKETBALL SCORE SHEET

			Type	Age Group	Division
Date _____
Game Time _____
Site _____
Court # _____
Referees _____

Type
☐ Traditional
☐ Unified

Sex
☐ Men
☐ Women

Age Group
☐ Youth
☐ Junior
☐ Senior
☐ Master
☐ Senior Master

Division
☐ 1   ☐ 5
☐ 2   ☐ 6
☐ 3   ☐ 7
☐ 4   ☐ 8

VISITORS _____

Uniform Color _____

Team Fouls:
1st Half | 1 | 2 | 3 | 4 | 5 | 6 | | 7 | 8 | 9 | | 10 | + |
2nd Half | 1 | 2 | 3 | 4 | 5 | 6 | | 7 | 8 | 9 | | 10 | + |

1 + 1   2 Shots

Time Outs: 60 Secs | 1 | 2 | 3 |
30 Secs | 1 | 2 |

No.	U	Player	Fouls					SCORING: 3 = 3 point goal 2 = 2 point goal • = FT Made O = FT missed			
								1st	2nd	3rd	4th
			1	2	3	4	5				
			1	2	3	4	5				
			1	2	3	4	5				
			1	2	3	4	5				
			1	2	3	4	5				
			1	2	3	4	5				
			1	2	3	4	5				
			1	2	3	4	5				
			1	2	3	4	5				
			1	2	3	4	5				
			1	2	3	4	5				
			1	2	3	4	5				

FINAL SCORE: _____   Quarter Total

Alternating Possession | H | V | H | V | H | V | H | V | H | V | H | V | H | V | H | V | H | V | H | V | H | V | H | V |

Defensive Warning ☐☐

Running Score (Visitors)

1	29	57
2	30	58
3	31	59
4	32	60
5	33	61
6	34	62
7	35	63
8	36	64
9	37	65
10	38	66
11	39	67
12	40	68
13	41	69
14	42	70
15	43	71
16	44	72
17	45	73
18	46	74
19	47	75
20	48	76
21	49	77
22	50	78
23	51	79
24	52	80
25	53	81
26	54	82
27	55	83
28	56	84

HOME _____

Uniform Color _____

Team Fouls:
1st Half | 1 | 2 | 3 | 4 | 5 | 6 | | 7 | 8 | 9 | | 10 | + |
2nd Half | 1 | 2 | 3 | 4 | 5 | 6 | | 7 | 8 | 9 | | 10 | + |

1 + 1   2 Shots

Time Outs: 60 Secs | 1 | 2 | 3 |
30 Secs | 1 | 2 |

No.	U	Player	Fouls					SCORING: 3 = 3 point goal 2 = 2 point goal • = FT Made ○ = FT missed			
								1st	2nd	3rd	4th
			1	2	3	4	5				
			1	2	3	4	5				
			1	2	3	4	5				
			1	2	3	4	5				
			1	2	3	4	5				
			1	2	3	4	5				
			1	2	3	4	5				
			1	2	3	4	5				
			1	2	3	4	5				
			1	2	3	4	5				
			1	2	3	4	5				
			1	2	3	4	5				

_____   Quarter Total

Running Score (Home)

1	29	57
2	30	58
3	31	59
4	32	60
5	33	61
6	34	62
7	35	63
8	36	64
9	37	65
10	38	66
11	39	67
12	40	68
13	41	69
14	42	70
15	43	71
16	44	72
17	45	73
18	46	74
19	47	75
20	48	76
21	49	77
22	50	78
23	51	79
24	52	80
25	53	81
26	54	82
27	55	83
28	56	84

BASKETBALL SCORE SHEET

Date	_____
Game Time	_____
Site	_____
Court #	_____
Referees	_____

Type
- ☐ Traditional
- ☐ Unified

Sex
- ☐ Men
- ☐ Women

Age Group
- ☐ Youth
- ☐ Junior
- ☐ Senior
- ☐ Master
- ☐ Senior Master

Division
- ☐ 1 ☐ 5
- ☐ 2 ☐ 6
- ☐ 3 ☐ 7
- ☐ 4 ☐ 8

VISITORS _____

Uniform Color _____

Team Fouls:
1st Half | 1 | 2 | 3 | 4 | 5 | 6 | | 7 | 8 | 9 | | 10 | + |
2nd Half | 1 | 2 | 3 | 4 | 5 | 6 | | 7 | 8 | 9 | | 10 | + |

1 + 1   2 Shots

Time Outs: 60 Secs | 1 | 2 | 3 |
30 Secs | 1 | 2 |

SCORING: 3 = 3 point goal 2 = 2 point goal
● = FT Made   O = FT missed

No.	U	Player	Fouls					1st	2nd	3rd	4th
			1	2	3	4	5				
			1	2	3	4	5				
			1	2	3	4	5				
			1	2	3	4	5				
			1	2	3	4	5				
			1	2	3	4	5				
			1	2	3	4	5				
			1	2	3	4	5				
			1	2	3	4	5				
			1	2	3	4	5				
			1	2	3	4	5				
			1	2	3	4	5				
			1	2	3	4	5				

FINAL SCORE: _____   Quarter Total

Running Score

1		29		57
2		30		58
3		31		59
4		32		60
5		33		61
6		34		62
7		35		63
8		36		64
9		37		65
10		38		66
11		39		67
12		40		68
13		41		69
14		42		70
15		43		71
16		44		72
17		45		73
18		46		74
19		47		75
20		48		76
21		49		77
22		50		78
23		51		79
24		52		80
25		53		81
26		54		82
27		55		83
28		56		84

Alternating Possession | H | V | H | V | H | V | H | V | H | V | H | V | H | V | H | V | H | V | H | V | H | V | H | V |

Defensive Warning ☐☐

HOME _____

Uniform Color _____

Team Fouls:
1st Half | 1 | 2 | 3 | 4 | 5 | 6 | | 7 | 8 | 9 | | 10 | + |
2nd Half | 1 | 2 | 3 | 4 | 5 | 6 | | 7 | 8 | 9 | | 10 | + |

1 + 1   2 Shots

Time Outs: 60 Secs | 1 | 2 | 3 |
30 Secs | 1 | 2 |

SCORING: 3 = 3 point goal 2 = 2 point goal
● = FT Made   ○ = FT missed

No.	U	Player	Fouls					1st	2nd	3rd	4th
			1	2	3	4	5				
			1	2	3	4	5				
			1	2	3	4	5				
			1	2	3	4	5				
			1	2	3	4	5				
			1	2	3	4	5				
			1	2	3	4	5				
			1	2	3	4	5				
			1	2	3	4	5				
			1	2	3	4	5				
			1	2	3	4	5				
			1	2	3	4	5				
			1	2	3	4	5				

_____   Quarter Total

Running Score

1		29		57
2		30		58
3		31		59
4		32		60
5		33		61
6		34		62
7		35		63
8		36		64
9		37		65
10		38		66
11		39		67
12		40		68
13		41		69
14		42		70
15		43		71
16		44		72
17		45		73
18		46		74
19		47		75
20		48		76
21		49		77
22		50		78
23		51		79
24		52		80
25		53		81
26		54		82
27		55		83
28		56		84

BASKETBALL SCORE SHEET

Date _____

Game Time _____

Site _____

Court # _____

Referees _____

Type
☐ Traditional
☐ Unified

Sex
☐ Men
☐ Women

Age Group
☐ Youth
☐ Junior
☐ Senior
☐ Master
☐ Senior Master

Division
☐ 1   ☐ 5
☐ 2   ☐ 6
☐ 3   ☐ 7
☐ 4   ☐ 8

VISITORS _____

Uniform Color _____

Team Fouls:	1st Half	1	2	3	4	5	6		7	8	9		10	+
	2nd Half	1	2	3	4	5	6		7	8	9		10	+

1 + 1   2 Shots

Time Outs: 60 Secs   1   2   3

30 Secs   1   2

No.	U	Player			Fouls				SCORING: 3 = 3 point goal 2 = 2 point goal ● = FT Made O = FT missed			
									1st	2nd	3rd	4th
			1	2	3	4	5					
			1	2	3	4	5					
			1	2	3	4	5					
			1	2	3	4	5					
			1	2	3	4	5					
			1	2	3	4	5					
			1	2	3	4	5					
			1	2	3	4	5					
			1	2	3	4	5					
			1	2	3	4	5					
			1	2	3	4	5					
			1	2	3	4	5					
			1	2	3	4	5					

FINAL SCORE: _____   Quarter Total

Alternating Possession H V H V H V H V H V H V H V H V H V H V H V H V H V

Defensive Warning ☐☐

Running Score (Visitors)

1	29	57
2	30	58
3	31	59
4	32	60
5	33	61
6	34	62
7	35	63
8	36	64
9	37	65
10	38	66
11	39	67
12	40	68
13	41	69
14	42	70
15	43	71
16	44	72
17	45	73
18	46	74
19	47	75
20	48	76
21	49	77
22	50	78
23	51	79
24	52	80
25	53	81
26	54	82
27	55	83
28	56	84

HOME _____

Uniform Color _____

Team Fouls:	1st Half	1	2	3	4	5	6		7	8	9		10	+
	2nd Half	1	2	3	4	5	6		7	8	9		10	+

1 + 1   2 Shots

Time Outs: 60 Secs   1   2   3

30 Secs   1   2

No.	U	Player			Fouls				SCORING: 3 = 3 point goal 2 = 2 point goal ● = FT Made ○ = FT missed			
									1st	2nd	3rd	4th
			1	2	3	4	5					
			1	2	3	4	5					
			1	2	3	4	5					
			1	2	3	4	5					
			1	2	3	4	5					
			1	2	3	4	5					
			1	2	3	4	5					
			1	2	3	4	5					
			1	2	3	4	5					
			1	2	3	4	5					
			1	2	3	4	5					
			1	2	3	4	5					
			1	2	3	4	5					

_____   Quarter Total

Running Score (Home)

1	29	57
2	30	58
3	31	59
4	32	60
5	33	61
6	34	62
7	35	63
8	36	64
9	37	65
10	38	66
11	39	67
12	40	68
13	41	69
14	42	70
15	43	71
16	44	72
17	45	73
18	46	74
19	47	75
20	48	76
21	49	77
22	50	78
23	51	79
24	52	80
25	53	81
26	54	82
27	55	83
28	56	84

BASKETBALL SCORE SHEET

	Type	Age Group	Division
Date _____	☐ Traditional	☐ Youth	☐ 1 ☐ 5
Game Time _____	☐ Unified	☐ Junior	☐ 2 ☐ 6
Site _____	**Sex**	☐ Senior	☐ 3 ☐ 7
Court # _____	☐ Men	☐ Master	☐ 4 ☐ 8
Referees _____	☐ Women	☐ Senior Master	

VISITORS _____

Uniform Color _____

Team Fouls:

1st Half | 1 | 2 | 3 | 4 | 5 | 6 | | 7 | 8 | 9 | | 10 | +

2nd Half | 1 | 2 | 3 | 4 | 5 | 6 | | 7 | 8 | 9 | | 10 | +

1 + 1   2 Shots

Time Outs: 60 Secs | 1 | 2 | 3

30 Secs | 1 | 2

Running Score		
1	29	57
2	30	58
3	31	59
4	32	60
5	33	61
6	34	62
7	35	63
8	36	64
9	37	65
10	38	66
11	39	67
12	40	68
13	41	69
14	42	70
15	43	71
16	44	72
17	45	73
18	46	74
19	47	75
20	48	76
21	49	77
22	50	78
23	51	79
24	52	80
25	53	81
26	54	82
27	55	83
28	56	84

SCORING: 3 = 3 point goal 2 = 2 point goal   • = FT Made   O = FT missed

No.	U	Player	Fouls	1st	2nd	3rd	4th
			1 2 3 4 5				
			1 2 3 4 5				
			1 2 3 4 5				
			1 2 3 4 5				
			1 2 3 4 5				
			1 2 3 4 5				
			1 2 3 4 5				
			1 2 3 4 5				
			1 2 3 4 5				
			1 2 3 4 5				
			1 2 3 4 5				
			1 2 3 4 5				

FINAL SCORE: _____   Quarter Total

Alternating Possession | H | V | H | V | H | V | H | V | H | V | H | V | H | V | H | V | H | V | H | V | H | V | H | V

Defensive Warning ☐ ☐

HOME _____

Uniform Color _____

Team Fouls:

1st Half | 1 | 2 | 3 | 4 | 5 | 6 | | 7 | 8 | 9 | | 10 | +

2nd Half | 1 | 2 | 3 | 4 | 5 | 6 | | 7 | 8 | 9 | | 10 | +

1 + 1   2 Shots

Time Outs: 60 Secs | 1 | 2 | 3

30 Secs | 1 | 2

Running Score		
1	29	57
2	30	58
3	31	59
4	32	60
5	33	61
6	34	62
7	35	63
8	36	64
9	37	65
10	38	66
11	39	67
12	40	68
13	41	69
14	42	70
15	43	71
16	44	72
17	45	73
18	46	74
19	47	75
20	48	76
21	49	77
22	50	78
23	51	79
24	52	80
25	53	81
26	54	82
27	55	83
28	56	84

SCORING: 3 = 3 point goal 2 = 2 point goal   • = FT Made   ○ = FT missed

No.	U	Player	Fouls	1st	2nd	3rd	4th
			1 2 3 4 5				
			1 2 3 4 5				
			1 2 3 4 5				
			1 2 3 4 5				
			1 2 3 4 5				
			1 2 3 4 5				
			1 2 3 4 5				
			1 2 3 4 5				
			1 2 3 4 5				
			1 2 3 4 5				
			1 2 3 4 5				
			1 2 3 4 5				

_____   Quarter Total

BASKETBALL SCORE SHEET

Date	_____
Game Time	_____
Site	_____
Court #	_____
Referees	_____

Type
- ☐ Traditional
- ☐ Unified

Sex
- ☐ Men
- ☐ Women

Age Group
- ☐ Youth
- ☐ Junior
- ☐ Senior
- ☐ Master
- ☐ Senior Master

Division
- ☐ 1 ☐ 5
- ☐ 2 ☐ 6
- ☐ 3 ☐ 7
- ☐ 4 ☐ 8

VISITORS _____

Uniform Color _____

Team Fouls:

1st Half: | 1 | 2 | 3 | 4 | 5 | 6 | | 7 | 8 | 9 | | 10 | + |

2nd Half: | 1 | 2 | 3 | 4 | 5 | 6 | | 7 | 8 | 9 | | 10 | + |

1 + 1   2 Shots

Time Outs: 60 Secs | 1 | 2 | 3 |

30 Secs | 1 | 2 |

Running Score (Visitors)

SCORING: 3 = 3 point goal 2 = 2 point goal
● = FT Made   O = FT missed

No.	U	Player	Fouls					1st	2nd	3rd	4th
			1	2	3	4	5				
			1	2	3	4	5				
			1	2	3	4	5				
			1	2	3	4	5				
			1	2	3	4	5				
			1	2	3	4	5				
			1	2	3	4	5				
			1	2	3	4	5				
			1	2	3	4	5				
			1	2	3	4	5				
			1	2	3	4	5				
			1	2	3	4	5				

FINAL SCORE: _____   Quarter Total

Running Score

1	29	57
2	30	58
3	31	59
4	32	60
5	33	61
6	34	62
7	35	63
8	36	64
9	37	65
10	38	66
11	39	67
12	40	68
13	41	69
14	42	70
15	43	71
16	44	72
17	45	73
18	46	74
19	47	75
20	48	76
21	49	77
22	50	78
23	51	79
24	52	80
25	53	81
26	54	82
27	55	83
28	56	84

Alternating Possession: | H | V | H | V | H | V | H | V | H | V | H | V | H | V | H | V | H | V | H | V | H | V | H | V | H | V |

Defensive Warning | | |

HOME _____

Uniform Color _____

Team Fouls:

1st Half: | 1 | 2 | 3 | 4 | 5 | 6 | | 7 | 8 | 9 | | 10 | + |

2nd Half: | 1 | 2 | 3 | 4 | 5 | 6 | | 7 | 8 | 9 | | 10 | + |

1 + 1   2 Shots

Time Outs: 60 Secs | 1 | 2 | 3 |

30 Secs | 1 | 2 |

SCORING: 3 = 3 point goal 2 = 2 point goal
● = FT Made   ○ = FT missed

No.	U	Player	Fouls					1st	2nd	3rd	4th
			1	2	3	4	5				
			1	2	3	4	5				
			1	2	3	4	5				
			1	2	3	4	5				
			1	2	3	4	5				
			1	2	3	4	5				
			1	2	3	4	5				
			1	2	3	4	5				
			1	2	3	4	5				
			1	2	3	4	5				
			1	2	3	4	5				
			1	2	3	4	5				

_____   Quarter Total

Running Score

1	29	57
2	30	58
3	31	59
4	32	60
5	33	61
6	34	62
7	35	63
8	36	64
9	37	65
10	38	66
11	39	67
12	40	68
13	41	69
14	42	70
15	43	71
16	44	72
17	45	73
18	46	74
19	47	75
20	48	76
21	49	77
22	50	78
23	51	79
24	52	80
25	53	81
26	54	82
27	55	83
28	56	84

BASKETBALL SCORE SHEET

Date _____

Game Time _____

Site _____

Court # _____

Referees _____

Type
☐ Traditional
☐ Unified

Sex
☐ Men
☐ Women

Age Group
☐ Youth
☐ Junior
☐ Senior
☐ Master
☐ Senior Master

Division
☐ 1 ☐ 5
☐ 2 ☐ 6
☐ 3 ☐ 7
☐ 4 ☐ 8

VISITORS

VISITORS _____

Uniform Color _____

Team Fouls:

1st Half: | 1 | 2 | 3 | 4 | 5 | 6 | . | 7 | 8 | 9 | 10 | + |

2nd Half: | 1 | 2 | 3 | 4 | 5 | 6 | 7 | 8 | 9 | 10 | + |

1 + 1   2 Shots

Time Outs: 60 Secs | 1 | 2 | 3 |

30 Secs | 1 | 2 |

No.	U	Player	Fouls					SCORING: 3 = 3 point goal 2 = 2 point goal ● = FT Made O = FT missed			
								1st	2nd	3rd	4th
			1	2	3	4	5				
			1	2	3	4	5				
			1	2	3	4	5				
			1	2	3	4	5				
			1	2	3	4	5				
			1	2	3	4	5				
			1	2	3	4	5				
			1	2	3	4	5				
			1	2	3	4	5				
			1	2	3	4	5				
			1	2	3	4	5				
			1	2	3	4	5				

FINAL SCORE: _____   Quarter Total

Alternating Possession | H | V | H | V | H | V | H | V | H | V | H | V | H | V | H | V | H | V | H | V | H | V | H | V |

Defensive Warning | | |

Running Score		
1	29	57
2	30	58
3	31	59
4	32	60
5	33	61
6	34	62
7	35	63
8	36	64
9	37	65
10	38	66
11	39	67
12	40	68
13	41	69
14	42	70
15	43	71
16	44	72
17	45	73
18	46	74
19	47	75
20	48	76
21	49	77
22	50	78
23	51	79
24	52	80
25	53	81
26	54	82
27	55	83
28	56	84

HOME

HOME _____

Uniform Color _____

Team Fouls:

1st Half: | 1 | 2 | 3 | 4 | 5 | 6 | 7 | 8 | 9 | 10 | + |

2nd Half: | 1 | 2 | 3 | 4 | 5 | 6 | 7 | 8 | 9 | 10 | + |

1 + 1   2 Shots

Time Outs: 60 Secs | 1 | 2 | 3 |

30 Secs | 1 | 2 |

No.	U	Player	Fouls					SCORING: 3 = 3 point goal 2 = 2 point goal ● = FT Made ○ = FT missed			
								1st	2nd	3rd	4th
			1	2	3	4	5				
			1	2	3	4	5				
			1	2	3	4	5				
			1	2	3	4	5				
			1	2	3	4	5				
			1	2	3	4	5				
			1	2	3	4	5				
			1	2	3	4	5				
			1	2	3	4	5				
			1	2	3	4	5				
			1	2	3	4	5				
			1	2	3	4	5				

_____   Quarter Total

Running Score		
1	29	57
2	30	58
3	31	59
4	32	60
5	33	61
6	34	62
7	35	63
8	36	64
9	37	65
10	38	66
11	39	67
12	40	68
13	41	69
14	42	70
15	43	71
16	44	72
17	45	73
18	46	74
19	47	75
20	48	76
21	49	77
22	50	78
23	51	79
24	52	80
25	53	81
26	54	82
27	55	83
28	56	84

BASKETBALL SCORE SHEET

Date _____

Game Time _____

Site _____

Court # _____

Referees _____

Type
- ☐ Traditional
- ☐ Unified

Sex
- ☐ Men
- ☐ Women

Age Group
- ☐ Youth
- ☐ Junior
- ☐ Senior
- ☐ Master
- ☐ Senior Master

Division
- ☐ 1   ☐ 5
- ☐ 2   ☐ 6
- ☐ 3   ☐ 7
- ☐ 4   ☐ 8

VISITORS _____   **Uniform Color** _____

Team Fouls: 1st Half | 1 | 2 | 3 | 4 | 5 | 6 | | 7 | 8 | 9 | | 10 | + |

2nd Half | 1 | 2 | 3 | 4 | 5 | 6 | | 7 | 8 | 9 | | 10 | + |

1 + 1   2 Shots

Time Outs: 60 Secs | 1 | 2 | 3 |

30 Secs | 1 | 2 |

No.	U	Player	Fouls					SCORING: 3 = 3 point goal 2 = 2 point goal ● = FT Made O = FT missed			
								1st	2nd	3rd	4th
			1	2	3	4	5				
			1	2	3	4	5				
			1	2	3	4	5				
			1	2	3	4	5				
			1	2	3	4	5				
			1	2	3	4	5				
			1	2	3	4	5				
			1	2	3	4	5				
			1	2	3	4	5				
			1	2	3	4	5				
			1	2	3	4	5				
			1	2	3	4	5				
			1	2	3	4	5				

FINAL SCORE: _____   Quarter Total

Running Score

1	29	57
2	30	58
3	31	59
4	32	60
5	33	61
6	34	62
7	35	63
8	36	64
9	37	65
10	38	66
11	39	67
12	40	68
13	41	69
14	42	70
15	43	71
16	44	72
17	45	73
18	46	74
19	47	75
20	48	76
21	49	77
22	50	78
23	51	79
24	52	80
25	53	81
26	54	82
27	55	83
28	56	84

Alternating Possession | H | V | H | V | H | V | H | V | H | V | H | V | H | V | H | V | H | V | H | V | H | V | H | V | H | V |

Defensive Warning | | |

HOME _____   **Uniform Color** _____

Team Fouls: 1st Half | 1 | 2 | 3 | 4 | 5 | 6 | | 7 | 8 | 9 | | 10 | + |

2nd Half | 1 | 2 | 3 | 4 | 5 | 6 | | 7 | 8 | 9 | | 10 | + |

1 + 1   2 Shots

Time Outs: 60 Secs | 1 | 2 | 3 |

30 Secs | 1 | 2 |

No.	U	Player	Fouls					SCORING: 3 = 3 point goal 2 = 2 point goal ● = FT Made ○ = FT missed			
								1st	2nd	3rd	4th
			1	2	3	4	5				
			1	2	3	4	5				
			1	2	3	4	5				
			1	2	3	4	5				
			1	2	3	4	5				
			1	2	3	4	5				
			1	2	3	4	5				
			1	2	3	4	5				
			1	2	3	4	5				
			1	2	3	4	5				
			1	2	3	4	5				
			1	2	3	4	5				
			1	2	3	4	5				

_____   Quarter Total

Running Score

1	29	57
2	30	58
3	31	59
4	32	60
5	33	61
6	34	62
7	35	63
8	36	64
9	37	65
10	38	66
11	39	67
12	40	68
13	41	69
14	42	70
15	43	71
16	44	72
17	45	73
18	46	74
19	47	75
20	48	76
21	49	77
22	50	78
23	51	79
24	52	80
25	53	81
26	54	82
27	55	83
28	56	84

BASKETBALL SCORE SHEET

	Type	Age Group	Division
Date _____	☐ Traditional	☐ Youth	☐ 1 ☐ 5
Game Time _____	☐ Unified	☐ Junior	☐ 2 ☐ 6
Site _____	**Sex**	☐ Senior	☐ 3 ☐ 7
Court # _____	☐ Men	☐ Master	☐ 4 ☐ 8
Referees _____	☐ Women	☐ Senior Master	

VISITORS _____

Uniform Color _____

Team Fouls:

1st Half | 1 | 2 | 3 | 4 | 5 | 6 | 7 | 8 | 9 | 10 | +

2nd Half | 1 | 2 | 3 | 4 | 5 | 6 | 7 | 8 | 9 | 10 | +

1 + 1   2 Shots

Time Outs: 60 Secs | 1 | 2 | 3

30 Secs | 1 | 2

SCORING: 3 = 3 point goal   2 = 2 point goal
● = FT Made   O = FT missed

No.	U	Player	Fouls	1st	2nd	3rd	4th
			1 2 3 4 5				
			1 2 3 4 5				
			1 2 3 4 5				
			1 2 3 4 5				
			1 2 3 4 5				
			1 2 3 4 5				
			1 2 3 4 5				
			1 2 3 4 5				
			1 2 3 4 5				
			1 2 3 4 5				
			1 2 3 4 5				
			1 2 3 4 5				

FINAL SCORE: _____   Quarter Total

Alternating Possession: H V H V H V H V H V H V H V H V H V H V H V H V

Defensive Warning | | |

Running Score

1	29	57
2	30	58
3	31	59
4	32	60
5	33	61
6	34	62
7	35	63
8	36	64
9	37	65
10	38	66
11	39	67
12	40	68
13	41	69
14	42	70
15	43	71
16	44	72
17	45	73
18	46	74
19	47	75
20	48	76
21	49	77
22	50	78
23	51	79
24	52	80
25	53	81
26	54	82
27	55	83
28	56	84

HOME _____

Uniform Color _____

Team Fouls:

1st Half | 1 | 2 | 3 | 4 | 5 | 6 | 7 | 8 | 9 | 10 | +

2nd Half | 1 | 2 | 3 | 4 | 5 | 6 | 7 | 8 | 9 | 10 | +

1 + 1   2 Shots

Time Outs: 60 Secs | 1 | 2 | 3

30 Secs | 1 | 2

SCORING: 3 = 3 point goal   2 = 2 point goal
● = FT Made   ○ = FT missed

No.	U	Player	Fouls	1st	2nd	3rd	4th
			1 2 3 4 5				
			1 2 3 4 5				
			1 2 3 4 5				
			1 2 3 4 5				
			1 2 3 4 5				
			1 2 3 4 5				
			1 2 3 4 5				
			1 2 3 4 5				
			1 2 3 4 5				
			1 2 3 4 5				
			1 2 3 4 5				
			1 2 3 4 5				

_____   Quarter Total

Running Score

1	29	57
2	30	58
3	31	59
4	32	60
5	33	61
6	34	62
7	35	63
8	36	64
9	37	65
10	38	66
11	39	67
12	40	68
13	41	69
14	42	70
15	43	71
16	44	72
17	45	73
18	46	74
19	47	75
20	48	76
21	49	77
22	50	78
23	51	79
24	52	80
25	53	81
26	54	82
27	55	83
28	56	84

BASKETBALL SCORE SHEET

	Type		Age Group		Division			
Date _____	☐	Traditional	☐	Youth	☐	1	☐	5
Game Time _____	☐	Unified	☐	Junior	☐	2	☐	6
Site _____	**Sex**		☐	Senior	☐	3	☐	7
Court # _____	☐	Men	☐	Master	☐	4	☐	8
Referees _____	☐	Women	☐	Senior Master				

VISITORS _____

Uniform Color _____

Team Fouls:

1st Half: | 1 | 2 | 3 | 4 | 5 | 6 | | 7 | 8 | 9 | | 10 | + |

2nd Half: | 1 | 2 | 3 | 4 | 5 | 6 | | 7 | 8 | 9 | | 10 | + |

1 + 1   2 Shots

Time Outs: 60 Secs | 1 | 2 | 3 |

30 Secs | 1 | 2 |

No.	U	Player	Fouls					SCORING: 3 = 3 point goal 2 = 2 point goal • = FT Made O = FT missed			
								1st	2nd	3rd	4th
			1	2	3	4	5				
			1	2	3	4	5				
			1	2	3	4	5				
			1	2	3	4	5				
			1	2	3	4	5				
			1	2	3	4	5				
			1	2	3	4	5				
			1	2	3	4	5				
			1	2	3	4	5				
			1	2	3	4	5				
			1	2	3	4	5				
			1	2	3	4	5				

FINAL SCORE: _____   Quarter Total

Alternating Possession: | H | V | H | V | H | V | H | V | H | V | H | V | H | V | H | V | H | V | H | V | H | V | H | V |

Defensive Warning | | |

Running Score (Visitors)

1	29	57
2	30	58
3	31	59
4	32	60
5	33	61
6	34	62
7	35	63
8	36	64
9	37	65
10	38	66
11	39	67
12	40	68
13	41	69
14	42	70
15	43	71
16	44	72
17	45	73
18	46	74
19	47	75
20	48	76
21	49	77
22	50	78
23	51	79
24	52	80
25	53	81
26	54	82
27	55	83
28	56	84

HOME _____

Uniform Color _____

Team Fouls:

1st Half: | 1 | 2 | 3 | 4 | 5 | 6 | | 7 | 8 | 9 | | 10 | + |

2nd Half: | 1 | 2 | 3 | 4 | 5 | 6 | | 7 | 8 | 9 | | 10 | + |

1 + 1   2 Shots

Time Outs: 60 Secs | 1 | 2 | 3 |

30 Secs | 1 | 2 |

No.	U	Player	Fouls					SCORING: 3 = 3 point goal 2 = 2 point goal • = FT Made ○ = FT missed			
								1st	2nd	3rd	4th
			1	2	3	4	5				
			1	2	3	4	5				
			1	2	3	4	5				
			1	2	3	4	5				
			1	2	3	4	5				
			1	2	3	4	5				
			1	2	3	4	5				
			1	2	3	4	5				
			1	2	3	4	5				
			1	2	3	4	5				
			1	2	3	4	5				
			1	2	3	4	5				

_____   Quarter Total

Running Score (Home)

1	29	57
2	30	58
3	31	59
4	32	60
5	33	61
6	34	62
7	35	63
8	36	64
9	37	65
10	38	66
11	39	67
12	40	68
13	41	69
14	42	70
15	43	71
16	44	72
17	45	73
18	46	74
19	47	75
20	48	76
21	49	77
22	50	78
23	51	79
24	52	80
25	53	81
26	54	82
27	55	83
28	56	84

BASKETBALL SCORE SHEET

	Type	Age Group	Division	
Date _____	☐ Traditional	☐ Youth	☐ 1 ☐ 5	
Game Time _____	☐ Unified	☐ Junior	☐ 2 ☐ 6	
Site _____	**Sex**	☐ Senior	☐ 3 ☐ 7	
Court # _____	☐ Men	☐ Master	☐ 4 ☐ 8	
Referees _____	☐ Women	☐ Senior Master		

VISITORS _____

Uniform Color _____

Team Fouls:
1st Half | 1 | 2 | 3 | 4 | 5 | 6 | 7 | 8 | 9 | 10 | + |
2nd Half | 1 | 2 | 3 | 4 | 5 | 6 | 7 | 8 | 9 | 10 | + |
1 + 1   2 Shots

Time Outs: 60 Secs | 1 | 2 | 3 |
30 Secs | 1 | 2 |

No.	U	Player	Fouls	SCORING: 3 = 3 point goal 2 = 2 point goal

• = FT Made   O = FT missed

			Fouls	1st	2nd	3rd	4th
			1 2 3 4 5				
			1 2 3 4 5				
			1 2 3 4 5				
			1 2 3 4 5				
			1 2 3 4 5				
			1 2 3 4 5				
			1 2 3 4 5				
			1 2 3 4 5				
			1 2 3 4 5				
			1 2 3 4 5				
			1 2 3 4 5				
			1 2 3 4 5				

FINAL SCORE: _____   Quarter Total

Alternating Possession | H | V | H | V | H | V | H | V | H | V | H | V | H | V | H | V | H | V | H | V | H | V | H | V | **Defensive Warning** ☐☐

HOME _____

Uniform Color _____

Team Fouls:
1st Half | 1 | 2 | 3 | 4 | 5 | 6 | 7 | 8 | 9 | 10 | + |
2nd Half | 1 | 2 | 3 | 4 | 5 | 6 | 7 | 8 | 9 | 10 | + |
1 + 1   2 Shots

Time Outs: 60 Secs | 1 | 2 | 3 |
30 Secs | 1 | 2 |

No.	U	Player	Fouls	SCORING: 3 = 3 point goal 2 = 2 point goal

• = FT Made   o = FT missed

			Fouls	1st	2nd	3rd	4th
			1 2 3 4 5				
			1 2 3 4 5				
			1 2 3 4 5				
			1 2 3 4 5				
			1 2 3 4 5				
			1 2 3 4 5				
			1 2 3 4 5				
			1 2 3 4 5				
			1 2 3 4 5				
			1 2 3 4 5				
			1 2 3 4 5				
			1 2 3 4 5				

_____   Quarter Total

Running Score (Visitors)

1		29		57	
2		30		58	
3		31		59	
4		32		60	
5		33		61	
6		34		62	
7		35		63	
8		36		64	
9		37		65	
10		38		66	
11		39		67	
12		40		68	
13		41		69	
14		42		70	
15		43		71	
16		44		72	
17		45		73	
18		46		74	
19		47		75	
20		48		76	
21		49		77	
22		50		78	
23		51		79	
24		52		80	
25		53		81	
26		54		82	
27		55		83	
28		56		84	

Running Score (Home)

1		29		57	
2		30		58	
3		31		59	
4		32		60	
5		33		61	
6		34		62	
7		35		63	
8		36		64	
9		37		65	
10		38		66	
11		39		67	
12		40		68	
13		41		69	
14		42		70	
15		43		71	
16		44		72	
17		45		73	
18		46		74	
19		47		75	
20		48		76	
21		49		77	
22		50		78	
23		51		79	
24		52		80	
25		53		81	
26		54		82	
27		55		83	
28		56		84	

BASKETBALL SCORE SHEET

	Type		Age Group		Division			
Date _____	☐	Traditional	☐	Youth	☐	1	☐	5
Game Time _____	☐	Unified	☐	Junior	☐	2	☐	6
Site _____	**Sex**		☐	Senior	☐	3	☐	7
Court # _____	☐	Men	☐	Master	☐	4	☐	8
Referees _____	☐	Women	☐	Senior Master				

VISITORS _____   Uniform Color _____

Team Fouls:	1st Half	1 2 3 4 5 6	7 8 9	10 +	Time Outs: 60 Secs	1 2 3
	2nd Half	1 2 3 4 5 6	7 8 9	10 +	30 Secs	1 2

1 + 1   2 Shots

No.	U	Player	Fouls					SCORING: 3 = 3 point goal 2 = 2 point goal ● = FT Made O = FT missed			
								1st	2nd	3rd	4th
			1	2	3	4	5				
			1	2	3	4	5				
			1	2	3	4	5				
			1	2	3	4	5				
			1	2	3	4	5				
			1	2	3	4	5				
			1	2	3	4	5				
			1	2	3	4	5				
			1	2	3	4	5				
			1	2	3	4	5				
			1	2	3	4	5				
			1	2	3	4	5				

FINAL SCORE: _____   Quarter Total

Alternating Possession: H V H V H V H V H V H V H V H V H V H V H V H V H V H V   Defensive Warning ☐ ☐

Running Score (Visitors)

1		29		57	
2		30		58	
3		31		59	
4		32		60	
5		33		61	
6		34		62	
7		35		63	
8		36		64	
9		37		65	
10		38		66	
11		39		67	
12		40		68	
13		41		69	
14		42		70	
15		43		71	
16		44		72	
17		45		73	
18		46		74	
19		47		75	
20		48		76	
21		49		77	
22		50		78	
23		51		79	
24		52		80	
25		53		81	
26		54		82	
27		55		83	
28		56		84	

HOME _____   Uniform Color _____

Team Fouls:	1st Half	1 2 3 4 5 6	7 8 9	10 +	Time Outs: 60 Secs	1 2 3
	2nd Half	1 2 3 4 5 6	7 8 9	10 +	30 Secs	1 2

1 + 1   2 Shots

No.	U	Player	Fouls					SCORING: 3 = 3 point goal 2 = 2 point goal ● = FT Made ○ = FT missed			
								1st	2nd	3rd	4th
			1	2	3	4	5				
			1	2	3	4	5				
			1	2	3	4	5				
			1	2	3	4	5				
			1	2	3	4	5				
			1	2	3	4	5				
			1	2	3	4	5				
			1	2	3	4	5				
			1	2	3	4	5				
			1	2	3	4	5				
			1	2	3	4	5				
			1	2	3	4	5				

_____   Quarter Total

Running Score (Home)

1		29		57	
2		30		58	
3		31		59	
4		32		60	
5		33		61	
6		34		62	
7		35		63	
8		36		64	
9		37		65	
10		38		66	
11		39		67	
12		40		68	
13		41		69	
14		42		70	
15		43		71	
16		44		72	
17		45		73	
18		46		74	
19		47		75	
20		48		76	
21		49		77	
22		50		78	
23		51		79	
24		52		80	
25		53		81	
26		54		82	
27		55		83	
28		56		84	

BASKETBALL SCORE SHEET

Date	_____
Game Time	_____
Site	_____
Court #	_____
Referees	_____

Type
- [ ] Traditional
- [ ] Unified

Sex
- [ ] Men
- [ ] Women

Age Group
- [ ] Youth
- [ ] Junior
- [ ] Senior
- [ ] Master
- [ ] Senior Master

Division
- [ ] 1   [ ] 5
- [ ] 2   [ ] 6
- [ ] 3   [ ] 7
- [ ] 4   [ ] 8

VISITORS _____

Uniform Color _____

Team Fouls:
1st Half | 1 | 2 | 3 | 4 | 5 | 6 | 7 | 8 | 9 | 10 | + |
2nd Half | 1 | 2 | 3 | 4 | 5 | 6 | 7 | 8 | 9 | 10 | + |

1 + 1   2 Shots

Time Outs: 60 Secs | 1 | 2 | 3 |
30 Secs | 1 | 2 |

Running Score

1	29	57
2	30	58
3	31	59
4	32	60
5	33	61
6	34	62
7	35	63
8	36	64
9	37	65
10	38	66
11	39	67
12	40	68
13	41	69
14	42	70
15	43	71
16	44	72
17	45	73
18	46	74
19	47	75
20	48	76
21	49	77
22	50	78
23	51	79
24	52	80
25	53	81
26	54	82
27	55	83
28	56	84

SCORING: 3 = 3 point goal 2 = 2 point goal
● = FT Made   O = FT missed

No.	U	Player	Fouls					1st	2nd	3rd	4th
			1	2	3	4	5				
			1	2	3	4	5				
			1	2	3	4	5				
			1	2	3	4	5				
			1	2	3	4	5				
			1	2	3	4	5				
			1	2	3	4	5				
			1	2	3	4	5				
			1	2	3	4	5				
			1	2	3	4	5				
			1	2	3	4	5				
			1	2	3	4	5				
			1	2	3	4	5				

FINAL SCORE: _____   Quarter Total

Alternating Possession | H | V | H | V | H | V | H | V | H | V | H | V | H | V | H | V | H | V | H | V | H | V | H | V |

Defensive Warning [ ][ ]

HOME _____

Uniform Color _____

Team Fouls:
1st Half | 1 | 2 | 3 | 4 | 5 | 6 | 7 | 8 | 9 | 10 | + |
2nd Half | 1 | 2 | 3 | 4 | 5 | 6 | 7 | 8 | 9 | 10 | + |

1 + 1   2 Shots

Time Outs: 60 Secs | 1 | 2 | 3 |
30 Secs | 1 | 2 |

Running Score

1	29	57
2	30	58
3	31	59
4	32	60
5	33	61
6	34	62
7	35	63
8	36	64
9	37	65
10	38	66
11	39	67
12	40	68
13	41	69
14	42	70
15	43	71
16	44	72
17	45	73
18	46	74
19	47	75
20	48	76
21	49	77
22	50	78
23	51	79
24	52	80
25	53	81
26	54	82
27	55	83
28	56	84

SCORING: 3 = 3 point goal 2 = 2 point goal
● = FT Made   ○ = FT missed

No.	U	Player	Fouls					1st	2nd	3rd	4th
			1	2	3	4	5				
			1	2	3	4	5				
			1	2	3	4	5				
			1	2	3	4	5				
			1	2	3	4	5				
			1	2	3	4	5				
			1	2	3	4	5				
			1	2	3	4	5				
			1	2	3	4	5				
			1	2	3	4	5				
			1	2	3	4	5				
			1	2	3	4	5				
			1	2	3	4	5				

_____   Quarter Total

BASKETBALL SCORE SHEET

Date	_____
Game Time	_____
Site	_____
Court #	_____
Referees	_____

Type
☐ Traditional
☐ Unified

Sex
☐ Men
☐ Women

Age Group
☐ Youth
☐ Junior
☐ Senior
☐ Master
☐ Senior Master

Division
☐ 1   ☐ 5
☐ 2   ☐ 6
☐ 3   ☐ 7
☐ 4   ☐ 8

VISITORS _____

Uniform Color _____

Team Fouls:
1st Half 1 2 3 4 5 6   7 8 9   10 +
2nd Half 1 2 3 4 5 6   7 8 9   10 +
1 + 1   2 Shots

Time Outs: 60 Secs   1 2 3
30 Secs   1 2

SCORING: 3 = 3 point goal 2 = 2 point goal
● = FT Made   O = FT missed

No.	U	Player	Fouls					1st	2nd	3rd	4th
			1	2	3	4	5				
			1	2	3	4	5				
			1	2	3	4	5				
			1	2	3	4	5				
			1	2	3	4	5				
			1	2	3	4	5				
			1	2	3	4	5				
			1	2	3	4	5				
			1	2	3	4	5				
			1	2	3	4	5				
			1	2	3	4	5				
			1	2	3	4	5				
			1	2	3	4	5				

FINAL SCORE: _____   Quarter Total

Alternating Possession H V H V H V H V H V H V H V H V H V H V H V H V   **Defensive Warning** ☐☐

Running Score (Visitors)

1	29	57
2	30	58
3	31	59
4	32	60
5	33	61
6	34	62
7	35	63
8	36	64
9	37	65
10	38	66
11	39	67
12	40	68
13	41	69
14	42	70
15	43	71
16	44	72
17	45	73
18	46	74
19	47	75
20	48	76
21	49	77
22	50	78
23	51	79
24	52	80
25	53	81
26	54	82
27	55	83
28	56	84

HOME _____

Uniform Color _____

Team Fouls:
1st Half 1 2 3 4 5 6   7 8 9   10 +
2nd Half 1 2 3 4 5 6   7 8 9   10 +
1 + 1   2 Shots

Time Outs: 60 Secs   1 2 3
30 Secs   1 2

SCORING: 3 = 3 point goal 2 = 2 point goal
● = FT Made   o = FT missed

No.	U	Player	Fouls					1st	2nd	3rd	4th
			1	2	3	4	5				
			1	2	3	4	5				
			1	2	3	4	5				
			1	2	3	4	5				
			1	2	3	4	5				
			1	2	3	4	5				
			1	2	3	4	5				
			1	2	3	4	5				
			1	2	3	4	5				
			1	2	3	4	5				
			1	2	3	4	5				
			1	2	3	4	5				
			1	2	3	4	5				

_____   Quarter Total

Running Score (Home)

1	29	57
2	30	58
3	31	59
4	32	60
5	33	61
6	34	62
7	35	63
8	36	64
9	37	65
10	38	66
11	39	67
12	40	68
13	41	69
14	42	70
15	43	71
16	44	72
17	45	73
18	46	74
19	47	75
20	48	76
21	49	77
22	50	78
23	51	79
24	52	80
25	53	81
26	54	82
27	55	83
28	56	84

BASKETBALL SCORE SHEET

Date _____	**Type**
Game Time _____	☐ Traditional
Site _____	☐ Unified
Court # _____	**Sex**
Referees _____	☐ Men
	☐ Women

Age Group
☐ Youth
☐ Junior
☐ Senior
☐ Master
☐ Senior Master

Division
☐ 1 ☐ 5
☐ 2 ☐ 6
☐ 3 ☐ 7
☐ 4 ☐ 8

VISITORS _____

Uniform Color _____

Team Fouls:

1st Half | 1 | 2 | 3 | 4 | 5 | 6 | 7 | 8 | 9 | 10 | +

2nd Half | 1 | 2 | 3 | 4 | 5 | 6 | 7 | 8 | 9 | 10 | +

1 + 1   2 Shots

Time Outs: 60 Secs | 1 | 2 | 3

30 Secs | 1 | 2

No.	U	Player	Fouls	SCORING: 3 = 3 point goal 2 = 2 point goal ● = FT Made O = FT missed			
				1st	2nd	3rd	4th
			1 2 3 4 5				
			1 2 3 4 5				
			1 2 3 4 5				
			1 2 3 4 5				
			1 2 3 4 5				
			1 2 3 4 5				
			1 2 3 4 5				
			1 2 3 4 5				
			1 2 3 4 5				
			1 2 3 4 5				
			1 2 3 4 5				
			1 2 3 4 5				

FINAL SCORE: _____   Quarter Total

Running Score

1	29	57
2	30	58
3	31	59
4	32	60
5	33	61
6	34	62
7	35	63
8	36	64
9	37	65
10	38	66
11	39	67
12	40	68
13	41	69
14	42	70
15	43	71
16	44	72
17	45	73
18	46	74
19	47	75
20	48	76
21	49	77
22	50	78
23	51	79
24	52	80
25	53	81
26	54	82
27	55	83
28	56	84

Alternating Possession | H V H V H V H V H V H V H V H V H V H V H V H V

Defensive Warning ☐☐

HOME _____

Uniform Color _____

Team Fouls:

1st Half | 1 | 2 | 3 | 4 | 5 | 6 | 7 | 8 | 9 | 10 | +

2nd Half | 1 | 2 | 3 | 4 | 5 | 6 | 7 | 8 | 9 | 10 | +

1 + 1   2 Shots

Time Outs: 60 Secs | 1 | 2 | 3

30 Secs | 1 | 2

No.	U	Player	Fouls	SCORING: 3 = 3 point goal 2 = 2 point goal ● = FT Made ○ = FT missed			
				1st	2nd	3rd	4th
			1 2 3 4 5				
			1 2 3 4 5				
			1 2 3 4 5				
			1 2 3 4 5				
			1 2 3 4 5				
			1 2 3 4 5				
			1 2 3 4 5				
			1 2 3 4 5				
			1 2 3 4 5				
			1 2 3 4 5				
			1 2 3 4 5				
			1 2 3 4 5				

_____   Quarter Total

Running Score

1	29	57
2	30	58
3	31	59
4	32	60
5	33	61
6	34	62
7	35	63
8	36	64
9	37	65
10	38	66
11	39	67
12	40	68
13	41	69
14	42	70
15	43	71
16	44	72
17	45	73
18	46	74
19	47	75
20	48	76
21	49	77
22	50	78
23	51	79
24	52	80
25	53	81
26	54	82
27	55	83
28	56	84

BASKETBALL SCORE SHEET

Date _____	
Game Time _____	
Site _____	
Court # _____	
Referees _____	

Type
- ☐ Traditional
- ☐ Unified

Sex
- ☐ Men
- ☐ Women

Age Group
- ☐ Youth
- ☐ Junior
- ☐ Senior
- ☐ Master
- ☐ Senior Master

Division
- ☐ 1 ☐ 5
- ☐ 2 ☐ 6
- ☐ 3 ☐ 7
- ☐ 4 ☐ 8

VISITORS _____

Uniform Color _____

Team Fouls:

1st Half | 1 | 2 | 3 | 4 | 5 | 6 | 7 | 8 | 9 | 10 | +

2nd Half | 1 | 2 | 3 | 4 | 5 | 6 | 7 | 8 | 9 | 10 | +

1 + 1   2 Shots

Time Outs: 60 Secs | 1 | 2 | 3

30 Secs | 1 | 2

No.	U	Player	Fouls					SCORING: 3 = 3 point goal 2 = 2 point goal ● = FT Made O = FT missed			
								1st	2nd	3rd	4th
			1	2	3	4	5				
			1	2	3	4	5				
			1	2	3	4	5				
			1	2	3	4	5				
			1	2	3	4	5				
			1	2	3	4	5				
			1	2	3	4	5				
			1	2	3	4	5				
			1	2	3	4	5				
			1	2	3	4	5				
			1	2	3	4	5				
			1	2	3	4	5				

FINAL SCORE: _____   Quarter Total

Alternating Possession: | H | V | H | V | H | V | H | V | H | V | H | V | H | V | H | V | H | V | H | V | H | V | H | V |

Defensive Warning | |

Running Score (VISITORS)

1	29	57
2	30	58
3	31	59
4	32	60
5	33	61
6	34	62
7	35	63
8	36	64
9	37	65
10	38	66
11	39	67
12	40	68
13	41	69
14	42	70
15	43	71
16	44	72
17	45	73
18	46	74
19	47	75
20	48	76
21	49	77
22	50	78
23	51	79
24	52	80
25	53	81
26	54	82
27	55	83
28	56	84

HOME _____

Uniform Color _____

Team Fouls:

1st Half | 1 | 2 | 3 | 4 | 5 | 6 | 7 | 8 | 9 | 10 | +

2nd Half | 1 | 2 | 3 | 4 | 5 | 6 | 7 | 8 | 9 | 10 | +

1 + 1   2 Shots

Time Outs: 60 Secs | 1 | 2 | 3

30 Secs | 1 | 2

No.	U	Player	Fouls					SCORING: 3 = 3 point goal 2 = 2 point goal ● = FT Made ○ = FT missed			
								1st	2nd	3rd	4th
			1	2	3	4	5				
			1	2	3	4	5				
			1	2	3	4	5				
			1	2	3	4	5				
			1	2	3	4	5				
			1	2	3	4	5				
			1	2	3	4	5				
			1	2	3	4	5				
			1	2	3	4	5				
			1	2	3	4	5				
			1	2	3	4	5				
			1	2	3	4	5				

_____   Quarter Total

Running Score (HOME)

1	29	57
2	30	58
3	31	59
4	32	60
5	33	61
6	34	62
7	35	63
8	36	64
9	37	65
10	38	66
11	39	67
12	40	68
13	41	69
14	42	70
15	43	71
16	44	72
17	45	73
18	46	74
19	47	75
20	48	76
21	49	77
22	50	78
23	51	79
24	52	80
25	53	81
26	54	82
27	55	83
28	56	84

BASKETBALL SCORE SHEET

Date _____	
Game Time _____	
Site _____	
Court # _____	
Referees _____	

Type
- ☐ Traditional
- ☐ Unified

Sex
- ☐ Men
- ☐ Women

Age Group
- ☐ Youth
- ☐ Junior
- ☐ Senior
- ☐ Master
- ☐ Senior Master

Division
- ☐ 1   ☐ 5
- ☐ 2   ☐ 6
- ☐ 3   ☐ 7
- ☐ 4   ☐ 8

VISITORS _____

Uniform Color _____

Team Fouls:
1st Half | 1 | 2 | 3 | 4 | 5 | 6 | | 7 | 8 | 9 | | 10 | + |
2nd Half | 1 | 2 | 3 | 4 | 5 | 6 | | 7 | 8 | 9 | | 10 | + |

1 + 1   2 Shots

Time Outs: 60 Secs | 1 | 2 | 3 |
30 Secs | 1 | 2 |

SCORING: 3 = 3 point goal 2 = 2 point goal
• = FT Made   O = FT missed

No.	U	Player	Fouls					1st	2nd	3rd	4th
			1	2	3	4	5				
			1	2	3	4	5				
			1	2	3	4	5				
			1	2	3	4	5				
			1	2	3	4	5				
			1	2	3	4	5				
			1	2	3	4	5				
			1	2	3	4	5				
			1	2	3	4	5				
			1	2	3	4	5				
			1	2	3	4	5				
			1	2	3	4	5				

FINAL SCORE: _____   Quarter Total

Running Score

1	29	57
2	30	58
3	31	59
4	32	60
5	33	61
6	34	62
7	35	63
8	36	64
9	37	65
10	38	66
11	39	67
12	40	68
13	41	69
14	42	70
15	43	71
16	44	72
17	45	73
18	46	74
19	47	75
20	48	76
21	49	77
22	50	78
23	51	79
24	52	80
25	53	81
26	54	82
27	55	83
28	56	84

Alternating Possession | H | V | H | V | H | V | H | V | H | V | H | V | H | V | H | V | H | V | H | V | H | V | H | V |

Defensive Warning | | |

HOME _____

Uniform Color _____

Team Fouls:
1st Half | 1 | 2 | 3 | 4 | 5 | 6 | | 7 | 8 | 9 | | 10 | + |
2nd Half | 1 | 2 | 3 | 4 | 5 | 6 | | 7 | 8 | 9 | | 10 | + |

1 + 1   2 Shots

Time Outs: 60 Secs | 1 | 2 | 3 |
30 Secs | 1 | 2 |

SCORING: 3 = 3 point goal 2 = 2 point goal
• = FT Made   ○ = FT missed

No.	U	Player	Fouls					1st	2nd	3rd	4th
			1	2	3	4	5				
			1	2	3	4	5				
			1	2	3	4	5				
			1	2	3	4	5				
			1	2	3	4	5				
			1	2	3	4	5				
			1	2	3	4	5				
			1	2	3	4	5				
			1	2	3	4	5				
			1	2	3	4	5				
			1	2	3	4	5				
			1	2	3	4	5				

_____   Quarter Total

Running Score

1	29	57
2	30	58
3	31	59
4	32	60
5	33	61
6	34	62
7	35	63
8	36	64
9	37	65
10	38	66
11	39	67
12	40	68
13	41	69
14	42	70
15	43	71
16	44	72
17	45	73
18	46	74
19	47	75
20	48	76
21	49	77
22	50	78
23	51	79
24	52	80
25	53	81
26	54	82
27	55	83
28	56	84

BASKETBALL SCORE SHEET

	Type	Age Group	Division
Date _____	☐ Traditional	☐ Youth	☐ 1 ☐ 5
Game Time _____	☐ Unified	☐ Junior	☐ 2 ☐ 6
Site _____	**Sex**	☐ Senior	☐ 3 ☐ 7
Court # _____	☐ Men	☐ Master	☐ 4 ☐ 8
Referees _____	☐ Women	☐ Senior Master	

VISITORS _____   Uniform Color _____

Team Fouls:

1st Half: | 1 | 2 | 3 | 4 | 5 | 6 | | 7 | 8 | 9 | | 10 | + |

2nd Half: | 1 | 2 | 3 | 4 | 5 | 6 | | 7 | 8 | 9 | | 10 | + |

1 + 1   2 Shots

Time Outs: 60 Secs | 1 | 2 | 3 |

30 Secs | 1 | 2 |

No.	U	Player	Fouls					SCORING: 3 = 3 point goal 2 = 2 point goal • = FT Made ○ = FT missed			
								1st	2nd	3rd	4th
			1	2	3	4	5				
			1	2	3	4	5				
			1	2	3	4	5				
			1	2	3	4	5				
			1	2	3	4	5				
			1	2	3	4	5				
			1	2	3	4	5				
			1	2	3	4	5				
			1	2	3	4	5				
			1	2	3	4	5				
			1	2	3	4	5				
			1	2	3	4	5				

FINAL SCORE: _____   Quarter Total

Running Score (Visitors)

1	29	57
2	30	58
3	31	59
4	32	60
5	33	61
6	34	62
7	35	63
8	36	64
9	37	65
10	38	66
11	39	67
12	40	68
13	41	69
14	42	70
15	43	71
16	44	72
17	45	73
18	46	74
19	47	75
20	48	76
21	49	77
22	50	78
23	51	79
24	52	80
25	53	81
26	54	82
27	55	83
28	56	84

Alternating Possession: | H | V | H | V | H | V | H | V | H | V | H | V | H | V | H | V | H | V | H | V | H | V | H | V |

Defensive Warning | | |

HOME _____   Uniform Color _____

Team Fouls:

1st Half: | 1 | 2 | 3 | 4 | 5 | 6 | | 7 | 8 | 9 | | 10 | + |

2nd Half: | 1 | 2 | 3 | 4 | 5 | 6 | | 7 | 8 | 9 | | 10 | + |

1 + 1   2 Shots

Time Outs: 60 Secs | 1 | 2 | 3 |

30 Secs | 1 | 2 |

No.	U	Player	Fouls					SCORING: 3 = 3 point goal 2 = 2 point goal • = FT Made ○ = FT missed			
								1st	2nd	3rd	4th
			1	2	3	4	5				
			1	2	3	4	5				
			1	2	3	4	5				
			1	2	3	4	5				
			1	2	3	4	5				
			1	2	3	4	5				
			1	2	3	4	5				
			1	2	3	4	5				
			1	2	3	4	5				
			1	2	3	4	5				
			1	2	3	4	5				
			1	2	3	4	5				

_____   Quarter Total

Running Score (Home)

1	29	57
2	30	58
3	31	59
4	32	60
5	33	61
6	34	62
7	35	63
8	36	64
9	37	65
10	38	66
11	39	67
12	40	68
13	41	69
14	42	70
15	43	71
16	44	72
17	45	73
18	46	74
19	47	75
20	48	76
21	49	77
22	50	78
23	51	79
24	52	80
25	53	81
26	54	82
27	55	83
28	56	84

BASKETBALL SCORE SHEET

	Type		Age Group		Division			
Date _____	☐	Traditional	☐	Youth	☐	1	☐	5
Game Time _____	☐	Unified	☐	Junior	☐	2	☐	6
Site _____	**Sex**		☐	Senior	☐	3	☐	7
Court # _____	☐	Men	☐	Master	☐	4	☐	8
Referees _____	☐	Women	☐	Senior Master				

VISITORS _____

Uniform Color _____

Team Fouls:

1st Half | 1 | 2 | 3 | 4 | 5 | 6 | | 7 | 8 | 9 | | 10 | + |

2nd Half | 1 | 2 | 3 | 4 | 5 | 6 | | 7 | 8 | 9 | | 10 | + |

1 + 1   2 Shots

Time Outs: 60 Secs | 1 | 2 | 3 |

30 Secs | 1 | 2 |

No.	U	Player	Fouls					SCORING: 3 = 3 point goal 2 = 2 point goal ● = FT Made O = FT missed			
								1st	2nd	3rd	4th
			1	2	3	4	5				
			1	2	3	4	5				
			1	2	3	4	5				
			1	2	3	4	5				
			1	2	3	4	5				
			1	2	3	4	5				
			1	2	3	4	5				
			1	2	3	4	5				
			1	2	3	4	5				
			1	2	3	4	5				
			1	2	3	4	5				
			1	2	3	4	5				

FINAL SCORE: _____   Quarter Total

Alternating Possession | H | V | H | V | H | V | H | V | H | V | H | V | H | V | H | V | H | V | H | V | H | V | H | V |

Defensive Warning | | |

Running Score (Visitors)

1	29	57	15	43	71
2	30	58	16	44	72
3	31	59	17	45	73
4	32	60	18	46	74
5	33	61	19	47	75
6	34	62	20	48	76
7	35	63	21	49	77
8	36	64	22	50	78
9	37	65	23	51	79
10	38	66	24	52	80
11	39	67	25	53	81
12	40	68	26	54	82
13	41	69	27	55	83
14	42	70	28	56	84

HOME _____

Uniform Color _____

Team Fouls:

1st Half | 1 | 2 | 3 | 4 | 5 | 6 | | 7 | 8 | 9 | | 10 | + |

2nd Half | 1 | 2 | 3 | 4 | 5 | 6 | | 7 | 8 | 9 | | 10 | + |

1 + 1   2 Shots

Time Outs: 60 Secs | 1 | 2 | 3 |

30 Secs | 1 | 2 |

No.	U	Player	Fouls					SCORING: 3 = 3 point goal 2 = 2 point goal ● = FT Made ○ = FT missed			
								1st	2nd	3rd	4th
			1	2	3	4	5				
			1	2	3	4	5				
			1	2	3	4	5				
			1	2	3	4	5				
			1	2	3	4	5				
			1	2	3	4	5				
			1	2	3	4	5				
			1	2	3	4	5				
			1	2	3	4	5				
			1	2	3	4	5				
			1	2	3	4	5				
			1	2	3	4	5				

_____   Quarter Total

Running Score (Home)

1	29	57	15	43	71
2	30	58	16	44	72
3	31	59	17	45	73
4	32	60	18	46	74
5	33	61	19	47	75
6	34	62	20	48	76
7	35	63	21	49	77
8	36	64	22	50	78
9	37	65	23	51	79
10	38	66	24	52	80
11	39	67	25	53	81
12	40	68	26	54	82
13	41	69	27	55	83
14	42	70	28	56	84

BASKETBALL SCORE SHEET

Date _____		
Game Time _____		
Site _____		
Court # _____		
Referees _____		

Type
- ☐ Traditional
- ☐ Unified

Sex
- ☐ Men
- ☐ Women

Age Group
- ☐ Youth
- ☐ Junior
- ☐ Senior
- ☐ Master
- ☐ Senior Master

Division
- ☐ 1
- ☐ 2
- ☐ 3
- ☐ 4
- ☐ 5
- ☐ 6
- ☐ 7
- ☐ 8

VISITORS _____

Uniform Color _____

Team Fouls:
1st Half | 1 | 2 | 3 | 4 | 5 | 6 | 7 | 8 | 9 | 10 | +
2nd Half | 1 | 2 | 3 | 4 | 5 | 6 | 7 | 8 | 9 | 10 | +
1 + 1   2 Shots

Time Outs: 60 Secs | 1 | 2 | 3
30 Secs | 1 | 2

SCORING: 3 = 3 point goal 2 = 2 point goal
• = FT Made   O = FT missed

No.	U	Player	Fouls					1st	2nd	3rd	4th
			1	2	3	4	5				
			1	2	3	4	5				
			1	2	3	4	5				
			1	2	3	4	5				
			1	2	3	4	5				
			1	2	3	4	5				
			1	2	3	4	5				
			1	2	3	4	5				
			1	2	3	4	5				
			1	2	3	4	5				
			1	2	3	4	5				
			1	2	3	4	5				

FINAL SCORE: _____   Quarter Total

Running Score

1	29	57
2	30	58
3	31	59
4	32	60
5	33	61
6	34	62
7	35	63
8	36	64
9	37	65
10	38	66
11	39	67
12	40	68
13	41	69
14	42	70
15	43	71
16	44	72
17	45	73
18	46	74
19	47	75
20	48	76
21	49	77
22	50	78
23	51	79
24	52	80
25	53	81
26	54	82
27	55	83
28	56	84

Alternating Possession | H | V | H | V | H | V | H | V | H | V | H | V | H | V | H | V | H | V | H | V | H | V | H | V

Defensive Warning ☐☐

HOME _____

Uniform Color _____

Team Fouls:
1st Half | 1 | 2 | 3 | 4 | 5 | 6 | 7 | 8 | 9 | 10 | +
2nd Half | 1 | 2 | 3 | 4 | 5 | 6 | 7 | 8 | 9 | 10 | +
1 + 1   2 Shots

Time Outs: 60 Secs | 1 | 2 | 3
30 Secs | 1 | 2

SCORING: 3 = 3 point goal 2 = 2 point goal
• = FT Made   ○ = FT missed

No.	U	Player	Fouls					1st	2nd	3rd	4th
			1	2	3	4	5				
			1	2	3	4	5				
			1	2	3	4	5				
			1	2	3	4	5				
			1	2	3	4	5				
			1	2	3	4	5				
			1	2	3	4	5				
			1	2	3	4	5				
			1	2	3	4	5				
			1	2	3	4	5				
			1	2	3	4	5				
			1	2	3	4	5				

_____   Quarter Total

Running Score

1	29	57
2	30	58
3	31	59
4	32	60
5	33	61
6	34	62
7	35	63
8	36	64
9	37	65
10	38	66
11	39	67
12	40	68
13	41	69
14	42	70
15	43	71
16	44	72
17	45	73
18	46	74
19	47	75
20	48	76
21	49	77
22	50	78
23	51	79
24	52	80
25	53	81
26	54	82
27	55	83
28	56	84

BASKETBALL SCORE SHEET

	Type	Age Group	Division		
Date _____	☐ Traditional	☐ Youth	☐ 1	☐ 5	
Game Time _____	☐ Unified	☐ Junior	☐ 2	☐ 6	
Site _____	**Sex**	☐ Senior	☐ 3	☐ 7	
Court # _____	☐ Men	☐ Master	☐ 4	☐ 8	
Referees _____	☐ Women	☐ Senior Master			

VISITORS _____

Uniform Color _____

Team Fouls:

1st Half	1	2	3	4	5	6		7	8	9		10	+

Time Outs: 60 Secs | 1 | 2 | 3 |

2nd Half	1	2	3	4	5	6		7	8	9		10	+

30 Secs | 1 | 2 |

1 + 1   2 Shots

No.	U	Player	Fouls					SCORING: 3 = 3 point goal 2 = 2 point goal ● = FT Made O = FT missed			
								1st	2nd	3rd	4th
			1	2	3	4	5				
			1	2	3	4	5				
			1	2	3	4	5				
			1	2	3	4	5				
			1	2	3	4	5				
			1	2	3	4	5				
			1	2	3	4	5				
			1	2	3	4	5				
			1	2	3	4	5				
			1	2	3	4	5				
			1	2	3	4	5				
			1	2	3	4	5				

FINAL SCORE: _____   Quarter Total

Alternating Possession | H | V | H | V | H | V | H | V | H | V | H | V | H | V | H | V | H | V | H | V | H | V | H | V |

Defensive Warning ☐ ☐

Running Score (Visitors)

1		29		57
2		30		58
3		31		59
4		32		60
5		33		61
6		34		62
7		35		63
8		36		64
9		37		65
10		38		66
11		39		67
12		40		68
13		41		69
14		42		70
15		43		71
16		44		72
17		45		73
18		46		74
19		47		75
20		48		76
21		49		77
22		50		78
23		51		79
24		52		80
25		53		81
26		54		82
27		55		83
28		56		84

HOME _____

Uniform Color _____

Team Fouls:

1st Half	1	2	3	4	5	6		7	8	9		10	+

Time Outs: 60 Secs | 1 | 2 | 3 |

2nd Half	1	2	3	4	5	6		7	8	9		10	+

30 Secs | 1 | 2 |

1 + 1   2 Shots

No.	U	Player	Fouls					SCORING: 3 = 3 point goal 2 = 2 point goal ● = FT Made ○ = FT missed			
								1st	2nd	3rd	4th
			1	2	3	4	5				
			1	2	3	4	5				
			1	2	3	4	5				
			1	2	3	4	5				
			1	2	3	4	5				
			1	2	3	4	5				
			1	2	3	4	5				
			1	2	3	4	5				
			1	2	3	4	5				
			1	2	3	4	5				
			1	2	3	4	5				
			1	2	3	4	5				

_____   Quarter Total

Running Score (Home)

1		29		57
2		30		58
3		31		59
4		32		60
5		33		61
6		34		62
7		35		63
8		36		64
9		37		65
10		38		66
11		39		67
12		40		68
13		41		69
14		42		70
15		43		71
16		44		72
17		45		73
18		46		74
19		47		75
20		48		76
21		49		77
22		50		78
23		51		79
24		52		80
25		53		81
26		54		82
27		55		83
28		56		84

BASKETBALL SCORE SHEET

Date _____

Game Time _____

Site _____

Court # _____

Referees _____

Type
- ☐ Traditional
- ☐ Unified

Sex
- ☐ Men
- ☐ Women

Age Group
- ☐ Youth
- ☐ Junior
- ☐ Senior
- ☐ Master
- ☐ Senior Master

Division
- ☐ 1   ☐ 5
- ☐ 2   ☐ 6
- ☐ 3   ☐ 7
- ☐ 4   ☐ 8

VISITORS _____

Uniform Color _____

Team Fouls:

1st Half	1	2	3	4	5	6		7	8	9		10	+
2nd Half	1	2	3	4	5	6		7	8	9		10	+

1 + 1   2 Shots

Time Outs: 60 Secs | 1 | 2 | 3 |

30 Secs | 1 | 2 |

Running Score (Visitors)

1	29	57
2	30	58
3	31	59
4	32	60
5	33	61
6	34	62
7	35	63
8	36	64
9	37	65
10	38	66
11	39	67
12	40	68
13	41	69
14	42	70
15	43	71
16	44	72
17	45	73
18	46	74
19	47	75
20	48	76
21	49	77
22	50	78
23	51	79
24	52	80
25	53	81
26	54	82
27	55	83
28	56	84

SCORING: 3 = 3 point goal 2 = 2 point goal
• = FT Made   O = FT missed

No.	U	Player	Fouls					1st	2nd	3rd	4th
			1	2	3	4	5				
			1	2	3	4	5				
			1	2	3	4	5				
			1	2	3	4	5				
			1	2	3	4	5				
			1	2	3	4	5				
			1	2	3	4	5				
			1	2	3	4	5				
			1	2	3	4	5				
			1	2	3	4	5				
			1	2	3	4	5				
			1	2	3	4	5				

FINAL SCORE: _____   Quarter Total

Alternating Possession

H	V	H	V	H	V	H	V	H	V	H	V	H	V	H	V	H	V	H	V	H	V	H	V

Defensive Warning ☐ ☐

HOME _____

Uniform Color _____

Team Fouls:

1st Half	1	2	3	4	5	6		7	8	9		10	+
2nd Half	1	2	3	4	5	6		7	8	9		10	+

1 + 1   2 Shots

Time Outs: 60 Secs | 1 | 2 | 3 |

30 Secs | 1 | 2 |

Running Score (Home)

1	29	57
2	30	58
3	31	59
4	32	60
5	33	61
6	34	62
7	35	63
8	36	64
9	37	65
10	38	66
11	39	67
12	40	68
13	41	69
14	42	70
15	43	71
16	44	72
17	45	73
18	46	74
19	47	75
20	48	76
21	49	77
22	50	78
23	51	79
24	52	80
25	53	81
26	54	82
27	55	83
28	56	84

SCORING: 3 = 3 point goal 2 = 2 point goal
• = FT Made   ○ = FT missed

No.	U	Player	Fouls					1st	2nd	3rd	4th
			1	2	3	4	5				
			1	2	3	4	5				
			1	2	3	4	5				
			1	2	3	4	5				
			1	2	3	4	5				
			1	2	3	4	5				
			1	2	3	4	5				
			1	2	3	4	5				
			1	2	3	4	5				
			1	2	3	4	5				
			1	2	3	4	5				
			1	2	3	4	5				

_____   Quarter Total

BASKETBALL SCORE SHEET

	Type	Age Group	Division	
Date _____	☐ Traditional	☐ Youth	☐ 1	☐ 5
Game Time _____	☐ Unified	☐ Junior	☐ 2	☐ 6
Site _____	**Sex**	☐ Senior	☐ 3	☐ 7
Court # _____	☐ Men	☐ Master	☐ 4	☐ 8
Referees _____	☐ Women	☐ Senior Master		

VISITORS _____

Uniform Color _____

Team Fouls:

1st Half	1	2	3	4	5	6		7	8	9		10	+

Time Outs: 60 Secs | 1 | 2 | 3 |

2nd Half	1	2	3	4	5	6		7	8	9		10	+

30 Secs | 1 | 2 |

1 + 1   2 Shots

SCORING: 3 = 3 point goal 2 = 2 point goal
● = FT Made   O = FT missed

No.	U	Player	Fouls					1st	2nd	3rd	4th
			1	2	3	4	5				
			1	2	3	4	5				
			1	2	3	4	5				
			1	2	3	4	5				
			1	2	3	4	5				
			1	2	3	4	5				
			1	2	3	4	5				
			1	2	3	4	5				
			1	2	3	4	5				
			1	2	3	4	5				
			1	2	3	4	5				
			1	2	3	4	5				
			1	2	3	4	5				

FINAL SCORE: _____   Quarter Total

Running Score

1	29	57
2	30	58
3	31	59
4	32	60
5	33	61
6	34	62
7	35	63
8	36	64
9	37	65
10	38	66
11	39	67
12	40	68
13	41	69
14	42	70
15	43	71
16	44	72
17	45	73
18	46	74
19	47	75
20	48	76
21	49	77
22	50	78
23	51	79
24	52	80
25	53	81
26	54	82
27	55	83
28	56	84

Alternating Possession | H | V | H | V | H | V | H | V | H | V | H | V | H | V | H | V | H | V | H | V | H | V | H | V |

Defensive Warning ☐☐

HOME _____

Uniform Color _____

Team Fouls:

1st Half	1	2	3	4	5	6		7	8	9		10	+

Time Outs: 60 Secs | 1 | 2 | 3 |

2nd Half	1	2	3	4	5	6		7	8	9		10	+

30 Secs | 1 | 2 |

1 + 1   2 Shots

SCORING: 3 = 3 point goal 2 = 2 point goal
● = FT Made   ○ = FT missed

No.	U	Player	Fouls					1st	2nd	3rd	4th
			1	2	3	4	5				
			1	2	3	4	5				
			1	2	3	4	5				
			1	2	3	4	5				
			1	2	3	4	5				
			1	2	3	4	5				
			1	2	3	4	5				
			1	2	3	4	5				
			1	2	3	4	5				
			1	2	3	4	5				
			1	2	3	4	5				
			1	2	3	4	5				
			1	2	3	4	5				

_____   Quarter Total

Running Score

1	29	57
2	30	58
3	31	59
4	32	60
5	33	61
6	34	62
7	35	63
8	36	64
9	37	65
10	38	66
11	39	67
12	40	68
13	41	69
14	42	70
15	43	71
16	44	72
17	45	73
18	46	74
19	47	75
20	48	76
21	49	77
22	50	78
23	51	79
24	52	80
25	53	81
26	54	82
27	55	83
28	56	84

BASKETBALL SCORE SHEET

	Type		Age Group		Division			
Date _____	☐	Traditional	☐	Youth	☐	1	☐	5
Game Time _____	☐	Unified	☐	Junior	☐	2	☐	6
Site _____	**Sex**		☐	Senior	☐	3	☐	7
Court # _____	☐	Men	☐	Master	☐	4	☐	8
Referees _____	☐	Women	☐	Senior Master				

VISITORS _____

Uniform Color _____

Team Fouls:

1st Half: | 1 | 2 | 3 | 4 | 5 | 6 | | 7 | 8 | 9 | | 10 | + |

2nd Half: | 1 | 2 | 3 | 4 | 5 | 6 | | 7 | 8 | 9 | | 10 | + |

1 + 1   2 Shots

Time Outs: 60 Secs | 1 | 2 | 3 |

30 Secs | 1 | 2 |

No.	U	Player	Fouls	SCORING: 3 = 3 point goal 2 = 2 point goal ● = FT Made O = FT missed

SCORING columns: 1st | 2nd | 3rd | 4th

Fouls rows (each): 1 2 3 4 5

FINAL SCORE: _____   Quarter Total

Alternating Possession: | H | V | H | V | H | V | H | V | H | V | H | V | H | V | H | V | H | V | H | V | H | V | H | V | H | V |

Defensive Warning ☐☐

Running Score (Visitors)

1	29	57
2	30	58
3	31	59
4	32	60
5	33	61
6	34	62
7	35	63
8	36	64
9	37	65
10	38	66
11	39	67
12	40	68
13	41	69
14	42	70
15	43	71
16	44	72
17	45	73
18	46	74
19	47	75
20	48	76
21	49	77
22	50	78
23	51	79
24	52	80
25	53	81
26	54	82
27	55	83
28	56	84

HOME _____

Uniform Color _____

Team Fouls:

1st Half: | 1 | 2 | 3 | 4 | 5 | 6 | | 7 | 8 | 9 | | 10 | + |

2nd Half: | 1 | 2 | 3 | 4 | 5 | 6 | | 7 | 8 | 9 | | 10 | + |

1 + 1   2 Shots

Time Outs: 60 Secs | 1 | 2 | 3 |

30 Secs | 1 | 2 |

No.	U	Player	Fouls	SCORING: 3 = 3 point goal 2 = 2 point goal ● = FT Made ○ = FT missed

SCORING columns: 1st | 2nd | 3rd | 4th

Fouls rows (each): 1 2 3 4 5

_____   Quarter Total

Running Score (Home)

1	29	57
2	30	58
3	31	59
4	32	60
5	33	61
6	34	62
7	35	63
8	36	64
9	37	65
10	38	66
11	39	67
12	40	68
13	41	69
14	42	70
15	43	71
16	44	72
17	45	73
18	46	74
19	47	75
20	48	76
21	49	77
22	50	78
23	51	79
24	52	80
25	53	81
26	54	82
27	55	83
28	56	84

BASKETBALL SCORE SHEET

Date _____	
Game Time _____	
Site _____	
Court # _____	
Referees _____	

Type
- ☐ Traditional
- ☐ Unified

Sex
- ☐ Men
- ☐ Women

Age Group
- ☐ Youth
- ☐ Junior
- ☐ Senior
- ☐ Master
- ☐ Senior Master

Division
- ☐ 1 ☐ 5
- ☐ 2 ☐ 6
- ☐ 3 ☐ 7
- ☐ 4 ☐ 8

VISITORS _____

Uniform Color _____

Team Fouls:
1st Half | 1 | 2 | 3 | 4 | 5 | 6 | | 7 | 8 | 9 | | 10 | + |
2nd Half | 1 | 2 | 3 | 4 | 5 | 6 | | 7 | 8 | 9 | | 10 | + |

1 + 1   2 Shots

Time Outs: 60 Secs | 1 | 2 | 3 |
30 Secs | 1 | 2 |

No.	U	Player	Fouls					SCORING: 3 = 3 point goal 2 = 2 point goal • = FT Made O = FT missed			
								1st	2nd	3rd	4th
			1	2	3	4	5				
			1	2	3	4	5				
			1	2	3	4	5				
			1	2	3	4	5				
			1	2	3	4	5				
			1	2	3	4	5				
			1	2	3	4	5				
			1	2	3	4	5				
			1	2	3	4	5				
			1	2	3	4	5				
			1	2	3	4	5				
			1	2	3	4	5				

FINAL SCORE: _____   Quarter Total

Alternating Possession | H | V | H | V | H | V | H | V | H | V | H | V | H | V | H | V | H | V | H | V | H | V | H | V |

Defensive Warning | | |

Running Score

1		29		57	
2		30		58	
3		31		59	
4		32		60	
5		33		61	
6		34		62	
7		35		63	
8		36		64	
9		37		65	
10		38		66	
11		39		67	
12		40		68	
13		41		69	
14		42		70	
15		43		71	
16		44		72	
17		45		73	
18		46		74	
19		47		75	
20		48		76	
21		49		77	
22		50		78	
23		51		79	
24		52		80	
25		53		81	
26		54		82	
27		55		83	
28		56		84	

HOME _____

Uniform Color _____

Team Fouls:
1st Half | 1 | 2 | 3 | 4 | 5 | 6 | | 7 | 8 | 9 | | 10 | + |
2nd Half | 1 | 2 | 3 | 4 | 5 | 6 | | 7 | 8 | 9 | | 10 | + |

1 + 1   2 Shots

Time Outs: 60 Secs | 1 | 2 | 3 |
30 Secs | 1 | 2 |

No.	U	Player	Fouls					SCORING: 3 = 3 point goal 2 = 2 point goal • = FT Made ○ = FT missed			
								1st	2nd	3rd	4th
			1	2	3	4	5				
			1	2	3	4	5				
			1	2	3	4	5				
			1	2	3	4	5				
			1	2	3	4	5				
			1	2	3	4	5				
			1	2	3	4	5				
			1	2	3	4	5				
			1	2	3	4	5				
			1	2	3	4	5				
			1	2	3	4	5				
			1	2	3	4	5				

_____   Quarter Total

Running Score

1		29		57	
2		30		58	
3		31		59	
4		32		60	
5		33		61	
6		34		62	
7		35		63	
8		36		64	
9		37		65	
10		38		66	
11		39		67	
12		40		68	
13		41		69	
14		42		70	
15		43		71	
16		44		72	
17		45		73	
18		46		74	
19		47		75	
20		48		76	
21		49		77	
22		50		78	
23		51		79	
24		52		80	
25		53		81	
26		54		82	
27		55		83	
28		56		84	

BASKETBALL SCORE SHEET

	Type		Age Group		Division			
Date _____	☐	Traditional	☐	Youth	☐ 1		☐ 5	
Game Time _____	☐	Unified	☐	Junior	☐ 2		☐ 6	
Site _____	**Sex**		☐	Senior	☐ 3		☐ 7	
Court # _____	☐	Men	☐	Master	☐ 4		☐ 8	
Referees _____	☐	Women	☐	Senior Master				

VISITORS _____

Uniform Color _____

Team Fouls:

1st Half | 1 | 2 | 3 | 4 | 5 | 6 | 7 | 8 | 9 | 10 | + |

2nd Half | 1 | 2 | 3 | 4 | 5 | 6 | 7 | 8 | 9 | 10 | + |

1 + 1   2 Shots

Time Outs: 60 Secs | 1 | 2 | 3 |

30 Secs | 1 | 2 |

No.	U	Player	Fouls					SCORING: 3 = 3 point goal 2 = 2 point goal • = FT Made O = FT missed			
								1st	2nd	3rd	4th
			1	2	3	4	5				
			1	2	3	4	5				
			1	2	3	4	5				
			1	2	3	4	5				
			1	2	3	4	5				
			1	2	3	4	5				
			1	2	3	4	5				
			1	2	3	4	5				
			1	2	3	4	5				
			1	2	3	4	5				
			1	2	3	4	5				
			1	2	3	4	5				
			1	2	3	4	5				

FINAL SCORE: _____   Quarter Total

Alternating Possession | H | V | H | V | H | V | H | V | H | V | H | V | H | V | H | V | H | V | H | V | H | V | H | V | H | V |

Defensive Warning | ☐ | ☐ |

HOME _____

Uniform Color _____

Team Fouls:

1st Half | 1 | 2 | 3 | 4 | 5 | 6 | 7 | 8 | 9 | 10 | + |

2nd Half | 1 | 2 | 3 | 4 | 5 | 6 | 7 | 8 | 9 | 10 | + |

1 + 1   2 Shots

Time Outs: 60 Secs | 1 | 2 | 3 |

30 Secs | 1 | 2 |

No.	U	Player	Fouls					SCORING: 3 = 3 point goal 2 = 2 point goal • = FT Made ○ = FT missed			
								1st	2nd	3rd	4th
			1	2	3	4	5				
			1	2	3	4	5				
			1	2	3	4	5				
			1	2	3	4	5				
			1	2	3	4	5				
			1	2	3	4	5				
			1	2	3	4	5				
			1	2	3	4	5				
			1	2	3	4	5				
			1	2	3	4	5				
			1	2	3	4	5				
			1	2	3	4	5				
			1	2	3	4	5				

_____   Quarter Total

Running Score (Visitors)

1		29		57	
2		30		58	
3		31		59	
4		32		60	
5		33		61	
6		34		62	
7		35		63	
8		36		64	
9		37		65	
10		38		66	
11		39		67	
12		40		68	
13		41		69	
14		42		70	
15		43		71	
16		44		72	
17		45		73	
18		46		74	
19		47		75	
20		48		76	
21		49		77	
22		50		78	
23		51		79	
24		52		80	
25		53		81	
26		54		82	
27		55		83	
28		56		84	

Running Score (Home)

1		29		57	
2		30		58	
3		31		59	
4		32		60	
5		33		61	
6		34		62	
7		35		63	
8		36		64	
9		37		65	
10		38		66	
11		39		67	
12		40		68	
13		41		69	
14		42		70	
15		43		71	
16		44		72	
17		45		73	
18		46		74	
19		47		75	
20		48		76	
21		49		77	
22		50		78	
23		51		79	
24		52		80	
25		53		81	
26		54		82	
27		55		83	
28		56		84	

BASKETBALL SCORE SHEET

Date _____

Game Time _____

Site _____

Court # _____

Referees _____

Type
- ☐ Traditional
- ☐ Unified

Sex
- ☐ Men
- ☐ Women

Age Group
- ☐ Youth
- ☐ Junior
- ☐ Senior
- ☐ Master
- ☐ Senior Master

Division
- ☐ 1
- ☐ 2
- ☐ 3
- ☐ 4
- ☐ 5
- ☐ 6
- ☐ 7
- ☐ 8

VISITORS _____

Uniform Color _____

Team Fouls:

1st Half | 1 | 2 | 3 | 4 | 5 | 6 | | 7 | 8 | 9 | | 10 | +

2nd Half | 1 | 2 | 3 | 4 | 5 | 6 | | 7 | 8 | 9 | | 10 | +

1 + 1   2 Shots

Time Outs: 60 Secs | 1 | 2 | 3 |

30 Secs | 1 | 2 |

No.	U	Player			Fouls			SCORING: 3 = 3 point goal 2 = 2 point goal • = FT Made O = FT missed			
								1st	2nd	3rd	4th
			1	2	3	4	5				
			1	2	3	4	5				
			1	2	3	4	5				
			1	2	3	4	5				
			1	2	3	4	5				
			1	2	3	4	5				
			1	2	3	4	5				
			1	2	3	4	5				
			1	2	3	4	5				
			1	2	3	4	5				
			1	2	3	4	5				
			1	2	3	4	5				
			1	2	3	4	5				

FINAL SCORE: _____   Quarter Total

Alternating Possession | H | V | H | V | H | V | H | V | H | V | H | V | H | V | H | V | H | V | H | V | H | V | H | V |

Defensive Warning | | |

Running Score (Visitors)

1	29	57
2	30	58
3	31	59
4	32	60
5	33	61
6	34	62
7	35	63
8	36	64
9	37	65
10	38	66
11	39	67
12	40	68
13	41	69
14	42	70
15	43	71
16	44	72
17	45	73
18	46	74
19	47	75
20	48	76
21	49	77
22	50	78
23	51	79
24	52	80
25	53	81
26	54	82
27	55	83
28	56	84

HOME _____

Uniform Color _____

Team Fouls:

1st Half | 1 | 2 | 3 | 4 | 5 | 6 | | 7 | 8 | 9 | | 10 | +

2nd Half | 1 | 2 | 3 | 4 | 5 | 6 | | 7 | 8 | 9 | | 10 | +

1 + 1   2 Shots

Time Outs: 60 Secs | 1 | 2 | 3 |

30 Secs | 1 | 2 |

No.	U	Player			Fouls			SCORING: 3 = 3 point goal 2 = 2 point goal • = FT Made o = FT missed			
								1st	2nd	3rd	4th
			1	2	3	4	5				
			1	2	3	4	5				
			1	2	3	4	5				
			1	2	3	4	5				
			1	2	3	4	5				
			1	2	3	4	5				
			1	2	3	4	5				
			1	2	3	4	5				
			1	2	3	4	5				
			1	2	3	4	5				
			1	2	3	4	5				
			1	2	3	4	5				
			1	2	3	4	5				

_____   Quarter Total

Running Score (Home)

1	29	57
2	30	58
3	31	59
4	32	60
5	33	61
6	34	62
7	35	63
8	36	64
9	37	65
10	38	66
11	39	67
12	40	68
13	41	69
14	42	70
15	43	71
16	44	72
17	45	73
18	46	74
19	47	75
20	48	76
21	49	77
22	50	78
23	51	79
24	52	80
25	53	81
26	54	82
27	55	83
28	56	84

BASKETBALL SCORE SHEET

	Type		Age Group		Division			
Date _____	☐	Traditional	☐	Youth	☐	1	☐	5
Game Time _____	☐	Unified	☐	Junior	☐	2	☐	6
Site _____	**Sex**		☐	Senior	☐	3	☐	7
Court # _____	☐	Men	☐	Master	☐	4	☐	8
Referees _____	☐	Women	☐	Senior Master				

VISITORS _____

Uniform Color _____

Team Fouls:

1st Half: | 1 | 2 | 3 | 4 | 5 | 6 | | 7 | 8 | 9 | | 10 | + |

2nd Half: | 1 | 2 | 3 | 4 | 5 | 6 | | 7 | 8 | 9 | | 10 | + |

1 + 1   2 Shots

Time Outs: 60 Secs | 1 | 2 | 3 |

30 Secs | 1 | 2 |

No.	U	Player	Fouls					SCORING: 3 = 3 point goal 2 = 2 point goal ● = FT Made O = FT missed			
								1st	2nd	3rd	4th
			1	2	3	4	5				
			1	2	3	4	5				
			1	2	3	4	5				
			1	2	3	4	5				
			1	2	3	4	5				
			1	2	3	4	5				
			1	2	3	4	5				
			1	2	3	4	5				
			1	2	3	4	5				
			1	2	3	4	5				
			1	2	3	4	5				
			1	2	3	4	5				
			1	2	3	4	5				

FINAL SCORE: _____   Quarter Total

Alternating Possession: | H | V | H | V | H | V | H | V | H | V | H | V | H | V | H | V | H | V | H | V | H | V | H | V |

Defensive Warning | ☐ | ☐ |

HOME _____

Uniform Color _____

Team Fouls:

1st Half: | 1 | 2 | 3 | 4 | 5 | 6 | | 7 | 8 | 9 | | 10 | + |

2nd Half: | 1 | 2 | 3 | 4 | 5 | 6 | | 7 | 8 | 9 | | 10 | + |

1 + 1   2 Shots

Time Outs: 60 Secs | 1 | 2 | 3 |

30 Secs | 1 | 2 |

No.	U	Player	Fouls					SCORING: 3 = 3 point goal 2 = 2 point goal ● = FT Made ○ = FT missed			
								1st	2nd	3rd	4th
			1	2	3	4	5				
			1	2	3	4	5				
			1	2	3	4	5				
			1	2	3	4	5				
			1	2	3	4	5				
			1	2	3	4	5				
			1	2	3	4	5				
			1	2	3	4	5				
			1	2	3	4	5				
			1	2	3	4	5				
			1	2	3	4	5				
			1	2	3	4	5				
			1	2	3	4	5				

_____ Quarter Total

Running Score (Visitors)

1	29	57	15	43	71
2	30	58	16	44	72
3	31	59	17	45	73
4	32	60	18	46	74
5	33	61	19	47	75
6	34	62	20	48	76
7	35	63	21	49	77
8	36	64	22	50	78
9	37	65	23	51	79
10	38	66	24	52	80
11	39	67	25	53	81
12	40	68	26	54	82
13	41	69	27	55	83
14	42	70	28	56	84

Running Score (Home)

1	29	57	15	43	71
2	30	58	16	44	72
3	31	59	17	45	73
4	32	60	18	46	74
5	33	61	19	47	75
6	34	62	20	48	76
7	35	63	21	49	77
8	36	64	22	50	78
9	37	65	23	51	79
10	38	66	24	52	80
11	39	67	25	53	81
12	40	68	26	54	82
13	41	69	27	55	83
14	42	70	28	56	84

BASKETBALL SCORE SHEET

		Type		Age Group		Division			
Date	_____	☐	Traditional	☐	Youth	☐	1	☐	5
Game Time	_____	☐	Unified	☐	Junior	☐	2	☐	6
Site	_____	**Sex**		☐	Senior	☐	3	☐	7
Court #	_____	☐	Men	☐	Master	☐	4	☐	8
Referees	_____	☐	Women	☐	Senior Master				

VISITORS _____

Uniform Color _____

Team Fouls:
1st Half: 1 2 3 4 5 6   7 8 9   10 +
2nd Half: 1 2 3 4 5 6   7 8 9   10 +
1 + 1   2 Shots

Time Outs: 60 Secs: 1 2 3
30 Secs: 1 2

No.	U	Player	Fouls					SCORING: 3 = 3 point goal 2 = 2 point goal ● = FT Made O = FT missed			
								1st	2nd	3rd	4th
			1	2	3	4	5				
			1	2	3	4	5				
			1	2	3	4	5				
			1	2	3	4	5				
			1	2	3	4	5				
			1	2	3	4	5				
			1	2	3	4	5				
			1	2	3	4	5				
			1	2	3	4	5				
			1	2	3	4	5				
			1	2	3	4	5				
			1	2	3	4	5				

FINAL SCORE: _____   Quarter Total

Running Score

1	29	57
2	30	58
3	31	59
4	32	60
5	33	61
6	34	62
7	35	63
8	36	64
9	37	65
10	38	66
11	39	67
12	40	68
13	41	69
14	42	70
15	43	71
16	44	72
17	45	73
18	46	74
19	47	75
20	48	76
21	49	77
22	50	78
23	51	79
24	52	80
25	53	81
26	54	82
27	55	83
28	56	84

Alternating Possession: H V H V H V H V H V H V H V H V H V H V H V H V

Defensive Warning: ☐☐

HOME _____

Uniform Color _____

Team Fouls:
1st Half: 1 2 3 4 5 6   7 8 9   10 +
2nd Half: 1 2 3 4 5 6   7 8 9   10 +
1 + 1   2 Shots

Time Outs: 60 Secs: 1 2 3
30 Secs: 1 2

No.	U	Player	Fouls					SCORING: 3 = 3 point goal 2 = 2 point goal ● = FT Made ○ = FT missed			
								1st	2nd	3rd	4th
			1	2	3	4	5				
			1	2	3	4	5				
			1	2	3	4	5				
			1	2	3	4	5				
			1	2	3	4	5				
			1	2	3	4	5				
			1	2	3	4	5				
			1	2	3	4	5				
			1	2	3	4	5				
			1	2	3	4	5				
			1	2	3	4	5				
			1	2	3	4	5				

_____   Quarter Total

Running Score

1	29	57
2	30	58
3	31	59
4	32	60
5	33	61
6	34	62
7	35	63
8	36	64
9	37	65
10	38	66
11	39	67
12	40	68
13	41	69
14	42	70
15	43	71
16	44	72
17	45	73
18	46	74
19	47	75
20	48	76
21	49	77
22	50	78
23	51	79
24	52	80
25	53	81
26	54	82
27	55	83
28	56	84

BASKETBALL SCORE SHEET

Date _____
Game Time _____
Site _____
Court # _____
Referees _____

Type
- [ ] Traditional
- [ ] Unified

Sex
- [ ] Men
- [ ] Women

Age Group
- [ ] Youth
- [ ] Junior
- [ ] Senior
- [ ] Master
- [ ] Senior Master

Division
- [ ] 1
- [ ] 2
- [ ] 3
- [ ] 4
- [ ] 5
- [ ] 6
- [ ] 7
- [ ] 8

VISITORS

VISITORS _____

Uniform Color _____

Team Fouls: 1st Half | 1 | 2 | 3 | 4 | 5 | 6 | | 7 | 8 | 9 | | 10 | + |
2nd Half | 1 | 2 | 3 | 4 | 5 | 6 | | 7 | 8 | 9 | | 10 | + |

1 + 1   2 Shots

Time Outs: 60 Secs | 1 | 2 | 3 |
30 Secs | 1 | 2 |

No.	U	Player	Fouls	SCORING: 3 = 3 point goal 2 = 2 point goal • = FT Made O = FT missed			
				1st	2nd	3rd	4th
			1 2 3 4 5				
			1 2 3 4 5				
			1 2 3 4 5				
			1 2 3 4 5				
			1 2 3 4 5				
			1 2 3 4 5				
			1 2 3 4 5				
			1 2 3 4 5				
			1 2 3 4 5				
			1 2 3 4 5				
			1 2 3 4 5				
			1 2 3 4 5				

FINAL SCORE: _____   Quarter Total

Alternating Possession | H | V | H | V | H | V | H | V | H | V | H | V | H | V | H | V | H | V | H | V | H | V | H | V | H | V |

Defensive Warning | | |

Running Score (Visitors)

1	29	57
2	30	58
3	31	59
4	32	60
5	33	61
6	34	62
7	35	63
8	36	64
9	37	65
10	38	66
11	39	67
12	40	68
13	41	69
14	42	70
15	43	71
16	44	72
17	45	73
18	46	74
19	47	75
20	48	76
21	49	77
22	50	78
23	51	79
24	52	80
25	53	81
26	54	82
27	55	83
28	56	84

HOME

HOME _____

Uniform Color _____

Team Fouls: 1st Half | 1 | 2 | 3 | 4 | 5 | 6 | | 7 | 8 | 9 | | 10 | + |
2nd Half | 1 | 2 | 3 | 4 | 5 | 6 | | 7 | 8 | 9 | | 10 | + |

1 + 1   2 Shots

Time Outs: 60 Secs | 1 | 2 | 3 |
30 Secs | 1 | 2 |

No.	U	Player	Fouls	SCORING: 3 = 3 point goal 2 = 2 point goal • = FT Made ○ = FT missed			
				1st	2nd	3rd	4th
			1 2 3 4 5				
			1 2 3 4 5				
			1 2 3 4 5				
			1 2 3 4 5				
			1 2 3 4 5				
			1 2 3 4 5				
			1 2 3 4 5				
			1 2 3 4 5				
			1 2 3 4 5				
			1 2 3 4 5				
			1 2 3 4 5				
			1 2 3 4 5				

Quarter Total

Running Score (Home)

1	29	57
2	30	58
3	31	59
4	32	60
5	33	61
6	34	62
7	35	63
8	36	64
9	37	65
10	38	66
11	39	67
12	40	68
13	41	69
14	42	70
15	43	71
16	44	72
17	45	73
18	46	74
19	47	75
20	48	76
21	49	77
22	50	78
23	51	79
24	52	80
25	53	81
26	54	82
27	55	83
28	56	84

BASKETBALL SCORE SHEET

Date _____	**Type**	**Age Group**	**Division**

Type
- ☐ Traditional
- ☐ Unified

Sex
- ☐ Men
- ☐ Women

Age Group
- ☐ Youth
- ☐ Junior
- ☐ Senior
- ☐ Master
- ☐ Senior Master

Division
- ☐ 1 ☐ 5
- ☐ 2 ☐ 6
- ☐ 3 ☐ 7
- ☐ 4 ☐ 8

Date _____
Game Time _____
Site _____
Court # _____
Referees _____

VISITORS _____   **Uniform Color** _____

Team Fouls:
1st Half | 1 | 2 | 3 | 4 | 5 | 6 | 7 | 8 | 9 | 10 | + |
2nd Half | 1 | 2 | 3 | 4 | 5 | 6 | 7 | 8 | 9 | 10 | + |
1 + 1   2 Shots

Time Outs: 60 Secs | 1 | 2 | 3 |
30 Secs | 1 | 2 |

No.	U	Player	Fouls					SCORING: 3 = 3 point goal 2 = 2 point goal ● = FT Made O = FT missed			
								1st	2nd	3rd	4th
			1	2	3	4	5				
			1	2	3	4	5				
			1	2	3	4	5				
			1	2	3	4	5				
			1	2	3	4	5				
			1	2	3	4	5				
			1	2	3	4	5				
			1	2	3	4	5				
			1	2	3	4	5				
			1	2	3	4	5				
			1	2	3	4	5				
			1	2	3	4	5				

FINAL SCORE: _____   Quarter Total

Running Score

1		29		57
2		30		58
3		31		59
4		32		60
5		33		61
6		34		62
7		35		63
8		36		64
9		37		65
10		38		66
11		39		67
12		40		68
13		41		69
14		42		70
15		43		71
16		44		72
17		45		73
18		46		74
19		47		75
20		48		76
21		49		77
22		50		78
23		51		79
24		52		80
25		53		81
26		54		82
27		55		83
28		56		84

Alternating Possession | H | V | H | V | H | V | H | V | H | V | H | V | H | V | H | V | H | V | H | V | H | V | H | V | **Defensive Warning** | | |

HOME _____   **Uniform Color** _____

Team Fouls:
1st Half | 1 | 2 | 3 | 4 | 5 | 6 | 7 | 8 | 9 | 10 | + |
2nd Half | 1 | 2 | 3 | 4 | 5 | 6 | 7 | 8 | 9 | 10 | + |
1 + 1   2 Shots

Time Outs: 60 Secs | 1 | 2 | 3 |
30 Secs | 1 | 2 |

No.	U	Player	Fouls					SCORING: 3 = 3 point goal 2 = 2 point goal ● = FT Made o = FT missed			
								1st	2nd	3rd	4th
			1	2	3	4	5				
			1	2	3	4	5				
			1	2	3	4	5				
			1	2	3	4	5				
			1	2	3	4	5				
			1	2	3	4	5				
			1	2	3	4	5				
			1	2	3	4	5				
			1	2	3	4	5				
			1	2	3	4	5				
			1	2	3	4	5				
			1	2	3	4	5				

_____   Quarter Total

Running Score

1		29		57
2		30		58
3		31		59
4		32		60
5		33		61
6		34		62
7		35		63
8		36		64
9		37		65
10		38		66
11		39		67
12		40		68
13		41		69
14		42		70
15		43		71
16		44		72
17		45		73
18		46		74
19		47		75
20		48		76
21		49		77
22		50		78
23		51		79
24		52		80
25		53		81
26		54		82
27		55		83
28		56		84

BASKETBALL SCORE SHEET

Date _____

Game Time _____

Site _____

Court # _____

Referees _____

Type
- ☐ Traditional
- ☐ Unified

Sex
- ☐ Men
- ☐ Women

Age Group
- ☐ Youth
- ☐ Junior
- ☐ Senior
- ☐ Master
- ☐ Senior Master

Division
- ☐ 1 ☐ 5
- ☐ 2 ☐ 6
- ☐ 3 ☐ 7
- ☐ 4 ☐ 8

VISITORS

VISITORS _____

Uniform Color _____

Team Fouls:

1st Half | 1 | 2 | 3 | 4 | 5 | 6 | 7 | 8 | 9 | 10 | +

2nd Half | 1 | 2 | 3 | 4 | 5 | 6 | 7 | 8 | 9 | 10 | +

1 + 1   2 Shots

Time Outs: 60 Secs | 1 | 2 | 3

30 Secs | 1 | 2

No.	U	Player	Fouls						SCORING: 3 = 3 point goal 2 = 2 point goal • = FT Made O = FT missed			
									1st	2nd	3rd	4th
			1	2	3	4	5					
			1	2	3	4	5					
			1	2	3	4	5					
			1	2	3	4	5					
			1	2	3	4	5					
			1	2	3	4	5					
			1	2	3	4	5					
			1	2	3	4	5					
			1	2	3	4	5					
			1	2	3	4	5					
			1	2	3	4	5					
			1	2	3	4	5					
			1	2	3	4	5					

FINAL SCORE: _____   Quarter Total

Alternating Possession | H | V | H | V | H | V | H | V | H | V | H | V | H | V | H | V | H | V | H | V | H | V | H | V

Defensive Warning | | |

Running Score

1		29		57		
2		30		58		
3		31		59		
4		32		60		
5		33		61		
6		34		62		
7		35		63		
8		36		64		
9		37		65		
10		38		66		
11		39		67		
12		40		68		
13		41		69		
14		42		70		
15		43		71		
16		44		72		
17		45		73		
18		46		74		
19		47		75		
20		48		76		
21		49		77		
22		50		78		
23		51		79		
24		52		80		
25		53		81		
26		54		82		
27		55		83		
28		56		84		

HOME

HOME _____

Uniform Color _____

Team Fouls:

1st Half | 1 | 2 | 3 | 4 | 5 | 6 | 7 | 8 | 9 | 10 | +

2nd Half | 1 | 2 | 3 | 4 | 5 | 6 | 7 | 8 | 9 | 10 | +

1 + 1   2 Shots

Time Outs: 60 Secs | 1 | 2 | 3

30 Secs | 1 | 2

No.	U	Player	Fouls						SCORING: 3 = 3 point goal 2 = 2 point goal • = FT Made ○ = FT missed			
									1st	2nd	3rd	4th
			1	2	3	4	5					
			1	2	3	4	5					
			1	2	3	4	5					
			1	2	3	4	5					
			1	2	3	4	5					
			1	2	3	4	5					
			1	2	3	4	5					
			1	2	3	4	5					
			1	2	3	4	5					
			1	2	3	4	5					
			1	2	3	4	5					
			1	2	3	4	5					
			1	2	3	4	5					

_____   Quarter Total

Running Score

1		29		57		
2		30		58		
3		31		59		
4		32		60		
5		33		61		
6		34		62		
7		35		63		
8		36		64		
9		37		65		
10		38		66		
11		39		67		
12		40		68		
13		41		69		
14		42		70		
15		43		71		
16		44		72		
17		45		73		
18		46		74		
19		47		75		
20		48		76		
21		49		77		
22		50		78		
23		51		79		
24		52		80		
25		53		81		
26		54		82		
27		55		83		
28		56		84		

BASKETBALL SCORE SHEET

Date _____

Game Time _____

Site _____

Court # _____

Referees _____

Type
- ☐ Traditional
- ☐ Unified

Sex
- ☐ Men
- ☐ Women

Age Group
- ☐ Youth
- ☐ Junior
- ☐ Senior
- ☐ Master
- ☐ Senior Master

Division
- ☐ 1
- ☐ 2
- ☐ 3
- ☐ 4
- ☐ 5
- ☐ 6
- ☐ 7
- ☐ 8

VISITORS _____

Uniform Color _____

Team Fouls:

1st Half | 1 | 2 | 3 | 4 | 5 | 6 | | 7 | 8 | 9 | | 10 | +

2nd Half | 1 | 2 | 3 | 4 | 5 | 6 | | 7 | 8 | 9 | | 10 | +

1 + 1   2 Shots

Time Outs: 60 Secs | 1 | 2 | 3

30 Secs | 1 | 2

Running Score

1		29		57
2		30		58
3		31		59
4		32		60
5		33		61
6		34		62
7		35		63
8		36		64
9		37		65
10		38		66
11		39		67
12		40		68
13		41		69
14		42		70
15		43		71
16		44		72
17		45		73
18		46		74
19		47		75
20		48		76
21		49		77
22		50		78
23		51		79
24		52		80
25		53		81
26		54		82
27		55		83
28		56		84

SCORING: 3 = 3 point goal 2 = 2 point goal
● = FT Made   O = FT missed

No.	U	Player	Fouls					1st	2nd	3rd	4th
			1	2	3	4	5				
			1	2	3	4	5				
			1	2	3	4	5				
			1	2	3	4	5				
			1	2	3	4	5				
			1	2	3	4	5				
			1	2	3	4	5				
			1	2	3	4	5				
			1	2	3	4	5				
			1	2	3	4	5				
			1	2	3	4	5				
			1	2	3	4	5				

FINAL SCORE: _____   Quarter Total

Alternating Possession | H | V | H | V | H | V | H | V | H | V | H | V | H | V | H | V | H | V | H | V | H | V | H | V |

Defensive Warning | | |

HOME _____

Uniform Color _____

Team Fouls:

1st Half | 1 | 2 | 3 | 4 | 5 | 6 | | 7 | 8 | 9 | | 10 | +

2nd Half | 1 | 2 | 3 | 4 | 5 | 6 | | 7 | 8 | 9 | | 10 | +

1 + 1   2 Shots

Time Outs: 60 Secs | 1 | 2 | 3

30 Secs | 1 | 2

Running Score

1		29		57
2		30		58
3		31		59
4		32		60
5		33		61
6		34		62
7		35		63
8		36		64
9		37		65
10		38		66
11		39		67
12		40		68
13		41		69
14		42		70
15		43		71
16		44		72
17		45		73
18		46		74
19		47		75
20		48		76
21		49		77
22		50		78
23		51		79
24		52		80
25		53		81
26		54		82
27		55		83
28		56		84

SCORING: 3 = 3 point goal 2 = 2 point goal
● = FT Made   ○ = FT missed

No.	U	Player	Fouls					1st	2nd	3rd	4th
			1	2	3	4	5				
			1	2	3	4	5				
			1	2	3	4	5				
			1	2	3	4	5				
			1	2	3	4	5				
			1	2	3	4	5				
			1	2	3	4	5				
			1	2	3	4	5				
			1	2	3	4	5				
			1	2	3	4	5				
			1	2	3	4	5				
			1	2	3	4	5				

_____   Quarter Total

BASKETBALL SCORE SHEET

	Type		Age Group		Division		
Date _____	☐	Traditional	☐	Youth	☐ 1	☐ 5
Game Time _____	☐	Unified	☐	Junior	☐ 2	☐ 6
Site _____	**Sex**		☐	Senior	☐ 3	☐ 7
Court # _____	☐	Men	☐	Master	☐ 4	☐ 8
Referees _____	☐	Women	☐	Senior Master		

VISITORS _____

Uniform Color _____

Team Fouls:

1st Half: | 1 | 2 | 3 | 4 | 5 | 6 | | 7 | 8 | 9 | | 10 | + |

2nd Half: | 1 | 2 | 3 | 4 | 5 | 6 | | 7 | 8 | 9 | | 10 | + |

1 + 1   2 Shots

Time Outs: 60 Secs | 1 | 2 | 3 |

30 Secs | 1 | 2 |

No.	U	Player	Fouls					SCORING: 3 = 3 point goal 2 = 2 point goal • = FT Made O = FT missed			
								1st	2nd	3rd	4th
			1	2	3	4	5				
			1	2	3	4	5				
			1	2	3	4	5				
			1	2	3	4	5				
			1	2	3	4	5				
			1	2	3	4	5				
			1	2	3	4	5				
			1	2	3	4	5				
			1	2	3	4	5				
			1	2	3	4	5				
			1	2	3	4	5				
			1	2	3	4	5				

FINAL SCORE: _____   Quarter Total

Running Score

1	29	57
2	30	58
3	31	59
4	32	60
5	33	61
6	34	62
7	35	63
8	36	64
9	37	65
10	38	66
11	39	67
12	40	68
13	41	69
14	42	70
15	43	71
16	44	72
17	45	73
18	46	74
19	47	75
20	48	76
21	49	77
22	50	78
23	51	79
24	52	80
25	53	81
26	54	82
27	55	83
28	56	84

Alternating Possession: | H | V | H | V | H | V | H | V | H | V | H | V | H | V | H | V | H | V | H | V | H | V | H | V |

Defensive Warning | | |

HOME _____

Uniform Color _____

Team Fouls:

1st Half: | 1 | 2 | 3 | 4 | 5 | 6 | | 7 | 8 | 9 | | 10 | + |

2nd Half: | 1 | 2 | 3 | 4 | 5 | 6 | | 7 | 8 | 9 | | 10 | + |

1 + 1   2 Shots

Time Outs: 60 Secs | 1 | 2 | 3 |

30 Secs | 1 | 2 |

No.	U	Player	Fouls					SCORING: 3 = 3 point goal 2 = 2 point goal • = FT Made ○ = FT missed			
								1st	2nd	3rd	4th
			1	2	3	4	5				
			1	2	3	4	5				
			1	2	3	4	5				
			1	2	3	4	5				
			1	2	3	4	5				
			1	2	3	4	5				
			1	2	3	4	5				
			1	2	3	4	5				
			1	2	3	4	5				
			1	2	3	4	5				
			1	2	3	4	5				
			1	2	3	4	5				

_____   Quarter Total

Running Score

1	29	57
2	30	58
3	31	59
4	32	60
5	33	61
6	34	62
7	35	63
8	36	64
9	37	65
10	38	66
11	39	67
12	40	68
13	41	69
14	42	70
15	43	71
16	44	72
17	45	73
18	46	74
19	47	75
20	48	76
21	49	77
22	50	78
23	51	79
24	52	80
25	53	81
26	54	82
27	55	83
28	56	84

BASKETBALL SCORE SHEET

Date _____

Game Time _____

Site _____

Court # _____

Referees _____

Type
- ☐ Traditional
- ☐ Unified

Sex
- ☐ Men
- ☐ Women

Age Group
- ☐ Youth
- ☐ Junior
- ☐ Senior
- ☐ Master
- ☐ Senior Master

Division
- ☐ 1   ☐ 5
- ☐ 2   ☐ 6
- ☐ 3   ☐ 7
- ☐ 4   ☐ 8

VISITORS _____

Uniform Color _____

Team Fouls:

1st Half | 1 | 2 | 3 | 4 | 5 | 6 | | 7 | 8 | 9 | | 10 | + |

2nd Half | 1 | 2 | 3 | 4 | 5 | 6 | | 7 | 8 | 9 | | 10 | + |

1 + 1   2 Shots

Time Outs: 60 Secs | 1 | 2 | 3 |

30 Secs | 1 | 2 |

No.	U	Player	Fouls					SCORING: 3 = 3 point goal 2 = 2 point goal ● = FT Made O = FT missed			
								1st	2nd	3rd	4th
			1	2	3	4	5				
			1	2	3	4	5				
			1	2	3	4	5				
			1	2	3	4	5				
			1	2	3	4	5				
			1	2	3	4	5				
			1	2	3	4	5				
			1	2	3	4	5				
			1	2	3	4	5				
			1	2	3	4	5				
			1	2	3	4	5				
			1	2	3	4	5				
			1	2	3	4	5				

FINAL SCORE: _____   Quarter Total

Running Score

1	29	57
2	30	58
3	31	59
4	32	60
5	33	61
6	34	62
7	35	63
8	36	64
9	37	65
10	38	66
11	39	67
12	40	68
13	41	69
14	42	70
15	43	71
16	44	72
17	45	73
18	46	74
19	47	75
20	48	76
21	49	77
22	50	78
23	51	79
24	52	80
25	53	81
26	54	82
27	55	83
28	56	84

Alternating Possession: H V H V H V H V H V H V H V H V H V H V H V H V H V H V

Defensive Warning: ☐ ☐

HOME _____

Uniform Color _____

Team Fouls:

1st Half | 1 | 2 | 3 | 4 | 5 | 6 | | 7 | 8 | 9 | | 10 | + |

2nd Half | 1 | 2 | 3 | 4 | 5 | 6 | | 7 | 8 | 9 | | 10 | + |

1 + 1   2 Shots

Time Outs: 60 Secs | 1 | 2 | 3 |

30 Secs | 1 | 2 |

No.	U	Player	Fouls					SCORING: 3 = 3 point goal 2 = 2 point goal ● = FT Made ○ = FT missed			
								1st	2nd	3rd	4th
			1	2	3	4	5				
			1	2	3	4	5				
			1	2	3	4	5				
			1	2	3	4	5				
			1	2	3	4	5				
			1	2	3	4	5				
			1	2	3	4	5				
			1	2	3	4	5				
			1	2	3	4	5				
			1	2	3	4	5				
			1	2	3	4	5				
			1	2	3	4	5				
			1	2	3	4	5				

_____   Quarter Total

Running Score

1	29	57
2	30	58
3	31	59
4	32	60
5	33	61
6	34	62
7	35	63
8	36	64
9	37	65
10	38	66
11	39	67
12	40	68
13	41	69
14	42	70
15	43	71
16	44	72
17	45	73
18	46	74
19	47	75
20	48	76
21	49	77
22	50	78
23	51	79
24	52	80
25	53	81
26	54	82
27	55	83
28	56	84

BASKETBALL SCORE SHEET

Date _____

Game Time _____

Site _____

Court # _____

Referees _____

Type
- ☐ Traditional
- ☐ Unified

Sex
- ☐ Men
- ☐ Women

Age Group
- ☐ Youth
- ☐ Junior
- ☐ Senior
- ☐ Master
- ☐ Senior Master

Division
- ☐ 1   ☐ 5
- ☐ 2   ☐ 6
- ☐ 3   ☐ 7
- ☐ 4   ☐ 8

VISITORS _____

Uniform Color _____

Team Fouls:

1st Half: | 1 | 2 | 3 | 4 | 5 | 6 | 7 | 8 | 9 | 10 | + |

2nd Half: | 1 | 2 | 3 | 4 | 5 | 6 | 7 | 8 | 9 | 10 | + |

1 + 1   2 Shots

Time Outs: 60 Secs | 1 | 2 | 3 |

30 Secs | 1 | 2 |

SCORING: 3 = 3 point goal   2 = 2 point goal
● = FT Made   O = FT missed

No.	U	Player	Fouls					1st	2nd	3rd	4th
			1	2	3	4	5				
			1	2	3	4	5				
			1	2	3	4	5				
			1	2	3	4	5				
			1	2	3	4	5				
			1	2	3	4	5				
			1	2	3	4	5				
			1	2	3	4	5				
			1	2	3	4	5				
			1	2	3	4	5				
			1	2	3	4	5				
			1	2	3	4	5				

FINAL SCORE: _____   Quarter Total

Alternating Possession: | H | V | H | V | H | V | H | V | H | V | H | V | H | V | H | V | H | V | H | V | H | V | H | V |

Defensive Warning ☐ ☐

HOME _____

Uniform Color _____

Team Fouls:

1st Half: | 1 | 2 | 3 | 4 | 5 | 6 | 7 | 8 | 9 | 10 | + |

2nd Half: | 1 | 2 | 3 | 4 | 5 | 6 | 7 | 8 | 9 | 10 | + |

1 + 1   2 Shots

Time Outs: 60 Secs | 1 | 2 | 3 |

30 Secs | 1 | 2 |

SCORING: 3 = 3 point goal   2 = 2 point goal
● = FT Made   ○ = FT missed

No.	U	Player	Fouls					1st	2nd	3rd	4th
			1	2	3	4	5				
			1	2	3	4	5				
			1	2	3	4	5				
			1	2	3	4	5				
			1	2	3	4	5				
			1	2	3	4	5				
			1	2	3	4	5				
			1	2	3	4	5				
			1	2	3	4	5				
			1	2	3	4	5				
			1	2	3	4	5				
			1	2	3	4	5				

Quarter Total

Running Score (VISITORS)

1	29	57
2	30	58
3	31	59
4	32	60
5	33	61
6	34	62
7	35	63
8	36	64
9	37	65
10	38	66
11	39	67
12	40	68
13	41	69
14	42	70
15	43	71
16	44	72
17	45	73
18	46	74
19	47	75
20	48	76
21	49	77
22	50	78
23	51	79
24	52	80
25	53	81
26	54	82
27	55	83
28	56	84

Running Score (HOME)

1	29	57
2	30	58
3	31	59
4	32	60
5	33	61
6	34	62
7	35	63
8	36	64
9	37	65
10	38	66
11	39	67
12	40	68
13	41	69
14	42	70
15	43	71
16	44	72
17	45	73
18	46	74
19	47	75
20	48	76
21	49	77
22	50	78
23	51	79
24	52	80
25	53	81
26	54	82
27	55	83
28	56	84

BASKETBALL SCORE SHEET

	Type	Age Group	Division	
Date _____	☐ Traditional	☐ Youth	☐ 1	☐ 5
Game Time _____	☐ Unified	☐ Junior	☐ 2	☐ 6
Site _____	**Sex**	☐ Senior	☐ 3	☐ 7
Court # _____	☐ Men	☐ Master	☐ 4	☐ 8
Referees _____	☐ Women	☐ Senior Master		

VISITORS

Uniform Color _____

Team Fouls:
1st Half | 1 | 2 | 3 | 4 | 5 | 6 | 7 | 8 | 9 | 10 | + |
2nd Half | 1 | 2 | 3 | 4 | 5 | 6 | 7 | 8 | 9 | 10 | + |
1 + 1   2 Shots

Time Outs: 60 Secs | 1 | 2 | 3 |
30 Secs | 1 | 2 |

SCORING: 3 = 3 point goal 2 = 2 point goal
● = FT Made   O = FT missed

No.	U	Player	Fouls					1st	2nd	3rd	4th
			1	2	3	4	5				
			1	2	3	4	5				
			1	2	3	4	5				
			1	2	3	4	5				
			1	2	3	4	5				
			1	2	3	4	5				
			1	2	3	4	5				
			1	2	3	4	5				
			1	2	3	4	5				
			1	2	3	4	5				
			1	2	3	4	5				
			1	2	3	4	5				

FINAL SCORE: _____   Quarter Total

Running Score (Visitors)

1	29	57
2	30	58
3	31	59
4	32	60
5	33	61
6	34	62
7	35	63
8	36	64
9	37	65
10	38	66
11	39	67
12	40	68
13	41	69
14	42	70
15	43	71
16	44	72
17	45	73
18	46	74
19	47	75
20	48	76
21	49	77
22	50	78
23	51	79
24	52	80
25	53	81
26	54	82
27	55	83
28	56	84

Alternating Possession | H | V | H | V | H | V | H | V | H | V | H | V | H | V | H | V | H | V | H | V | H | V | H | V |

Defensive Warning ☐ ☐

HOME

Uniform Color _____

Team Fouls:
1st Half | 1 | 2 | 3 | 4 | 5 | 6 | 7 | 8 | 9 | 10 | + |
2nd Half | 1 | 2 | 3 | 4 | 5 | 6 | 7 | 8 | 9 | 10 | + |
1 + 1   2 Shots

Time Outs: 60 Secs | 1 | 2 | 3 |
30 Secs | 1 | 2 |

SCORING: 3 = 3 point goal 2 = 2 point goal
● = FT Made   ○ = FT missed

No.	U	Player	Fouls					1st	2nd	3rd	4th
			1	2	3	4	5				
			1	2	3	4	5				
			1	2	3	4	5				
			1	2	3	4	5				
			1	2	3	4	5				
			1	2	3	4	5				
			1	2	3	4	5				
			1	2	3	4	5				
			1	2	3	4	5				
			1	2	3	4	5				
			1	2	3	4	5				
			1	2	3	4	5				

_____   Quarter Total

Running Score (Home)

1	29	57
2	30	58
3	31	59
4	32	60
5	33	61
6	34	62
7	35	63
8	36	64
9	37	65
10	38	66
11	39	67
12	40	68
13	41	69
14	42	70
15	43	71
16	44	72
17	45	73
18	46	74
19	47	75
20	48	76
21	49	77
22	50	78
23	51	79
24	52	80
25	53	81
26	54	82
27	55	83
28	56	84

BASKETBALL SCORE SHEET

Type
- [ ] Traditional
- [ ] Unified

Sex
- [ ] Men
- [ ] Women

Age Group
- [ ] Youth
- [ ] Junior
- [ ] Senior
- [ ] Master
- [ ] Senior Master

Division
- [ ] 1
- [ ] 2
- [ ] 3
- [ ] 4
- [ ] 5
- [ ] 6
- [ ] 7
- [ ] 8

Date _____

Game Time _____

Site _____

Court # _____

Referees _____

VISITORS _____

Uniform Color _____

Team Fouls:

1st Half | 1 | 2 | 3 | 4 | 5 | 6 | | 7 | 8 | 9 | | 10 | + |

2nd Half | 1 | 2 | 3 | 4 | 5 | 6 | | 7 | 8 | 9 | | 10 | + |

1 + 1   2 Shots

Time Outs: 60 Secs | 1 | 2 | 3 |

30 Secs | 1 | 2 |

No.	U	Player	Fouls					SCORING: 3 = 3 point goal 2 = 2 point goal ● = FT Made O = FT missed			
								1st	2nd	3rd	4th
			1	2	3	4	5				
			1	2	3	4	5				
			1	2	3	4	5				
			1	2	3	4	5				
			1	2	3	4	5				
			1	2	3	4	5				
			1	2	3	4	5				
			1	2	3	4	5				
			1	2	3	4	5				
			1	2	3	4	5				
			1	2	3	4	5				
			1	2	3	4	5				
			1	2	3	4	5				

FINAL SCORE: _____ Quarter Total

Alternating Possession | H | V | H | V | H | V | H | V | H | V | H | V | H | V | H | V | H | V | H | V | H | V | H | V |

Defensive Warning | | |

Running Score (Visitors)

1	29	57
2	30	58
3	31	59
4	32	60
5	33	61
6	34	62
7	35	63
8	36	64
9	37	65
10	38	66
11	39	67
12	40	68
13	41	69
14	42	70
15	43	71
16	44	72
17	45	73
18	46	74
19	47	75
20	48	76
21	49	77
22	50	78
23	51	79
24	52	80
25	53	81
26	54	82
27	55	83
28	56	84

HOME _____

Uniform Color _____

Team Fouls:

1st Half | 1 | 2 | 3 | 4 | 5 | 6 | | 7 | 8 | 9 | | 10 | + |

2nd Half | 1 | 2 | 3 | 4 | 5 | 6 | | 7 | 8 | 9 | | 10 | + |

1 + 1   2 Shots

Time Outs: 60 Secs | 1 | 2 | 3 |

30 Secs | 1 | 2 |

No.	U	Player	Fouls					SCORING: 3 = 3 point goal 2 = 2 point goal ● = FT Made ○ = FT missed			
								1st	2nd	3rd	4th
			1	2	3	4	5				
			1	2	3	4	5				
			1	2	3	4	5				
			1	2	3	4	5				
			1	2	3	4	5				
			1	2	3	4	5				
			1	2	3	4	5				
			1	2	3	4	5				
			1	2	3	4	5				
			1	2	3	4	5				
			1	2	3	4	5				
			1	2	3	4	5				
			1	2	3	4	5				

_____ Quarter Total

Running Score (Home)

1	29	57
2	30	58
3	31	59
4	32	60
5	33	61
6	34	62
7	35	63
8	36	64
9	37	65
10	38	66
11	39	67
12	40	68
13	41	69
14	42	70
15	43	71
16	44	72
17	45	73
18	46	74
19	47	75
20	48	76
21	49	77
22	50	78
23	51	79
24	52	80
25	53	81
26	54	82
27	55	83
28	56	84

BASKETBALL SCORE SHEET

Date _____

Game Time _____

Site _____

Court # _____

Referees _____

Type
☐ Traditional
☐ Unified

Sex
☐ Men
☐ Women

Age Group
☐ Youth
☐ Junior
☐ Senior
☐ Master
☐ Senior Master

Division
☐ 1 ☐ 5
☐ 2 ☐ 6
☐ 3 ☐ 7
☐ 4 ☐ 8

VISITORS _____

Uniform Color _____

Team Fouls:

1st Half: | 1 | 2 | 3 | 4 | 5 | 6 | | 7 | 8 | 9 | | 10 | + |

2nd Half: | 1 | 2 | 3 | 4 | 5 | 6 | | 7 | 8 | 9 | | 10 | + |

1 + 1   2 Shots

Time Outs: 60 Secs | 1 | 2 | 3 |

30 Secs | 1 | 2 |

No.	U	Player	Fouls					SCORING: 3 = 3 point goal 2 = 2 point goal ● = FT Made O = FT missed			
								1st	2nd	3rd	4th
			1	2	3	4	5				
			1	2	3	4	5				
			1	2	3	4	5				
			1	2	3	4	5				
			1	2	3	4	5				
			1	2	3	4	5				
			1	2	3	4	5				
			1	2	3	4	5				
			1	2	3	4	5				
			1	2	3	4	5				
			1	2	3	4	5				
			1	2	3	4	5				

FINAL SCORE: _____   Quarter Total

Running Score		
1	29	57
2	30	58
3	31	59
4	32	60
5	33	61
6	34	62
7	35	63
8	36	64
9	37	65
10	38	66
11	39	67
12	40	68
13	41	69
14	42	70
15	43	71
16	44	72
17	45	73
18	46	74
19	47	75
20	48	76
21	49	77
22	50	78
23	51	79
24	52	80
25	53	81
26	54	82
27	55	83
28	56	84

Alternating Possession: | H | V | H | V | H | V | H | V | H | V | H | V | H | V | H | V | H | V | H | V | H | V | H | V |

Defensive Warning | | |

HOME _____

Uniform Color _____

Team Fouls:

1st Half: | 1 | 2 | 3 | 4 | 5 | 6 | | 7 | 8 | 9 | | 10 | + |

2nd Half: | 1 | 2 | 3 | 4 | 5 | 6 | | 7 | 8 | 9 | | 10 | + |

1 + 1   2 Shots

Time Outs: 60 Secs | 1 | 2 | 3 |

30 Secs | 1 | 2 |

No.	U	Player	Fouls					SCORING: 3 = 3 point goal 2 = 2 point goal ● = FT Made ○ = FT missed			
								1st	2nd	3rd	4th
			1	2	3	4	5				
			1	2	3	4	5				
			1	2	3	4	5				
			1	2	3	4	5				
			1	2	3	4	5				
			1	2	3	4	5				
			1	2	3	4	5				
			1	2	3	4	5				
			1	2	3	4	5				
			1	2	3	4	5				
			1	2	3	4	5				
			1	2	3	4	5				

_____   Quarter Total

Running Score		
1	29	57
2	30	58
3	31	59
4	32	60
5	33	61
6	34	62
7	35	63
8	36	64
9	37	65
10	38	66
11	39	67
12	40	68
13	41	69
14	42	70
15	43	71
16	44	72
17	45	73
18	46	74
19	47	75
20	48	76
21	49	77
22	50	78
23	51	79
24	52	80
25	53	81
26	54	82
27	55	83
28	56	84

BASKETBALL SCORE SHEET

	Type	Age Group	Division

Date _____

Game Time _____

Site _____

Court # _____

Referees _____

Type
- ☐ Traditional
- ☐ Unified

Sex
- ☐ Men
- ☐ Women

Age Group
- ☐ Youth
- ☐ Junior
- ☐ Senior
- ☐ Master
- ☐ Senior Master

Division
- ☐ 1   ☐ 5
- ☐ 2   ☐ 6
- ☐ 3   ☐ 7
- ☐ 4   ☐ 8

VISITORS _____

Uniform Color _____

Team Fouls:
1st Half | 1 | 2 | 3 | 4 | 5 | 6 | | 7 | 8 | 9 | | 10 | + |
2nd Half | 1 | 2 | 3 | 4 | 5 | 6 | | 7 | 8 | 9 | | 10 | + |

1 + 1   2 Shots

Time Outs: 60 Secs | 1 | 2 | 3 |
30 Secs | 1 | 2 |

No.	U	Player	Fouls	SCORING: 3 = 3 point goal 2 = 2 point goal ● = FT Made O = FT missed			
				1st	2nd	3rd	4th
			1 2 3 4 5				
			1 2 3 4 5				
			1 2 3 4 5				
			1 2 3 4 5				
			1 2 3 4 5				
			1 2 3 4 5				
			1 2 3 4 5				
			1 2 3 4 5				
			1 2 3 4 5				
			1 2 3 4 5				
			1 2 3 4 5				
			1 2 3 4 5				

FINAL SCORE: _____   Quarter Total

Alternating Possession | H | V | H | V | H | V | H | V | H | V | H | V | H | V | H | V | H | V | H | V | H | V | H | V |

Defensive Warning | | |

Running Score (Visitors)

1	29	57
2	30	58
3	31	59
4	32	60
5	33	61
6	34	62
7	35	63
8	36	64
9	37	65
10	38	66
11	39	67
12	40	68
13	41	69
14	42	70
15	43	71
16	44	72
17	45	73
18	46	74
19	47	75
20	48	76
21	49	77
22	50	78
23	51	79
24	52	80
25	53	81
26	54	82
27	55	83
28	56	84

HOME _____

Uniform Color _____

Team Fouls:
1st Half | 1 | 2 | 3 | 4 | 5 | 6 | | 7 | 8 | 9 | | 10 | + |
2nd Half | 1 | 2 | 3 | 4 | 5 | 6 | | 7 | 8 | 9 | | 10 | + |

1 + 1   2 Shots

Time Outs: 60 Secs | 1 | 2 | 3 |
30 Secs | 1 | 2 |

No.	U	Player	Fouls	SCORING: 3 = 3 point goal 2 = 2 point goal ● = FT Made O = FT missed			
				1st	2nd	3rd	4th
			1 2 3 4 5				
			1 2 3 4 5				
			1 2 3 4 5				
			1 2 3 4 5				
			1 2 3 4 5				
			1 2 3 4 5				
			1 2 3 4 5				
			1 2 3 4 5				
			1 2 3 4 5				
			1 2 3 4 5				
			1 2 3 4 5				
			1 2 3 4 5				

_____   Quarter Total

Running Score (Home)

1	29	57
2	30	58
3	31	59
4	32	60
5	33	61
6	34	62
7	35	63
8	36	64
9	37	65
10	38	66
11	39	67
12	40	68
13	41	69
14	42	70
15	43	71
16	44	72
17	45	73
18	46	74
19	47	75
20	48	76
21	49	77
22	50	78
23	51	79
24	52	80
25	53	81
26	54	82
27	55	83
28	56	84

BASKETBALL SCORE SHEET

	Type	Age Group	Division
Date _____	☐ Traditional	☐ Youth	☐ 1 ☐ 5
Game Time _____	☐ Unified	☐ Junior	☐ 2 ☐ 6
Site _____	**Sex**	☐ Senior	☐ 3 ☐ 7
Court # _____	☐ Men	☐ Master	☐ 4 ☐ 8
Referees _____	☐ Women	☐ Senior Master	

VISITORS _____

Uniform Color _____

Team Fouls:

1st Half | 1 | 2 | 3 | 4 | 5 | 6 | | 7 | 8 | 9 | | 10 | + |

2nd Half | 1 | 2 | 3 | 4 | 5 | 6 | | 7 | 8 | 9 | | 10 | + |

1 + 1   2 Shots

Time Outs: 60 Secs | 1 | 2 | 3 |

30 Secs | 1 | 2 |

No.	U	Player	Fouls					SCORING: 3 = 3 point goal 2 = 2 point goal ● = FT Made O = FT missed			
								1st	2nd	3rd	4th
			1	2	3	4	5				
			1	2	3	4	5				
			1	2	3	4	5				
			1	2	3	4	5				
			1	2	3	4	5				
			1	2	3	4	5				
			1	2	3	4	5				
			1	2	3	4	5				
			1	2	3	4	5				
			1	2	3	4	5				
			1	2	3	4	5				
			1	2	3	4	5				

FINAL SCORE: _____   Quarter Total

Alternating Possession | H | V | H | V | H | V | H | V | H | V | H | V | H | V | H | V | H | V | H | V | H | V | H | V |

Defensive Warning | | |

Running Score		
1	29	57
2	30	58
3	31	59
4	32	60
5	33	61
6	34	62
7	35	63
8	36	64
9	37	65
10	38	66
11	39	67
12	40	68
13	41	69
14	42	70
15	43	71
16	44	72
17	45	73
18	46	74
19	47	75
20	48	76
21	49	77
22	50	78
23	51	79
24	52	80
25	53	81
26	54	82
27	55	83
28	56	84

HOME _____

Uniform Color _____

Team Fouls:

1st Half | 1 | 2 | 3 | 4 | 5 | 6 | | 7 | 8 | 9 | | 10 | + |

2nd Half | 1 | 2 | 3 | 4 | 5 | 6 | | 7 | 8 | 9 | | 10 | + |

1 + 1   2 Shots

Time Outs: 60 Secs | 1 | 2 | 3 |

30 Secs | 1 | 2 |

No.	U	Player	Fouls					SCORING: 3 = 3 point goal 2 = 2 point goal ● = FT Made ○ = FT missed			
								1st	2nd	3rd	4th
			1	2	3	4	5				
			1	2	3	4	5				
			1	2	3	4	5				
			1	2	3	4	5				
			1	2	3	4	5				
			1	2	3	4	5				
			1	2	3	4	5				
			1	2	3	4	5				
			1	2	3	4	5				
			1	2	3	4	5				
			1	2	3	4	5				
			1	2	3	4	5				

_____   Quarter Total

Running Score		
1	29	57
2	30	58
3	31	59
4	32	60
5	33	61
6	34	62
7	35	63
8	36	64
9	37	65
10	38	66
11	39	67
12	40	68
13	41	69
14	42	70
15	43	71
16	44	72
17	45	73
18	46	74
19	47	75
20	48	76
21	49	77
22	50	78
23	51	79
24	52	80
25	53	81
26	54	82
27	55	83
28	56	84

BASKETBALL SCORE SHEET

	Type		Age Group		Division			
Date _____	☐	Traditional	☐	Youth	☐ 1	☐ 5		
Game Time _____	☐	Unified	☐	Junior	☐ 2	☐ 6		
Site _____	**Sex**		☐	Senior	☐ 3	☐ 7		
Court # _____	☐	Men	☐	Master	☐ 4	☐ 8		
Referees _____	☐	Women	☐	Senior Master				

VISITORS

Uniform Color _____

| Team Fouls: | 1st Half | 1 | 2 | 3 | 4 | 5 | 6 | | 7 | 8 | 9 | | 10 | + | Time Outs: 60 Secs | 1 | 2 | 3 |
| | 2nd Half | 1 | 2 | 3 | 4 | 5 | 6 | | 7 | 8 | 9 | | 10 | + | 30 Secs | 1 | 2 | |

1 + 1   2 Shots

No.	U	Player	Fouls					SCORING: 3 = 3 point goal 2 = 2 point goal			
								● = FT Made O = FT missed			
								1st	2nd	3rd	4th
			1	2	3	4	5				
			1	2	3	4	5				
			1	2	3	4	5				
			1	2	3	4	5				
			1	2	3	4	5				
			1	2	3	4	5				
			1	2	3	4	5				
			1	2	3	4	5				
			1	2	3	4	5				
			1	2	3	4	5				
			1	2	3	4	5				
			1	2	3	4	5				

FINAL SCORE: _____   Quarter Total

Alternating Possession | H | V | H | V | H | V | H | V | H | V | H | V | H | V | H | V | H | V | H | V | H | V | H | V | **Defensive Warning** ☐☐

HOME

Uniform Color _____

| Team Fouls: | 1st Half | 1 | 2 | 3 | 4 | 5 | 6 | | 7 | 8 | 9 | | 10 | + | Time Outs: 60 Secs | 1 | 2 | 3 |
| | 2nd Half | 1 | 2 | 3 | 4 | 5 | 6 | | 7 | 8 | 9 | | 10 | + | 30 Secs | 1 | 2 | |

1 + 1   2 Shots

No.	U	Player	Fouls					SCORING: 3 = 3 point goal 2 = 2 point goal			
								● = FT Made ○ = FT missed			
								1st	2nd	3rd	4th
			1	2	3	4	5				
			1	2	3	4	5				
			1	2	3	4	5				
			1	2	3	4	5				
			1	2	3	4	5				
			1	2	3	4	5				
			1	2	3	4	5				
			1	2	3	4	5				
			1	2	3	4	5				
			1	2	3	4	5				
			1	2	3	4	5				
			1	2	3	4	5				

_____   Quarter Total

Running Score (Visitors)

1	29	57
2	30	58
3	31	59
4	32	60
5	33	61
6	34	62
7	35	63
8	36	64
9	37	65
10	38	66
11	39	67
12	40	68
13	41	69
14	42	70
15	43	71
16	44	72
17	45	73
18	46	74
19	47	75
20	48	76
21	49	77
22	50	78
23	51	79
24	52	80
25	53	81
26	54	82
27	55	83
28	56	84

Running Score (Home)

1	29	57
2	30	58
3	31	59
4	32	60
5	33	61
6	34	62
7	35	63
8	36	64
9	37	65
10	38	66
11	39	67
12	40	68
13	41	69
14	42	70
15	43	71
16	44	72
17	45	73
18	46	74
19	47	75
20	48	76
21	49	77
22	50	78
23	51	79
24	52	80
25	53	81
26	54	82
27	55	83
28	56	84

BASKETBALL SCORE SHEET

Date _____	**Type**	**Age Group**	**Division**

Type
- [ ] Traditional
- [ ] Unified

Sex
- [ ] Men
- [ ] Women

Age Group
- [ ] Youth
- [ ] Junior
- [ ] Senior
- [ ] Master
- [ ] Senior Master

Division
- [ ] 1 [ ] 5
- [ ] 2 [ ] 6
- [ ] 3 [ ] 7
- [ ] 4 [ ] 8

Date _____
Game Time _____
Site _____
Court # _____
Referees _____

VISITORS _____

Uniform Color _____

Team Fouls:	1st Half	1	2	3	4	5	6		7	8	9		10	+
	2nd Half	1	2	3	4	5	6		7	8	9		10	+

1 + 1   2 Shots

Time Outs: 60 Secs | 1 | 2 | 3 |
30 Secs | 1 | 2 |

No.	U	Player	Fouls					SCORING: 3 = 3 point goal 2 = 2 point goal • = FT Made O = FT missed			
								1st	2nd	3rd	4th
			1	2	3	4	5				
			1	2	3	4	5				
			1	2	3	4	5				
			1	2	3	4	5				
			1	2	3	4	5				
			1	2	3	4	5				
			1	2	3	4	5				
			1	2	3	4	5				
			1	2	3	4	5				
			1	2	3	4	5				
			1	2	3	4	5				
			1	2	3	4	5				

FINAL SCORE: _____   Quarter Total

Alternating Possession | H | V | H | V | H | V | H | V | H | V | H | V | H | V | H | V | H | V | H | V | H | V | H | V

Defensive Warning | | |

Running Score

1	29	57
2	30	58
3	31	59
4	32	60
5	33	61
6	34	62
7	35	63
8	36	64
9	37	65
10	38	66
11	39	67
12	40	68
13	41	69
14	42	70
15	43	71
16	44	72
17	45	73
18	46	74
19	47	75
20	48	76
21	49	77
22	50	78
23	51	79
24	52	80
25	53	81
26	54	82
27	55	83
28	56	84

HOME _____

Uniform Color _____

Team Fouls:	1st Half	1	2	3	4	5	6		7	8	9		10	+
	2nd Half	1	2	3	4	5	6		7	8	9		10	+

1 + 1   2 Shots

Time Outs: 60 Secs | 1 | 2 | 3 |
30 Secs | 1 | 2 |

No.	U	Player	Fouls					SCORING: 3 = 3 point goal 2 = 2 point goal • = FT Made ○ = FT missed			
								1st	2nd	3rd	4th
			1	2	3	4	5				
			1	2	3	4	5				
			1	2	3	4	5				
			1	2	3	4	5				
			1	2	3	4	5				
			1	2	3	4	5				
			1	2	3	4	5				
			1	2	3	4	5				
			1	2	3	4	5				
			1	2	3	4	5				
			1	2	3	4	5				
			1	2	3	4	5				

_____   Quarter Total

Running Score

1	29	57
2	30	58
3	31	59
4	32	60
5	33	61
6	34	62
7	35	63
8	36	64
9	37	65
10	38	66
11	39	67
12	40	68
13	41	69
14	42	70
15	43	71
16	44	72
17	45	73
18	46	74
19	47	75
20	48	76
21	49	77
22	50	78
23	51	79
24	52	80
25	53	81
26	54	82
27	55	83
28	56	84

BASKETBALL SCORE SHEET

	Type	Age Group	Division
Date _____	☐ Traditional	☐ Youth	☐ 1 ☐ 5
Game Time _____	☐ Unified	☐ Junior	☐ 2 ☐ 6
Site _____	**Sex**	☐ Senior	☐ 3 ☐ 7
Court # _____	☐ Men	☐ Master	☐ 4 ☐ 8
Referees _____	☐ Women	☐ Senior Master	

VISITORS _____

Uniform Color _____

Team Fouls:												
1st Half	1	2	3	4	5	6	7	8	9	10	+	
2nd Half	1	2	3	4	5	6	7	8	9	10	+	
								1 + 1		2 Shots		

Time Outs: 60 Secs | 1 | 2 | 3 |
30 Secs | 1 | 2 |

No.	U	Player	Fouls					SCORING: 3 = 3 point goal 2 = 2 point goal • = FT Made O = FT missed			
								1st	2nd	3rd	4th
			1	2	3	4	5				
			1	2	3	4	5				
			1	2	3	4	5				
			1	2	3	4	5				
			1	2	3	4	5				
			1	2	3	4	5				
			1	2	3	4	5				
			1	2	3	4	5				
			1	2	3	4	5				
			1	2	3	4	5				
			1	2	3	4	5				
			1	2	3	4	5				

FINAL SCORE: _____   Quarter Total

Running Score (Visitors)

1	29	57
2	30	58
3	31	59
4	32	60
5	33	61
6	34	62
7	35	63
8	36	64
9	37	65
10	38	66
11	39	67
12	40	68
13	41	69
14	42	70
15	43	71
16	44	72
17	45	73
18	46	74
19	47	75
20	48	76
21	49	77
22	50	78
23	51	79
24	52	80
25	53	81
26	54	82
27	55	83
28	56	84

Alternating Possession | H | V | H | V | H | V | H | V | H | V | H | V | H | V | H | V | H | V | H | V | H | V | H | V |

Defensive Warning ☐ ☐

HOME _____

Uniform Color _____

Team Fouls:												
1st Half	1	2	3	4	5	6	7	8	9	10	+	
2nd Half	1	2	3	4	5	6	7	8	9	10	+	
								1 + 1		2 Shots		

Time Outs: 60 Secs | 1 | 2 | 3 |
30 Secs | 1 | 2 |

No.	U	Player	Fouls					SCORING: 3 = 3 point goal 2 = 2 point goal • = FT Made ○ = FT missed			
								1st	2nd	3rd	4th
			1	2	3	4	5				
			1	2	3	4	5				
			1	2	3	4	5				
			1	2	3	4	5				
			1	2	3	4	5				
			1	2	3	4	5				
			1	2	3	4	5				
			1	2	3	4	5				
			1	2	3	4	5				
			1	2	3	4	5				
			1	2	3	4	5				
			1	2	3	4	5				

_____   Quarter Total

Running Score (Home)

1	29	57
2	30	58
3	31	59
4	32	60
5	33	61
6	34	62
7	35	63
8	36	64
9	37	65
10	38	66
11	39	67
12	40	68
13	41	69
14	42	70
15	43	71
16	44	72
17	45	73
18	46	74
19	47	75
20	48	76
21	49	77
22	50	78
23	51	79
24	52	80
25	53	81
26	54	82
27	55	83
28	56	84

BASKETBALL SCORE SHEET

Date _____

Game Time _____

Site _____

Court # _____

Referees _____

Type
☐ Traditional
☐ Unified

Sex
☐ Men
☐ Women

Age Group
☐ Youth
☐ Junior
☐ Senior
☐ Master
☐ Senior Master

Division
☐ 1   ☐ 5
☐ 2   ☐ 6
☐ 3   ☐ 7
☐ 4   ☐ 8

VISITORS _____

Uniform Color _____

Team Fouls:

1st Half | 1 | 2 | 3 | 4 | 5 | 6 | | 7 | 8 | 9 | | 10 | + |

2nd Half | 1 | 2 | 3 | 4 | 5 | 6 | | 7 | 8 | 9 | | 10 | + |

1 + 1   2 Shots

Time Outs: 60 Secs | 1 | 2 | 3 |

30 Secs | 1 | 2 |

No.	U	Player	Fouls					SCORING: 3 = 3 point goal 2 = 2 point goal • = FT Made O = FT missed			
								1st	2nd	3rd	4th
			1	2	3	4	5				
			1	2	3	4	5				
			1	2	3	4	5				
			1	2	3	4	5				
			1	2	3	4	5				
			1	2	3	4	5				
			1	2	3	4	5				
			1	2	3	4	5				
			1	2	3	4	5				
			1	2	3	4	5				
			1	2	3	4	5				
			1	2	3	4	5				

FINAL SCORE: _____   Quarter Total

Running Score

1	29	57
2	30	58
3	31	59
4	32	60
5	33	61
6	34	62
7	35	63
8	36	64
9	37	65
10	38	66
11	39	67
12	40	68
13	41	69
14	42	70
15	43	71
16	44	72
17	45	73
18	46	74
19	47	75
20	48	76
21	49	77
22	50	78
23	51	79
24	52	80
25	53	81
26	54	82
27	55	83
28	56	84

Alternating Possession | H | V | H | V | H | V | H | V | H | V | H | V | H | V | H | V | H | V | H | V | H | V | H | V |

Defensive Warning | | |

HOME _____

Uniform Color _____

Team Fouls:

1st Half | 1 | 2 | 3 | 4 | 5 | 6 | | 7 | 8 | 9 | | 10 | + |

2nd Half | 1 | 2 | 3 | 4 | 5 | 6 | | 7 | 8 | 9 | | 10 | + |

1 + 1   2 Shots

Time Outs: 60 Secs | 1 | 2 | 3 |

30 Secs | 1 | 2 |

No.	U	Player	Fouls					SCORING: 3 = 3 point goal 2 = 2 point goal • = FT Made ○ = FT missed			
								1st	2nd	3rd	4th
			1	2	3	4	5				
			1	2	3	4	5				
			1	2	3	4	5				
			1	2	3	4	5				
			1	2	3	4	5				
			1	2	3	4	5				
			1	2	3	4	5				
			1	2	3	4	5				
			1	2	3	4	5				
			1	2	3	4	5				
			1	2	3	4	5				
			1	2	3	4	5				

_____   Quarter Total

Running Score

1	29	57
2	30	58
3	31	59
4	32	60
5	33	61
6	34	62
7	35	63
8	36	64
9	37	65
10	38	66
11	39	67
12	40	68
13	41	69
14	42	70
15	43	71
16	44	72
17	45	73
18	46	74
19	47	75
20	48	76
21	49	77
22	50	78
23	51	79
24	52	80
25	53	81
26	54	82
27	55	83
28	56	84

BASKETBALL SCORE SHEET

Date _____	**Type**	

Type
- ☐ Traditional
- ☐ Unified

Sex
- ☐ Men
- ☐ Women

Age Group
- ☐ Youth
- ☐ Junior
- ☐ Senior
- ☐ Master
- ☐ Senior Master

Division
- ☐ 1 ☐ 5
- ☐ 2 ☐ 6
- ☐ 3 ☐ 7
- ☐ 4 ☐ 8

Date _____

Game Time _____

Site _____

Court # _____

Referees _____

VISITORS _____

Uniform Color _____

Team Fouls:

1st Half: | 1 | 2 | 3 | 4 | 5 | 6 | | 7 | 8 | 9 | | 10 | + |

2nd Half: | 1 | 2 | 3 | 4 | 5 | 6 | | 7 | 8 | 9 | | 10 | + |

1 + 1   2 Shots

Time Outs: 60 Secs | 1 | 2 | 3 |

30 Secs | 1 | 2 |

SCORING: 3 = 3 point goal 2 = 2 point goal
● = FT Made   O = FT missed

No.	U	Player	Fouls					1st	2nd	3rd	4th
			1	2	3	4	5				
			1	2	3	4	5				
			1	2	3	4	5				
			1	2	3	4	5				
			1	2	3	4	5				
			1	2	3	4	5				
			1	2	3	4	5				
			1	2	3	4	5				
			1	2	3	4	5				
			1	2	3	4	5				
			1	2	3	4	5				
			1	2	3	4	5				

FINAL SCORE: _____   Quarter Total

Running Score (Visitors)

1		29		57	
2		30		58	
3		31		59	
4		32		60	
5		33		61	
6		34		62	
7		35		63	
8		36		64	
9		37		65	
10		38		66	
11		39		67	
12		40		68	
13		41		69	
14		42		70	
15		43		71	
16		44		72	
17		45		73	
18		46		74	
19		47		75	
20		48		76	
21		49		77	
22		50		78	
23		51		79	
24		52		80	
25		53		81	
26		54		82	
27		55		83	
28		56		84	

Alternating Possession | H | V | H | V | H | V | H | V | H | V | H | V | H | V | H | V | H | V | H | V | H | V | H | V |

Defensive Warning | | |

HOME _____

Uniform Color _____

Team Fouls:

1st Half: | 1 | 2 | 3 | 4 | 5 | 6 | | 7 | 8 | 9 | | 10 | + |

2nd Half: | 1 | 2 | 3 | 4 | 5 | 6 | | 7 | 8 | 9 | | 10 | + |

1 + 1   2 Shots

Time Outs: 60 Secs | 1 | 2 | 3 |

30 Secs | 1 | 2 |

SCORING: 3 = 3 point goal 2 = 2 point goal
● = FT Made   ○ = FT missed

No.	U	Player	Fouls					1st	2nd	3rd	4th
			1	2	3	4	5				
			1	2	3	4	5				
			1	2	3	4	5				
			1	2	3	4	5				
			1	2	3	4	5				
			1	2	3	4	5				
			1	2	3	4	5				
			1	2	3	4	5				
			1	2	3	4	5				
			1	2	3	4	5				
			1	2	3	4	5				
			1	2	3	4	5				

_____   Quarter Total

Running Score (Home)

1		29		57	
2		30		58	
3		31		59	
4		32		60	
5		33		61	
6		34		62	
7		35		63	
8		36		64	
9		37		65	
10		38		66	
11		39		67	
12		40		68	
13		41		69	
14		42		70	
15		43		71	
16		44		72	
17		45		73	
18		46		74	
19		47		75	
20		48		76	
21		49		77	
22		50		78	
23		51		79	
24		52		80	
25		53		81	
26		54		82	
27		55		83	
28		56		84	

BASKETBALL SCORE SHEET

Date _____	**Type**
Game Time _____	☐ Traditional
Site _____	☐ Unified
Court # _____	**Sex**
Referees _____	☐ Men ☐ Women

Age Group
☐ Youth ☐ Junior ☐ Senior ☐ Master ☐ Senior Master

Division
☐ 1 ☐ 5 ☐ 2 ☐ 6 ☐ 3 ☐ 7 ☐ 4 ☐ 8

VISITORS _____

Uniform Color _____

Team Fouls:

1st Half | 1 | 2 | 3 | 4 | 5 | 6 | 7 | 8 | 9 | 10 | + |

2nd Half | 1 | 2 | 3 | 4 | 5 | 6 | 7 | 8 | 9 | 10 | + |

1 + 1   2 Shots

Time Outs: 60 Secs | 1 | 2 | 3 |

30 Secs | 1 | 2 |

No.	U	Player	Fouls					SCORING: 3 = 3 point goal 2 = 2 point goal • = FT Made O = FT missed			
								1st	2nd	3rd	4th
			1	2	3	4	5				
			1	2	3	4	5				
			1	2	3	4	5				
			1	2	3	4	5				
			1	2	3	4	5				
			1	2	3	4	5				
			1	2	3	4	5				
			1	2	3	4	5				
			1	2	3	4	5				
			1	2	3	4	5				
			1	2	3	4	5				
			1	2	3	4	5				

FINAL SCORE: _____   Quarter Total

Alternating Possession | H | V | H | V | H | V | H | V | H | V | H | V | H | V | H | V | H | V | H | V | H | V | H | V |

Defensive Warning | | |

Running Score

1	29	57
2	30	58
3	31	59
4	32	60
5	33	61
6	34	62
7	35	63
8	36	64
9	37	65
10	38	66
11	39	67
12	40	68
13	41	69
14	42	70
15	43	71
16	44	72
17	45	73
18	46	74
19	47	75
20	48	76
21	49	77
22	50	78
23	51	79
24	52	80
25	53	81
26	54	82
27	55	83
28	56	84

HOME _____

Uniform Color _____

Team Fouls:

1st Half | 1 | 2 | 3 | 4 | 5 | 6 | 7 | 8 | 9 | 10 | + |

2nd Half | 1 | 2 | 3 | 4 | 5 | 6 | 7 | 8 | 9 | 10 | + |

1 + 1   2 Shots

Time Outs: 60 Secs | 1 | 2 | 3 |

30 Secs | 1 | 2 |

No.	U	Player	Fouls					SCORING: 3 = 3 point goal 2 = 2 point goal • = FT Made ○ = FT missed			
								1st	2nd	3rd	4th
			1	2	3	4	5				
			1	2	3	4	5				
			1	2	3	4	5				
			1	2	3	4	5				
			1·	2	3	4	5				
			1	2	3	4	5				
			1	2	3	4	5				
			1	2	3	4	5				
			1	2	3	4	5				
			1	2	3	4	5				
			1	2	3	4	5				
			1	2	3	4	5				

_____   Quarter Total

Running Score

1	29	57
2	30	58
3	31	59
4	32	60
5	33	61
6	34	62
7	35	63
8	36	64
9	37	65
10	38	66
11	39	67
12	40	68
13	41	69
14	42	70
15	43	71
16	44	72
17	45	73
18	46	74
19	47	75
20	48	76
21	49	77
22	50	78
23	51	79
24	52	80
25	53	81
26	54	82
27	55	83
28	56	84

BASKETBALL SCORE SHEET

Date _____

Game Time _____

Site _____

Court # _____

Referees _____

Type
- ☐ Traditional
- ☐ Unified

Sex
- ☐ Men
- ☐ Women

Age Group
- ☐ Youth
- ☐ Junior
- ☐ Senior
- ☐ Master
- ☐ Senior Master

Division
- ☐ 1
- ☐ 2
- ☐ 3
- ☐ 4
- ☐ 5
- ☐ 6
- ☐ 7
- ☐ 8

VISITORS _____

Uniform Color _____

Team Fouls:

1st Half | 1 | 2 | 3 | 4 | 5 | 6 | | 7 | 8 | 9 | | 10 | +

2nd Half | 1 | 2 | 3 | 4 | 5 | 6 | | 7 | 8 | 9 | | 10 | +

1 + 1   2 Shots

Time Outs: 60 Secs | 1 | 2 | 3

30 Secs | 1 | 2

No.	U	Player	Fouls					SCORING: 3 = 3 point goal 2 = 2 point goal • = FT Made O = FT missed			
								1st	2nd	3rd	4th
			1	2	3	4	5				
			1	2	3	4	5				
			1	2	3	4	5				
			1	2	3	4	5				
			1	2	3	4	5				
			1	2	3	4	5				
			1	2	3	4	5				
			1	2	3	4	5				
			1	2	3	4	5				
			1	2	3	4	5				
			1	2	3	4	5				
			1	2	3	4	5				
			1	2	3	4	5				

FINAL SCORE: _____   Quarter Total

Alternating Possession | H | V | H | V | H | V | H | V | H | V | H | V | H | V | H | V | H | V | H | V | H | V | H | V | H | V

Defensive Warning ☐ ☐

Running Score

1	29	57
2	30	58
3	31	59
4	32	60
5	33	61
6	34	62
7	35	63
8	36	64
9	37	65
10	38	66
11	39	67
12	40	68
13	41	69
14	42	70
15	43	71
16	44	72
17	45	73
18	46	74
19	47	75
20	48	76
21	49	77
22	50	78
23	51	79
24	52	80
25	53	81
26	54	82
27	55	83
28	56	84

HOME _____

Uniform Color _____

Team Fouls:

1st Half | 1 | 2 | 3 | 4 | 5 | 6 | | 7 | 8 | 9 | | 10 | +

2nd Half | 1 | 2 | 3 | 4 | 5 | 6 | | 7 | 8 | 9 | | 10 | +

1 + 1   2 Shots

Time Outs: 60 Secs | 1 | 2 | 3

30 Secs | 1 | 2

No.	U	Player	Fouls					SCORING: 3 = 3 point goal 2 = 2 point goal • = FT Made ○ = FT missed			
								1st	2nd	3rd	4th
			1	2	3	4	5				
			1	2	3	4	5				
			1	2	3	4	5				
			1	2	3	4	5				
			1	2	3	4	5				
			1	2	3	4	5				
			1	2	3	4	5				
			1	2	3	4	5				
			1	2	3	4	5				
			1	2	3	4	5				
			1	2	3	4	5				
			1	2	3	4	5				
			1	2	3	4	5				

_____   Quarter Total

Running Score

1	29	57
2	30	58
3	31	59
4	32	60
5	33	61
6	34	62
7	35	63
8	36	64
9	37	65
10	38	66
11	39	67
12	40	68
13	41	69
14	42	70
15	43	71
16	44	72
17	45	73
18	46	74
19	47	75
20	48	76
21	49	77
22	50	78
23	51	79
24	52	80
25	53	81
26	54	82
27	55	83
28	56	84

BASKETBALL SCORE SHEET

Date _____	**Type** ☐ Traditional **Age Group** ☐ Youth **Division** ☐ 1 ☐ 5

<table>
<tr><td>Date</td><td>_____</td></tr>
<tr><td>Game Time</td><td>_____</td></tr>
<tr><td>Site</td><td>_____</td></tr>
<tr><td>Court #</td><td>_____</td></tr>
<tr><td>Referees</td><td>_____</td></tr>
</table>

Type
☐ Traditional
☐ Unified

Sex
☐ Men
☐ Women

Age Group
☐ Youth
☐ Junior
☐ Senior
☐ Master
☐ Senior Master

Division
☐ 1   ☐ 5
☐ 2   ☐ 6
☐ 3   ☐ 7
☐ 4   ☐ 8

VISITORS _____

Uniform Color _____

Team Fouls:
1st Half | 1 2 3 4 5 6 | 7 8 9 | 10 + |
2nd Half | 1 2 3 4 5 6 | 7 8 9 | 10 + |
1 + 1   2 Shots

Time Outs: 60 Secs | 1 2 3
30 Secs | 1 2

No.	U	Player	Fouls	1st	2nd	3rd	4th
			1 2 3 4 5				
			1 2 3 4 5				
			1 2 3 4 5				
			1 2 3 4 5				
			1 2 3 4 5				
			1 2 3 4 5				
			1 2 3 4 5				
			1 2 3 4 5				
			1 2 3 4 5				
			1 2 3 4 5				
			1 2 3 4 5				
			1 2 3 4 5				

SCORING: 3 = 3 point goal 2 = 2 point goal ● = FT Made O = FT missed

FINAL SCORE: _____ Quarter Total

Running Score

1		29	57
2		30	58
3		31	59
4		32	60
5		33	61
6		34	62
7		35	63
8		36	64
9		37	65
10		38	66
11		39	67
12		40	68
13		41	69
14		42	70
15		43	71
16		44	72
17		45	73
18		46	74
19		47	75
20		48	76
21		49	77
22		50	78
23		51	79
24		52	80
25		53	81
26		54	82
27		55	83
28		56	84

Alternating Possession
H V H V H V H V H V H V H V H V H V H V H V H V

Defensive Warning ☐ ☐

HOME _____

Uniform Color _____

Team Fouls:
1st Half | 1 2 3 4 5 6 | 7 8 9 | 10 + |
2nd Half | 1 2 3 4 5 6 | 7 8 9 | 10 + |
1 + 1   2 Shots

Time Outs: 60 Secs | 1 2 3
30 Secs | 1 2

No.	U	Player	Fouls	1st	2nd	3rd	4th
			1 2 3 4 5				
			1 2 3 4 5				
			1 2 3 4 5				
			1 2 3 4 5				
			1 2 3 4 5				
			1 2 3 4 5				
			1 2 3 4 5				
			1 2 3 4 5				
			1 2 3 4 5				
			1 2 3 4 5				
			1 2 3 4 5				
			1 2 3 4 5				

SCORING: 3 = 3 point goal 2 = 2 point goal ● = FT Made ○ = FT missed

_____ Quarter Total

Running Score

1		29	57
2		30	58
3		31	59
4		32	60
5		33	61
6		34	62
7		35	63
8		36	64
9		37	65
10		38	66
11		39	67
12		40	68
13		41	69
14		42	70
15		43	71
16		44	72
17		45	73
18		46	74
19		47	75
20		48	76
21		49	77
22		50	78
23		51	79
24		52	80
25		53	81
26		54	82
27		55	83
28		56	84

BASKETBALL SCORE SHEET

Date _____			
Game Time _____			
Site _____			
Court # _____			
Referees _____			

Type
- ☐ Traditional
- ☐ Unified

Sex
- ☐ Men
- ☐ Women

Age Group
- ☐ Youth
- ☐ Junior
- ☐ Senior
- ☐ Master
- ☐ Senior Master

Division
- ☐ 1   ☐ 5
- ☐ 2   ☐ 6
- ☐ 3   ☐ 7
- ☐ 4   ☐ 8

VISITORS _____

Uniform Color _____

Team Fouls:
1st Half: | 1 | 2 | 3 | 4 | 5 | 6 | | 7 | 8 | 9 | | 10 | + |
2nd Half: | 1 | 2 | 3 | 4 | 5 | 6 | | 7 | 8 | 9 | | 10 | + |
1 + 1   2 Shots

Time Outs: 60 Secs | 1 | 2 | 3 |
30 Secs | 1 | 2 |

No.	U	Player	Fouls					SCORING: 3 = 3 point goal 2 = 2 point goal ● = FT Made O = FT missed			
								1st	2nd	3rd	4th
			1	2	3	4	5				
			1	2	3	4	5				
			1	2	3	4	5				
			1	2	3	4	5				
			1	2	3	4	5				
			1	2	3	4	5				
			1	2	3	4	5				
			1	2	3	4	5				
			1	2	3	4	5				
			1	2	3	4	5				
			1	2	3	4	5				
			1	2	3	4	5				

FINAL SCORE: _____   Quarter Total

Running Score

1	29	57
2	30	58
3	31	59
4	32	60
5	33	61
6	34	62
7	35	63
8	36	64
9	37	65
10	38	66
11	39	67
12	40	68
13	41	69
14	42	70
15	43	71
16	44	72
17	45	73
18	46	74
19	47	75
20	48	76
21	49	77
22	50	78
23	51	79
24	52	80
25	53	81
26	54	82
27	55	83
28	56	84

Alternating Possession: | H | V | H | V | H | V | H | V | H | V | H | V | H | V | H | V | H | V | H | V | H | V | H | V |

Defensive Warning: | | |

HOME _____

Uniform Color _____

Team Fouls:
1st Half: | 1 | 2 | 3 | 4 | 5 | 6 | | 7 | 8 | 9 | | 10 | + |
2nd Half: | 1 | 2 | 3 | 4 | 5 | 6 | | 7 | 8 | 9 | | 10 | + |
1 + 1   2 Shots

Time Outs: 60 Secs | 1 | 2 | 3 |
30 Secs | 1 | 2 |

No.	U	Player	Fouls					SCORING: 3 = 3 point goal 2 = 2 point goal ● = FT Made ○ = FT missed			
								1st	2nd	3rd	4th
			1	2	3	4	5				
			1	2	3	4	5				
			1	2	3	4	5				
			1	2	3	4	5				
			1	2	3	4	5				
			1	2	3	4	5				
			1	2	3	4	5				
			1	2	3	4	5				
			1	2	3	4	5				
			1	2	3	4	5				
			1	2	3	4	5				
			1	2	3	4	5				

_____   Quarter Total

Running Score

1	29	57
2	30	58
3	31	59
4	32	60
5	33	61
6	34	62
7	35	63
8	36	64
9	37	65
10	38	66
11	39	67
12	40	68
13	41	69
14	42	70
15	43	71
16	44	72
17	45	73
18	46	74
19	47	75
20	48	76
21	49	77
22	50	78
23	51	79
24	52	80
25	53	81
26	54	82
27	55	83
28	56	84

BASKETBALL SCORE SHEET

Date _____

Game Time _____

Site _____

Court # _____

Referees _____

Type
- [ ] Traditional
- [ ] Unified

Sex
- [ ] Men
- [ ] Women

Age Group
- [ ] Youth
- [ ] Junior
- [ ] Senior
- [ ] Master
- [ ] Senior Master

Division
- [ ] 1   [ ] 5
- [ ] 2   [ ] 6
- [ ] 3   [ ] 7
- [ ] 4   [ ] 8

VISITORS _____

Uniform Color _____

Team Fouls:

1st Half | 1 | 2 | 3 | 4 | 5 | 6 | | 7 | 8 | 9 | | 10 | + |

2nd Half | 1 | 2 | 3 | 4 | 5 | 6 | | 7 | 8 | 9 | | 10 | + |

1 + 1   2 Shots

Time Outs: 60 Secs | 1 | 2 | 3 |

30 Secs | 1 | 2 |

No.	U	Player	Fouls					SCORING: 3 = 3 point goal 2 = 2 point goal • = FT Made O = FT missed			
								1st	2nd	3rd	4th
			1	2	3	4	5				
			1	2	3	4	5				
			1	2	3	4	5				
			1	2	3	4	5				
			1	2	3	4	5				
			1	2	3	4	5				
			1	2	3	4	5				
			1	2	3	4	5				
			1	2	3	4	5				
			1	2	3	4	5				
			1	2	3	4	5				
			1	2	3	4	5				

FINAL SCORE: _____   Quarter Total

Alternating Possession | H | V | H | V | H | V | H | V | H | V | H | V | H | V | H | V | H | V | H | V | H | V | H | V |

Defensive Warning | | |

Running Score

1	29	57
2	30	58
3	31	59
4	32	60
5	33	61
6	34	62
7	35	63
8	36	64
9	37	65
10	38	66
11	39	67
12	40	68
13	41	69
14	42	70
15	43	71
16	44	72
17	45	73
18	46	74
19	47	75
20	48	76
21	49	77
22	50	78
23	51	79
24	52	80
25	53	81
26	54	82
27	55	83
28	56	84

HOME _____

Uniform Color _____

Team Fouls:

1st Half | 1 | 2 | 3 | 4 | 5 | 6 | | 7 | 8 | 9 | | 10 | + |

2nd Half | 1 | 2 | 3 | 4 | 5 | 6 | | 7 | 8 | 9 | | 10 | + |

1 + 1   2 Shots

Time Outs: 60 Secs | 1 | 2 | 3 |

30 Secs | 1 | 2 |

No.	U	Player	Fouls					SCORING: 3 = 3 point goal 2 = 2 point goal • = FT Made ○ = FT missed			
								1st	2nd	3rd	4th
			1	2	3	4	5				
			1	2	3	4	5				
			1	2	3	4	5				
			1	2	3	4	5				
			1	2	3	4	5				
			1	2	3	4	5				
			1	2	3	4	5				
			1	2	3	4	5				
			1	2	3	4	5				
			1	2	3	4	5				
			1	2	3	4	5				
			1	2	3	4	5				

_____   Quarter Total

Running Score

1	29	57
2	30	58
3	31	59
4	32	60
5	33	61
6	34	62
7	35	63
8	36	64
9	37	65
10	38	66
11	39	67
12	40	68
13	41	69
14	42	70
15	43	71
16	44	72
17	45	73
18	46	74
19	47	75
20	48	76
21	49	77
22	50	78
23	51	79
24	52	80
25	53	81
26	54	82
27	55	83
28	56	84

BASKETBALL SCORE SHEET

	Type	Age Group	Division	
Date _____	☐ Traditional	☐ Youth	☐ 1	☐ 5
Game Time _____	☐ Unified	☐ Junior	☐ 2	☐ 6
Site _____	**Sex**	☐ Senior	☐ 3	☐ 7
Court # _____	☐ Men	☐ Master	☐ 4	☐ 8
Referees _____	☐ Women	☐ Senior Master		

VISITORS _____

Uniform Color _____

Team Fouls:
1st Half: | 1 | 2 | 3 | 4 | 5 | 6 | | 7 | 8 | 9 | | 10 | + |
2nd Half: | 1 | 2 | 3 | 4 | 5 | 6 | | 7 | 8 | 9 | | 10 | + |

1 + 1   2 Shots

Time Outs: 60 Secs | 1 | 2 | 3 |
30 Secs | 1 | 2 |

No.	U	Player	Fouls	SCORING: 3 = 3 point goal 2 = 2 point goal • = FT Made O = FT missed			
				1st	2nd	3rd	4th
			1 2 3 4 5				
			1 2 3 4 5				
			1 2 3 4 5				
			1 2 3 4 5				
			1 2 3 4 5				
			1 2 3 4 5				
			1 2 3 4 5				
			1 2 3 4 5				
			1 2 3 4 5				
			1 2 3 4 5				
			1 2 3 4 5				
			1 2 3 4 5				

FINAL SCORE: _____   Quarter Total

Running Score

1	29	57
2	30	58
3	31	59
4	32	60
5	33	61
6	34	62
7	35	63
8	36	64
9	37	65
10	38	66
11	39	67
12	40	68
13	41	69
14	42	70
15	43	71
16	44	72
17	45	73
18	46	74
19	47	75
20	48	76
21	49	77
22	50	78
23	51	79
24	52	80
25	53	81
26	54	82
27	55	83
28	56	84

Alternating Possession: | H | V | H | V | H | V | H | V | H | V | H | V | H | V | H | V | H | V | H | V | H | V | H | V |

Defensive Warning ☐ ☐

HOME _____

Uniform Color _____

Team Fouls:
1st Half: | 1 | 2 | 3 | 4 | 5 | 6 | | 7 | 8 | 9 | | 10 | + |
2nd Half: | 1 | 2 | 3 | 4 | 5 | 6 | | 7 | 8 | 9 | | 10 | + |

1 + 1   2 Shots

Time Outs: 60 Secs | 1 | 2 | 3 |
30 Secs | 1 | 2 |

No.	U	Player	Fouls	SCORING: 3 = 3 point goal 2 = 2 point goal • = FT Made ○ = FT missed			
				1st	2nd	3rd	4th
			1 2 3 4 5				
			1 2 3 4 5				
			1 2 3 4 5				
			1 2 3 4 5				
			1 2 3 4 5				
			1 2 3 4 5				
			1 2 3 4 5				
			1 2 3 4 5				
			1 2 3 4 5				
			1 2 3 4 5				
			1 2 3 4 5				
			1 2 3 4 5				

_____   Quarter Total

Running Score

1	29	57
2	30	58
3	31	59
4	32	60
5	33	61
6	34	62
7	35	63
8	36	64
9	37	65
10	38	66
11	39	67
12	40	68
13	41	69
14	42	70
15	43	71
16	44	72
17	45	73
18	46	74
19	47	75
20	48	76
21	49	77
22	50	78
23	51	79
24	52	80
25	53	81
26	54	82
27	55	83
28	56	84

BASKETBALL SCORE SHEET

	Type	**Age Group**	**Division**
Date _____	☐ Traditional	☐ Youth	☐ 1 ☐ 5
Game Time _____	☐ Unified	☐ Junior	☐ 2 ☐ 6
Site _____	**Sex**	☐ Senior	☐ 3 ☐ 7
Court # _____	☐ Men	☐ Master	☐ 4 ☐ 8
Referees _____	☐ Women	☐ Senior Master	

VISITORS

VISITORS _____   **Uniform Color** _____

Team Fouls:	1st Half	1 2 3 4 5 6	7 8 9	10 +	Time Outs: 60 Secs	1 2 3
	2nd Half	1 2 3 4 5 6	7 8 9	10 +	30 Secs	1 2

1 + 1   2 Shots

SCORING: 3 = 3 point goal 2 = 2 point goal
● = FT Made   O = FT missed

No.	U	Player	Fouls	1st	2nd	3rd	4th
			1 2 3 4 5				
			1 2 3 4 5				
			1 2 3 4 5				
			1 2 3 4 5				
			1 2 3 4 5				
			1 2 3 4 5				
			1 2 3 4 5				
			1 2 3 4 5				
			1 2 3 4 5				
			1 2 3 4 5				
			1 2 3 4 5				
			1 2 3 4 5				

FINAL SCORE: _____   Quarter Total

Running Score (Visitors)

1	29	57
2	30	58
3	31	59
4	32	60
5	33	61
6	34	62
7	35	63
8	36	64
9	37	65
10	38	66
11	39	67
12	40	68
13	41	69
14	42	70
15	43	71
16	44	72
17	45	73
18	46	74
19	47	75
20	48	76
21	49	77
22	50	78
23	51	79
24	52	80
25	53	81
26	54	82
27	55	83
28	56	84

Alternating Possession: H V H V H V H V H V H V H V H V H V H V H V H V   Defensive Warning ☐☐

HOME

HOME _____   **Uniform Color** _____

Team Fouls:	1st Half	1 2 3 4 5 6	7 8 9	10 +	Time Outs: 60 Secs	1 2 3
	2nd Half	1 2 3 4 5 6	7 8 9	10 +	30 Secs	1 2

1 + 1   2 Shots

SCORING: 3 = 3 point goal 2 = 2 point goal
● = FT Made   ○ = FT missed

No.	U	Player	Fouls	1st	2nd	3rd	4th
			1 2 3 4 5				
			1 2 3 4 5				
			1 2 3 4 5				
			1 2 3 4 5				
			1 2 3 4 5				
			1 2 3 4 5				
			1 2 3 4 5				
			1 2 3 4 5				
			1 2 3 4 5				
			1 2 3 4 5				
			1 2 3 4 5				
			1 2 3 4 5				

_____   Quarter Total

Running Score (Home)

1	29	57
2	30	58
3	31	59
4	32	60
5	33	61
6	34	62
7	35	63
8	36	64
9	37	65
10	38	66
11	39	67
12	40	68
13	41	69
14	42	70
15	43	71
16	44	72
17	45	73
18	46	74
19	47	75
20	48	76
21	49	77
22	50	78
23	51	79
24	52	80
25	53	81
26	54	82
27	55	83
28	56	84

BASKETBALL SCORE SHEET

Date _____	**Type**	**Age Group**	**Division**
Game Time _____	☐ Traditional	☐ Youth	☐ 1 ☐ 5
Site _____	☐ Unified	☐ Junior	☐ 2 ☐ 6
Court # _____	**Sex**	☐ Senior	☐ 3 ☐ 7
Referees _____	☐ Men	☐ Master	☐ 4 ☐ 8
	☐ Women	☐ Senior Master	

VISITORS _____   Uniform Color _____

Team Fouls:

1st Half | 1 2 3 4 5 6 | 7 8 9 | 10 + | Time Outs: 60 Secs | 1 2 3

2nd Half | 1 2 3 4 5 6 | 7 8 9 | 10 + | 30 Secs | 1 2

1 + 1   2 Shots

No.	U	Player	Fouls					SCORING: 3 = 3 point goal 2 = 2 point goal • = FT Made O = FT missed			
								1st	2nd	3rd	4th
			1	2	3	4	5				
			1	2	3	4	5				
			1	2	3	4	5				
			1	2	3	4	5				
			1	2	3	4	5				
			1	2	3	4	5				
			1	2	3	4	5				
			1	2	3	4	5				
			1	2	3	4	5				
			1	2	3	4	5				
			1	2	3	4	5				
			1	2	3	4	5				

FINAL SCORE: _____   Quarter Total

Alternating Possession | H V H V H V H V H V H V H V H V H V H V H V H V

Defensive Warning ☐ ☐

HOME _____   Uniform Color _____

Team Fouls:

1st Half | 1 2 3 4 5 6 | 7 8 9 | 10 + | Time Outs: 60 Secs | 1 2 3

2nd Half | 1 2 3 4 5 6 | 7 8 9 | 10 + | 30 Secs | 1 2

1 + 1   2 Shots

No.	U	Player	Fouls					SCORING: 3 = 3 point goal 2 = 2 point goal • = FT Made ○ = FT missed			
								1st	2nd	3rd	4th
			1	2	3	4	5				
			1	2	3	4	5				
			1	2	3	4	5				
			1	2	3	4	5				
			1	2	3	4	5				
			1	2	3	4	5				
			1	2	3	4	5				
			1	2	3	4	5				
			1	2	3	4	5				
			1	2	3	4	5				
			1	2	3	4	5				
			1	2	3	4	5				

_____   Quarter Total

Running Score (Visitors)

1	29	57
2	30	58
3	31	59
4	32	60
5	33	61
6	34	62
7	35	63
8	36	64
9	37	65
10	38	66
11	39	67
12	40	68
13	41	69
14	42	70
15	43	71
16	44	72
17	45	73
18	46	74
19	47	75
20	48	76
21	49	77
22	50	78
23	51	79
24	52	80
25	53	81
26	54	82
27	55	83
28	56	84

Running Score (Home)

1	29	57
2	30	58
3	31	59
4	32	60
5	33	61
6	34	62
7	35	63
8	36	64
9	37	65
10	38	66
11	39	67
12	40	68
13	41	69
14	42	70
15	43	71
16	44	72
17	45	73
18	46	74
19	47	75
20	48	76
21	49	77
22	50	78
23	51	79
24	52	80
25	53	81
26	54	82
27	55	83
28	56	84

BASKETBALL SCORE SHEET

	Type	Age Group	Division		
Date _____	☐ Traditional	☐ Youth	☐ 1	☐ 5	
Game Time _____	☐ Unified	☐ Junior	☐ 2	☐ 6	
Site _____	**Sex**	☐ Senior	☐ 3	☐ 7	
Court # _____	☐ Men	☐ Master	☐ 4	☐ 8	
Referees _____	☐ Women	☐ Senior Master			

VISITORS _____

Uniform Color _____

Team Fouls:

1st Half | 1 | 2 | 3 | 4 | 5 | 6 | | 7 | 8 | 9 | | 10 | + |

2nd Half | 1 | 2 | 3 | 4 | 5 | 6 | | 7 | 8 | 9 | | 10 | + |

1 + 1   2 Shots

Time Outs: 60 Secs | 1 | 2 | 3 |

30 Secs | 1 | 2 |

No.	U	Player	Fouls					SCORING: 3 = 3 point goal 2 = 2 point goal ● = FT Made O = FT missed			
								1st	2nd	3rd	4th
			1	2	3	4	5				
			1	2	3	4	5				
			1	2	3	4	5				
			1	2	3	4	5				
			1	2	3	4	5				
			1	2	3	4	5				
			1	2	3	4	5				
			1	2	3	4	5				
			1	2	3	4	5				
			1	2	3	4	5				
			1	2	3	4	5				
			1	2	3	4	5				

FINAL SCORE: _____   Quarter Total

Running Score

1	29	57
2	30	58
3	31	59
4	32	60
5	33	61
6	34	62
7	35	63
8	36	64
9	37	65
10	38	66
11	39	67
12	40	68
13	41	69
14	42	70
15	43	71
16	44	72
17	45	73
18	46	74
19	47	75
20	48	76
21	49	77
22	50	78
23	51	79
24	52	80
25	53	81
26	54	82
27	55	83
28	56	84

Alternating Possession | H | V | H | V | H | V | H | V | H | V | H | V | H | V | H | V | H | V | H | V | H | V | H | V |

Defensive Warning | | |

HOME _____

Uniform Color _____

Team Fouls:

1st Half | 1 | 2 | 3 | 4 | 5 | 6 | | 7 | 8 | 9 | | 10 | + |

2nd Half | 1 | 2 | 3 | 4 | 5 | 6 | | 7 | 8 | 9 | | 10 | + |

1 + 1   2 Shots

Time Outs: 60 Secs | 1 | 2 | 3 |

30 Secs | 1 | 2 |

No.	U	Player	Fouls					SCORING: 3 = 3 point goal 2 = 2 point goal ● = FT Made ○ = FT missed			
								1st	2nd	3rd	4th
			1	2	3	4	5				
			1	2	3	4	5				
			1	2	3	4	5				
			1	2	3	4	5				
			1	2	3	4	5				
			1	2	3	4	5				
			1	2	3	4	5				
			1	2	3	4	5				
			1	2	3	4	5				
			1	2	3	4	5				
			1	2	3	4	5				
			1	2	3	4	5				

_____   Quarter Total

Running Score

1	29	57
2	30	58
3	31	59
4	32	60
5	33	61
6	34	62
7	35	63
8	36	64
9	37	65
10	38	66
11	39	67
12	40	68
13	41	69
14	42	70
15	43	71
16	44	72
17	45	73
18	46	74
19	47	75
20	48	76
21	49	77
22	50	78
23	51	79
24	52	80
25	53	81
26	54	82
27	55	83
28	56	84

BASKETBALL SCORE SHEET

Date	_____
Game Time	_____
Site	_____
Court #	_____
Referees	_____

Type
- ☐ Traditional
- ☐ Unified

Sex
- ☐ Men
- ☐ Women

Age Group
- ☐ Youth
- ☐ Junior
- ☐ Senior
- ☐ Master
- ☐ Senior Master

Division
- ☐ 1   ☐ 5
- ☐ 2   ☐ 6
- ☐ 3   ☐ 7
- ☐ 4   ☐ 8

VISITORS _____

Uniform Color _____

Team Fouls:

1st Half: | 1 | 2 | 3 | 4 | 5 | 6 | | 7 | 8 | 9 | | 10 | + |

2nd Half: | 1 | 2 | 3 | 4 | 5 | 6 | | 7 | 8 | 9 | | 10 | + |

1 + 1   2 Shots

Time Outs: 60 Secs | 1 | 2 | 3 |

30 Secs | 1 | 2 |

No.	U	Player	Fouls	SCORING: 3 = 3 point goal 2 = 2 point goal ● = FT Made O = FT missed			
				1st	2nd	3rd	4th
			1 2 3 4 5				
			1 2 3 4 5				
			1 2 3 4 5				
			1 2 3 4 5				
			1 2 3 4 5				
			1 2 3 4 5				
			1 2 3 4 5				
			1 2 3 4 5				
			1 2 3 4 5				
			1 2 3 4 5				
			1 2 3 4 5				
			1 2 3 4 5				

FINAL SCORE: _____   Quarter Total

Alternating Possession | H | V | H | V | H | V | H | V | H | V | H | V | H | V | H | V | H | V | H | V | H | V | H | V |

Defensive Warning | | |

HOME _____

Uniform Color _____

Team Fouls:

1st Half: | 1 | 2 | 3 | 4 | 5 | 6 | | 7 | 8 | 9 | | 10 | + |

2nd Half: | 1 | 2 | 3 | 4 | 5 | 6 | | 7 | 8 | 9 | | 10 | + |

1 + 1   2 Shots

Time Outs: 60 Secs | 1 | 2 | 3 |

30 Secs | 1 | 2 |

No.	U	Player	Fouls	SCORING: 3 = 3 point goal 2 = 2 point goal ● = FT Made O = FT missed			
				1st	2nd	3rd	4th
			1 2 3 4 5				
			1 2 3 4 5				
			1 2 3 4 5				
			1 2 3 4 5				
			1 2 3 4 5				
			1 2 3 4 5				
			1 2 3 4 5				
			1 2 3 4 5				
			1 2 3 4 5				
			1 2 3 4 5				
			1 2 3 4 5				
			1 2 3 4 5				

_____   Quarter Total

Running Score (Visitors)

1	29	57
2	30	58
3	31	59
4	32	60
5	33	61
6	34	62
7	35	63
8	36	64
9	37	65
10	38	66
11	39	67
12	40	68
13	41	69
14	42	70
15	43	71
16	44	72
17	45	73
18	46	74
19	47	75
20	48	76
21	49	77
22	50	78
23	51	79
24	52	80
25	53	81
26	54	82
27	55	83
28	56	84

Running Score (Home)

1	29	57
2	30	58
3	31	59
4	32	60
5	33	61
6	34	62
7	35	63
8	36	64
9	37	65
10	38	66
11	39	67
12	40	68
13	41	69
14	42	70
15	43	71
16	44	72
17	45	73
18	46	74
19	47	75
20	48	76
21	49	77
22	50	78
23	51	79
24	52	80
25	53	81
26	54	82
27	55	83
28	56	84

BASKETBALL SCORE SHEET

Date _____

Game Time _____

Site _____

Court # _____

Referees _____

Type
- ☐ Traditional
- ☐ Unified

Sex
- ☐ Men
- ☐ Women

Age Group
- ☐ Youth
- ☐ Junior
- ☐ Senior
- ☐ Master
- ☐ Senior Master

Division
- ☐ 1   ☐ 5
- ☐ 2   ☐ 6
- ☐ 3   ☐ 7
- ☐ 4   ☐ 8

VISITORS

VISITORS _____

Uniform Color _____

Team Fouls:	1st Half	1	2	3	4	5	6	7	8	9	10	+
	2nd Half	1	2	3	4	5	6	7	8	9	10	+

1 + 1   2 Shots

Time Outs: 60 Secs   1   2   3

30 Secs   1   2

No.	U	Player	Fouls					SCORING: 3 = 3 point goal 2 = 2 point goal ● = FT Made O = FT missed			
								1st	2nd	3rd	4th
			1	2	3	4	5				
			1	2	3	4	5				
			1	2	3	4	5				
			1	2	3	4	5				
			1	2	3	4	5				
			1	2	3	4	5				
			1	2	3	4	5				
			1	2	3	4	5				
			1	2	3	4	5				
			1	2	3	4	5				
			1	2	3	4	5				
			1	2	3	4	5				

FINAL SCORE: _____   Quarter Total

Alternating Possession: H V H V H V H V H V H V H V H V H V H V H V H V H V

Defensive Warning ☐ ☐

Running Score		
1	29	57
2	30	58
3	31	59
4	32	60
5	33	61
6	34	62
7	35	63
8	36	64
9	37	65
10	38	66
11	39	67
12	40	68
13	41	69
14	42	70
15	43	71
16	44	72
17	45	73
18	46	74
19	47	75
20	48	76
21	49	77
22	50	78
23	51	79
24	52	80
25	53	81
26	54	82
27	55	83
28	56	84

HOME

HOME _____

Uniform Color _____

Team Fouls:	1st Half	1	2	3	4	5	6	7	8	9	10	+
	2nd Half	1	2	3	4	5	6	7	8	9	10	+

1 + 1   2 Shots

Time Outs: 60 Secs   1   2   3

30 Secs   1   2

No.	U	Player	Fouls					SCORING: 3 = 3 point goal 2 = 2 point goal ● = FT Made ○ = FT missed			
								1st	2nd	3rd	4th
			1	2	3	4	5				
			1	2	3	4	5				
			1	2	3	4	5				
			1	2	3	4	5				
			1	2	3	4	5				
			1	2	3	4	5				
			1	2	3	4	5				
			1	2	3	4	5				
			1	2	3	4	5				
			1	2	3	4	5				
			1	2	3	4	5				
			1	2	3	4	5				

_____   Quarter Total

Running Score		
1	29	57
2	30	58
3	31	59
4	32	60
5	33	61
6	34	62
7	35	63
8	36	64
9	37	65
10	38	66
11	39	67
12	40	68
13	41	69
14	42	70
15	43	71
16	44	72
17	45	73
18	46	74
19	47	75
20	48	76
21	49	77
22	50	78
23	51	79
24	52	80
25	53	81
26	54	82
27	55	83
28	56	84

BASKETBALL SCORE SHEET

		Type	Age Group	Division
Date	_____	☐ Traditional	☐ Youth	☐ 1 ☐ 5
Game Time	_____	☐ Unified	☐ Junior	☐ 2 ☐ 6
Site	_____	**Sex**	☐ Senior	☐ 3 ☐ 7
Court #	_____	☐ Men	☐ Master	☐ 4 ☐ 8
Referees	_____	☐ Women	☐ Senior Master	

VISITORS _____

Uniform Color _____

Team Fouls:
1st Half: | 1 | 2 | 3 | 4 | 5 | 6 | | 7 | 8 | 9 | | 10 | + |

2nd Half: | 1 | 2 | 3 | 4 | 5 | 6 | | 7 | 8 | 9 | | 10 | + |

1 + 1   2 Shots

Time Outs: 60 Secs | 1 | 2 | 3 |
30 Secs | 1 | 2 |

No.	U	Player	Fouls					SCORING: 3 = 3 point goal 2 = 2 point goal • = FT Made O = FT missed			
								1st	2nd	3rd	4th
			1	2	3	4	5				
			1	2	3	4	5				
			1	2	3	4	5				
			1	2	3	4	5				
			1	2	3	4	5				
			1	2	3	4	5				
			1	2	3	4	5				
			1	2	3	4	5				
			1	2	3	4	5				
			1	2	3	4	5				
			1	2	3	4	5				
			1	2	3	4	5				

FINAL SCORE: _____   Quarter Total

Running Score
1	29	57
2	30	58
3	31	59
4	32	60
5	33	61
6	34	62
7	35	63
8	36	64
9	37	65
10	38	66
11	39	67
12	40	68
13	41	69
14	42	70
15	43	71
16	44	72
17	45	73
18	46	74
19	47	75
20	48	76
21	49	77
22	50	78
23	51	79
24	52	80
25	53	81
26	54	82
27	55	83
28	56	84

Alternating Possession | H | V | H | V | H | V | H | V | H | V | H | V | H | V | H | V | H | V | H | V | H | V | H | V |

Defensive Warning ☐

HOME _____

Uniform Color _____

Team Fouls:
1st Half: | 1 | 2 | 3 | 4 | 5 | 6 | | 7 | 8 | 9 | | 10 | + |

2nd Half: | 1 | 2 | 3 | 4 | 5 | 6 | | 7 | 8 | 9 | | 10 | + |

1 + 1   2 Shots

Time Outs: 60 Secs | 1 | 2 | 3 |
30 Secs | 1 | 2 |

No.	U	Player	Fouls					SCORING: 3 = 3 point goal 2 = 2 point goal • = FT Made ○ = FT missed			
								1st	2nd	3rd	4th
			1	2	3	4	5				
			1	2	3	4	5				
			1	2	3	4	5				
			1	2	3	4	5				
			1	2	3	4	5				
			1	2	3	4	5				
			1	2	3	4	5				
			1	2	3	4	5				
			1	2	3	4	5				
			1	2	3	4	5				
			1	2	3	4	5				
			1	2	3	4	5				

_____   Quarter Total

Running Score
1	29	57
2	30	58
3	31	59
4	32	60
5	33	61
6	34	62
7	35	63
8	36	64
9	37	65
10	38	66
11	39	67
12	40	68
13	41	69
14	42	70
15	43	71
16	44	72
17	45	73
18	46	74
19	47	75
20	48	76
21	49	77
22	50	78
23	51	79
24	52	80
25	53	81
26	54	82
27	55	83
28	56	84

BASKETBALL SCORE SHEET

Date _____	
Game Time _____	
Site _____	
Court # _____	
Referees _____	

Type
- ☐ Traditional
- ☐ Unified

Sex
- ☐ Men
- ☐ Women

Age Group
- ☐ Youth
- ☐ Junior
- ☐ Senior
- ☐ Master
- ☐ Senior Master

Division
- ☐ 1 ☐ 5
- ☐ 2 ☐ 6
- ☐ 3 ☐ 7
- ☐ 4 ☐ 8

VISITORS _____

Uniform Color _____

Team Fouls:

1st Half: | 1 | 2 | 3 | 4 | 5 | 6 | | 7 | 8 | 9 | | 10 | + |

2nd Half: | 1 | 2 | 3 | 4 | 5 | 6 | | 7 | 8 | 9 | | 10 | + |

1 + 1   2 Shots

Time Outs: 60 Secs | 1 | 2 | 3 |

30 Secs | 1 | 2 |

No.	U	Player	Fouls					SCORING: 3 = 3 point goal 2 = 2 point goal • = FT Made O = FT missed			
								1st	2nd	3rd	4th
			1	2	3	4	5				
			1	2	3	4	5				
			1	2	3	4	5				
			1	2	3	4	5				
			1	2	3	4	5				
			1	2	3	4	5				
			1	2	3	4	5				
			1	2	3	4	5				
			1	2	3	4	5				
			1	2	3	4	5				
			1	2	3	4	5				
			1	2	3	4	5				

FINAL SCORE: _____   Quarter Total

Running Score

1	29	57
2	30	58
3	31	59
4	32	60
5	33	61
6	34	62
7	35	63
8	36	64
9	37	65
10	38	66
11	39	67
12	40	68
13	41	69
14	42	70
15	43	71
16	44	72
17	45	73
18	46	74
19	47	75
20	48	76
21	49	77
22	50	78
23	51	79
24	52	80
25	53	81
26	54	82
27	55	83
28	56	84

Alternating Possession | H | V | H | V | H | V | H | V | H | V | H | V | H | V | H | V | H | V | H | V | H | V | H | V |

Defensive Warning | | |

HOME _____

Uniform Color _____

Team Fouls:

1st Half: | 1 | 2 | 3 | 4 | 5 | 6 | | 7 | 8 | 9 | | 10 | + |

2nd Half: | 1 | 2 | 3 | 4 | 5 | 6 | | 7 | 8 | 9 | | 10 | + |

1 + 1   2 Shots

Time Outs: 60 Secs | 1 | 2 | 3 |

30 Secs | 1 | 2 |

No.	U	Player	Fouls					SCORING: 3 = 3 point goal 2 = 2 point goal • = FT Made ○ = FT missed			
								1st	2nd	3rd	4th
			1	2	3	4	5				
			1	2	3	4	5				
			1	2	3	4	5				
			1	2	3	4	5				
			1	2	3	4	5				
			1	2	3	4	5				
			1	2	3	4	5				
			1	2	3	4	5				
			1	2	3	4	5				
			1	2	3	4	5				
			1	2	3	4	5				
			1	2	3	4	5				

_____   Quarter Total

Running Score

1	29	57
2	30	58
3	31	59
4	32	60
5	33	61
6	34	62
7	35	63
8	36	64
9	37	65
10	38	66
11	39	67
12	40	68
13	41	69
14	42	70
15	43	71
16	44	72
17	45	73
18	46	74
19	47	75
20	48	76
21	49	77
22	50	78
23	51	79
24	52	80
25	53	81
26	54	82
27	55	83
28	56	84

BASKETBALL SCORE SHEET

Type	Age Group	Division
☐ Traditional	☐ Youth	☐ 1 ☐ 5
☐ Unified	☐ Junior	☐ 2 ☐ 6
Sex	☐ Senior	☐ 3 ☐ 7
☐ Men	☐ Master	☐ 4 ☐ 8
☐ Women	☐ Senior Master	

Date _____

Game Time _____

Site _____

Court # _____

Referees _____

VISITORS _____

Uniform Color _____

Team Fouls:

1st Half | 1 2 3 4 5 6 | 7 8 9 | 10 +

2nd Half | 1 2 3 4 5 6 | 7 8 9 | 10 +

1 + 1   2 Shots

Time Outs: 60 Secs | 1 2 3

30 Secs | 1 2

No.	U	Player	Fouls	SCORING: 3 = 3 point goal 2 = 2 point goal ● = FT Made ○ = FT missed			
				1st	2nd	3rd	4th
			1 2 3 4 5				
			1 2 3 4 5				
			1 2 3 4 5				
			1 2 3 4 5				
			1 2 3 4 5				
			1 2 3 4 5				
			1 2 3 4 5				
			1 2 3 4 5				
			1 2 3 4 5				
			1 2 3 4 5				
			1 2 3 4 5				
			1 2 3 4 5				
			1 2 3 4 5				

FINAL SCORE: _____   Quarter Total

Running Score
1	29	57
2	30	58
3	31	59
4	32	60
5	33	61
6	34	62
7	35	63
8	36	64
9	37	65
10	38	66
11	39	67
12	40	68
13	41	69
14	42	70
15	43	71
16	44	72
17	45	73
18	46	74
19	47	75
20	48	76
21	49	77
22	50	78
23	51	79
24	52	80
25	53	81
26	54	82
27	55	83
28	56	84

Alternating Possession | H V H V H V H V H V H V H V H V H V H V H V H V H V | Defensive Warning ☐☐

HOME _____

Uniform Color _____

Team Fouls:

1st Half | 1 2 3 4 5 6 | 7 8 9 | 10 +

2nd Half | 1 2 3 4 5 6 | 7 8 9 | 10 +

1 + 1   2 Shots

Time Outs: 60 Secs | 1 2 3

30 Secs | 1 2

No.	U	Player	Fouls	SCORING: 3 = 3 point goal 2 = 2 point goal ● = FT Made ○ = FT missed			
				1st	2nd	3rd	4th
			1 2 3 4 5				
			1 2 3 4 5				
			1 2 3 4 5				
			1 2 3 4 5				
			1 2 3 4 5				
			1 2 3 4 5				
			1 2 3 4 5				
			1 2 3 4 5				
			1 2 3 4 5				
			1 2 3 4 5				
			1 2 3 4 5				
			1 2 3 4 5				
			1 2 3 4 5				

_____   Quarter Total

Running Score
1	29	57
2	30	58
3	31	59
4	32	60
5	33	61
6	34	62
7	35	63
8	36	64
9	37	65
10	38	66
11	39	67
12	40	68
13	41	69
14	42	70
15	43	71
16	44	72
17	45	73
18	46	74
19	47	75
20	48	76
21	49	77
22	50	78
23	51	79
24	52	80
25	53	81
26	54	82
27	55	83
28	56	84

BASKETBALL SCORE SHEET

Date _____

Game Time _____

Site _____

Court # _____

Referees _____

Type
- ☐ Traditional
- ☐ Unified

Sex
- ☐ Men
- ☐ Women

Age Group
- ☐ Youth
- ☐ Junior
- ☐ Senior
- ☐ Master
- ☐ Senior Master

Division
- ☐ 1   ☐ 5
- ☐ 2   ☐ 6
- ☐ 3   ☐ 7
- ☐ 4   ☐ 8

VISITORS _____

Uniform Color _____

Team Fouls: 1st Half | 1 | 2 | 3 | 4 | 5 | 6 | 7 | 8 | 9 | 10 | + |

2nd Half | 1 | 2 | 3 | 4 | 5 | 6 | 7 | 8 | 9 | 10 | + |

1 + 1   2 Shots

Time Outs: 60 Secs | 1 | 2 | 3 |

30 Secs | 1 | 2 |

No.	U	Player	Fouls					SCORING: 3 = 3 point goal 2 = 2 point goal ● = FT Made O = FT missed			
								1st	2nd	3rd	4th
			1	2	3	4	5				
			1	2	3	4	5				
			1	2	3	4	5				
			1	2	3	4	5				
			1	2	3	4	5				
			1	2	3	4	5				
			1	2	3	4	5				
			1	2	3	4	5				
			1	2	3	4	5				
			1	2	3	4	5				
			1	2	3	4	5				
			1	2	3	4	5				

FINAL SCORE: _____   Quarter Total

Running Score

1		29		57	
2		30		58	
3		31		59	
4		32		60	
5		33		61	
6		34		62	
7		35		63	
8		36		64	
9		37		65	
10		38		66	
11		39		67	
12		40		68	
13		41		69	
14		42		70	
15		43		71	
16		44		72	
17		45		73	
18		46		74	
19		47		75	
20		48		76	
21		49		77	
22		50		78	
23		51		79	
24		52		80	
25		53		81	
26		54		82	
27		55		83	
28		56		84	

Alternating Possession | H | V | H | V | H | V | H | V | H | V | H | V | H | V | H | V | H | V | H | V | H | V | H | V |

Defensive Warning | | |

HOME _____

Uniform Color _____

Team Fouls: 1st Half | 1 | 2 | 3 | 4 | 5 | 6 | 7 | 8 | 9 | 10 | + |

2nd Half | 1 | 2 | 3 | 4 | 5 | 6 | 7 | 8 | 9 | 10 | + |

1 + 1   2 Shots

Time Outs: 60 Secs | 1 | 2 | 3 |

30 Secs | 1 | 2 |

No.	U	Player	Fouls					SCORING: 3 = 3 point goal 2 = 2 point goal ● = FT Made ○ = FT missed			
								1st	2nd	3rd	4th
			1	2	3	4	5				
			1	2	3	4	5				
			1	2	3	4	5				
			1	2	3	4	5				
			1	2	3	4	5				
			1	2	3	4	5				
			1	2	3	4	5				
			1	2	3	4	5				
			1	2	3	4	5				
			1	2	3	4	5				
			1	2	3	4	5				
			1	2	3	4	5				

_____   Quarter Total

Running Score

1		29		57	
2		30		58	
3		31		59	
4		32		60	
5		33		61	
6		34		62	
7		35		63	
8		36		64	
9		37		65	
10		38		66	
11		39		67	
12		40		68	
13		41		69	
14		42		70	
15		43		71	
16		44		72	
17		45		73	
18		46		74	
19		47		75	
20		48		76	
21		49		77	
22		50		78	
23		51		79	
24		52		80	
25		53		81	
26		54		82	
27		55		83	
28		56		84	

BASKETBALL SCORE SHEET

Date	_____
Game Time	_____
Site	_____
Court #	_____
Referees	_____

Type
- ☐ Traditional
- ☐ Unified

Sex
- ☐ Men
- ☐ Women

Age Group
- ☐ Youth
- ☐ Junior
- ☐ Senior
- ☐ Master
- ☐ Senior Master

Division
- ☐ 1   ☐ 5
- ☐ 2   ☐ 6
- ☐ 3   ☐ 7
- ☐ 4   ☐ 8

VISITORS _____

Uniform Color _____

Team Fouls:

1st Half: | 1 | 2 | 3 | 4 | 5 | 6 | | 7 | 8 | 9 | | 10 | + |

2nd Half: | 1 | 2 | 3 | 4 | 5 | 6 | | 7 | 8 | 9 | | 10 | + |

1 + 1   2 Shots

Time Outs: 60 Secs | 1 | 2 | 3 |

30 Secs | 1 | 2 |

Running Score

1	29	57
2	30	58
3	31	59
4	32	60
5	33	61
6	34	62
7	35	63
8	36	64
9	37	65
10	38	66
11	39	67
12	40	68
13	41	69
14	42	70
15	43	71
16	44	72
17	45	73
18	46	74
19	47	75
20	48	76
21	49	77
22	50	78
23	51	79
24	52	80
25	53	81
26	54	82
27	55	83
28	56	84

SCORING: 3 = 3 point goal 2 = 2 point goal
● = FT Made   O = FT missed

No.	U	Player	Fouls	1st	2nd	3rd	4th
			1 2 3 4 5				
			1 2 3 4 5				
			1 2 3 4 5				
			1 2 3 4 5				
			1 2 3 4 5				
			1 2 3 4 5				
			1 2 3 4 5				
			1 2 3 4 5				
			1 2 3 4 5				
			1 2 3 4 5				
			1 2 3 4 5				
			1 2 3 4 5				

FINAL SCORE: _____   Quarter Total

Alternating Possession: | H | V | H | V | H | V | H | V | H | V | H | V | H | V | H | V | H | V | H | V | H | V | H | V |

Defensive Warning | | |

HOME _____

Uniform Color _____

Team Fouls:

1st Half: | 1 | 2 | 3 | 4 | 5 | 6 | | 7 | 8 | 9 | | 10 | + |

2nd Half: | 1 | 2 | 3 | 4 | 5 | 6 | | 7 | 8 | 9 | | 10 | + |

1 + 1   2 Shots

Time Outs: 60 Secs | 1 | 2 | 3 |

30 Secs | 1 | 2 |

Running Score

1	29	57
2	30	58
3	31	59
4	32	60
5	33	61
6	34	62
7	35	63
8	36	64
9	37	65
10	38	66
11	39	67
12	40	68
13	41	69
14	42	70
15	43	71
16	44	72
17	45	73
18	46	74
19	47	75
20	48	76
21	49	77
22	50	78
23	51	79
24	52	80
25	53	81
26	54	82
27	55	83
28	56	84

SCORING: 3 = 3 point goal 2 = 2 point goal
● = FT Made   ○ = FT missed

No.	U	Player	Fouls	1st	2nd	3rd	4th
			1 2 3 4 5				
			1 2 3 4 5				
			1 2 3 4 5				
			1 2 3 4 5				
			1 2 3 4 5				
			1 2 3 4 5				
			1 2 3 4 5				
			1 2 3 4 5				
			1 2 3 4 5				
			1 2 3 4 5				
			1 2 3 4 5				
			1 2 3 4 5				

_____   Quarter Total

BASKETBALL SCORE SHEET

	Type		Age Group		Division			
Date _____	☐ Traditional		☐ Youth		☐ 1		☐ 5	
Game Time _____	☐ Unified		☐ Junior		☐ 2		☐ 6	
Site _____	**Sex**		☐ Senior		☐ 3		☐ 7	
Court # _____	☐ Men		☐ Master		☐ 4		☐ 8	
Referees _____	☐ Women		☐ Senior Master					

VISITORS _____

Uniform Color _____

Team Fouls:

| 1st Half | 1 | 2 | 3 | 4 | 5 | 6 | 7 | 8 | 9 | 10 | + |
| 2nd Half | 1 | 2 | 3 | 4 | 5 | 6 | 7 | 8 | 9 | 10 | + |

1 + 1   2 Shots

Time Outs: 60 Secs | 1 | 2 | 3 |
30 Secs | 1 | 2 |

Running Score

1	29	57
2	30	58
3	31	59
4	32	60
5	33	61
6	34	62
7	35	63
8	36	64
9	37	65
10	38	66
11	39	67
12	40	68
13	41	69
14	42	70
15	43	71
16	44	72
17	45	73
18	46	74
19	47	75
20	48	76
21	49	77
22	50	78
23	51	79
24	52	80
25	53	81
26	54	82
27	55	83
28	56	84

SCORING: 3 = 3 point goal 2 = 2 point goal
• = FT Made   O = FT missed

No.	U	Player	Fouls					1st	2nd	3rd	4th
			1	2	3	4	5				
			1	2	3	4	5				
			1	2	3	4	5				
			1	2	3	4	5				
			1	2	3	4	5				
			1	2	3	4	5				
			1	2	3	4	5				
			1	2	3	4	5				
			1	2	3	4	5				
			1	2	3	4	5				
			1	2	3	4	5				
			1	2	3	4	5				

FINAL SCORE: _____   Quarter Total

Alternating Possession | H | V | H | V | H | V | H | V | H | V | H | V | H | V | H | V | H | V | H | V | H | V | H | V |

Defensive Warning | | |

HOME _____

Uniform Color _____

Team Fouls:

| 1st Half | 1 | 2 | 3 | 4 | 5 | 6 | 7 | 8 | 9 | 10 | + |
| 2nd Half | 1 | 2 | 3 | 4 | 5 | 6 | 7 | 8 | 9 | 10 | + |

1 + 1   2 Shots

Time Outs: 60 Secs | 1 | 2 | 3 |
30 Secs | 1 | 2 |

Running Score

1	29	57
2	30	58
3	31	59
4	32	60
5	33	61
6	34	62
7	35	63
8	36	64
9	37	65
10	38	66
11	39	67
12	40	68
13	41	69
14	42	70
15	43	71
16	44	72
17	45	73
18	46	74
19	47	75
20	48	76
21	49	77
22	50	78
23	51	79
24	52	80
25	53	81
26	54	82
27	55	83
28	56	84

SCORING: 3 = 3 point goal 2 = 2 point goal
• = FT Made   ○ = FT missed

No.	U	Player	Fouls					1st	2nd	3rd	4th
			1	2	3	4	5				
			1	2	3	4	5				
			1	2	3	4	5				
			1	2	3	4	5				
			1	2	3	4	5				
			1	2	3	4	5				
			1	2	3	4	5				
			1	2	3	4	5				
			1	2	3	4	5				
			1	2	3	4	5				
			1	2	3	4	5				
			1	2	3	4	5				

_____   Quarter Total

BASKETBALL SCORE SHEET

	Type	Age Group	Division
Date _____	☐ Traditional	☐ Youth	☐ 1 ☐ 5
Game Time _____	☐ Unified	☐ Junior	☐ 2 ☐ 6
Site _____	**Sex**	☐ Senior	☐ 3 ☐ 7
Court # _____	☐ Men	☐ Master	☐ 4 ☐ 8
Referees _____	☐ Women	☐ Senior Master	

VISITORS

Uniform Color _____

Team Fouls:
1st Half | 1 2 3 4 5 6 | 7 8 9 | 10 + | Time Outs: 60 Secs | 1 2 3
2nd Half | 1 2 3 4 5 6 | 7 8 9 | 10 + | 30 Secs | 1 2

1 + 1   2 Shots

No.	U	Player	Fouls	SCORING: 3 = 3 point goal 2 = 2 point goal ● = FT Made O = FT missed			
				1st	2nd	3rd	4th
			1 2 3 4 5				
			1 2 3 4 5				
			1 2 3 4 5				
			1 2 3 4 5				
			1 2 3 4 5				
			1 2 3 4 5				
			1 2 3 4 5				
			1 2 3 4 5				
			1 2 3 4 5				
			1 2 3 4 5				
			1 2 3 4 5				
			1 2 3 4 5				
FINAL SCORE: _____			Quarter Total				

Alternating Possession | H V H V H V H V H V H V H V H V H V H V H V H V | Defensive Warning ☐☐

HOME

Uniform Color _____

Team Fouls:
1st Half | 1 2 3 4 5 6 | 7 8 9 | 10 + | Time Outs: 60 Secs | 1 2 3
2nd Half | 1 2 3 4 5 6 | 7 8 9 | 10 + | 30 Secs | 1 2

1 + 1   2 Shots

No.	U	Player	Fouls	SCORING: 3 = 3 point goal 2 = 2 point goal ● = FT Made ○ = FT missed			
				1st	2nd	3rd	4th
			1 2 3 4 5				
			1 2 3 4 5				
			1 2 3 4 5				
			1 2 3 4 5				
			1 2 3 4 5				
			1 2 3 4 5				
			1 2 3 4 5				
			1 2 3 4 5				
			1 2 3 4 5				
			1 2 3 4 5				
			1 2 3 4 5				
			1 2 3 4 5				
_____			Quarter Total				

Running Score (Visitors)

1	29	57	15	43	71
2	30	58	16	44	72
3	31	59	17	45	73
4	32	60	18	46	74
5	33	61	19	47	75
6	34	62	20	48	76
7	35	63	21	49	77
8	36	64	22	50	78
9	37	65	23	51	79
10	38	66	24	52	80
11	39	67	25	53	81
12	40	68	26	54	82
13	41	69	27	55	83
14	42	70	28	56	84

Running Score (Home)

1	29	57	15	43	71
2	30	58	16	44	72
3	31	59	17	45	73
4	32	60	18	46	74
5	33	61	19	47	75
6	34	62	20	48	76
7	35	63	21	49	77
8	36	64	22	50	78
9	37	65	23	51	79
10	38	66	24	52	80
11	39	67	25	53	81
12	40	68	26	54	82
13	41	69	27	55	83
14	42	70	28	56	84

BASKETBALL SCORE SHEET

Date _____
Game Time _____
Site _____
Court # _____
Referees _____

Type
☐ Traditional
☐ Unified

Sex
☐ Men
☐ Women

Age Group
☐ Youth
☐ Junior
☐ Senior
☐ Master
☐ Senior Master

Division
☐ 1 ☐ 5
☐ 2 ☐ 6
☐ 3 ☐ 7
☐ 4 ☐ 8

VISITORS _____

Uniform Color _____

Team Fouls:
1st Half | 1 2 3 4 5 6 | 7 8 9 | 10 + |
2nd Half | 1 2 3 4 5 6 | 7 8 9 | 10 + |
1 + 1   2 Shots

Time Outs: 60 Secs | 1 2 3 |
30 Secs | 1 2 |

No.	U	Player	Fouls					SCORING: 3 = 3 point goal 2 = 2 point goal • = FT Made ○ = FT missed			
								1st	2nd	3rd	4th
			1	2	3	4	5				
			1	2	3	4	5				
			1	2	3	4	5				
			1	2	3	4	5				
			1	2	3	4	5				
			1	2	3	4	5				
			1	2	3	4	5				
			1	2	3	4	5				
			1	2	3	4	5				
			1	2	3	4	5				
			1	2	3	4	5				
			1	2	3	4	5				
			1	2	3	4	5				

FINAL SCORE: _____ Quarter Total

Running Score

1	29	57
2	30	58
3	31	59
4	32	60
5	33	61
6	34	62
7	35	63
8	36	64
9	37	65
10	38	66
11	39	67
12	40	68
13	41	69
14	42	70
15	43	71
16	44	72
17	45	73
18	46	74
19	47	75
20	48	76
21	49	77
22	50	78
23	51	79
24	52	80
25	53	81
26	54	82
27	55	83
28	56	84

Alternating Possession | H V H V H V H V H V H V H V H V H V H V H V H V |

Defensive Warning ☐ ☐

HOME _____

Uniform Color _____

Team Fouls:
1st Half | 1 2 3 4 5 6 | 7 8 9 | 10 + |
2nd Half | 1 2 3 4 5 6 | 7 8 9 | 10 + |
1 + 1   2 Shots

Time Outs: 60 Secs | 1 2 3 |
30 Secs | 1 2 |

No.	U	Player	Fouls					SCORING: 3 = 3 point goal 2 = 2 point goal • = FT Made ○ = FT missed			
								1st	2nd	3rd	4th
			1	2	3	4	5				
			1	2	3	4	5				
			1	2	3	4	5				
			1	2	3	4	5				
			1	2	3	4	5				
			1	2	3	4	5				
			1	2	3	4	5				
			1	2	3	4	5				
			1	2	3	4	5				
			1	2	3	4	5				
			1	2	3	4	5				
			1	2	3	4	5				
			1	2	3	4	5				

_____ Quarter Total

Running Score

1	29	57
2	30	58
3	31	59
4	32	60
5	33	61
6	34	62
7	35	63
8	36	64
9	37	65
10	38	66
11	39	67
12	40	68
13	41	69
14	42	70
15	43	71
16	44	72
17	45	73
18	46	74
19	47	75
20	48	76
21	49	77
22	50	78
23	51	79
24	52	80
25	53	81
26	54	82
27	55	83
28	56	84

BASKETBALL SCORE SHEET

Date	_____
Game Time	_____
Site	_____
Court #	_____
Referees	_____

Type
- ☐ Traditional
- ☐ Unified

Sex
- ☐ Men
- ☐ Women

Age Group
- ☐ Youth
- ☐ Junior
- ☐ Senior
- ☐ Master
- ☐ Senior Master

Division
- ☐ 1   ☐ 5
- ☐ 2   ☐ 6
- ☐ 3   ☐ 7
- ☐ 4   ☐ 8

VISITORS _____

Uniform Color _____

Team Fouls:

1st Half: | 1 | 2 | 3 | 4 | 5 | 6 | | 7 | 8 | 9 | | 10 | + |

2nd Half: | 1 | 2 | 3 | 4 | 5 | 6 | | 7 | 8 | 9 | | 10 | + |

1 + 1   2 Shots

Time Outs: 60 Secs | 1 | 2 | 3 |

30 Secs | 1 | 2 |

No.	U	Player	Fouls	SCORING: 3 = 3 point goal 2 = 2 point goal ● = FT Made O = FT missed			
				1st	2nd	3rd	4th
			1 2 3 4 5				
			1 2 3 4 5				
			1 2 3 4 5				
			1 2 3 4 5				
			1 2 3 4 5				
			1 2 3 4 5				
			1 2 3 4 5				
			1 2 3 4 5				
			1 2 3 4 5				
			1 2 3 4 5				
			1 2 3 4 5				
			1 2 3 4 5				

FINAL SCORE: _____ Quarter Total

Running Score

1	29	57
2	30	58
3	31	59
4	32	60
5	33	61
6	34	62
7	35	63
8	36	64
9	37	65
10	38	66
11	39	67
12	40	68
13	41	69
14	42	70
15	43	71
16	44	72
17	45	73
18	46	74
19	47	75
20	48	76
21	49	77
22	50	78
23	51	79
24	52	80
25	53	81
26	54	82
27	55	83
28	56	84

Alternating Possession: | H | V | H | √ | H | V | H | V | H | V | H | V | H | V | H | V | H | V | H | V | H | V | H | V |

Defensive Warning | | |

HOME _____

Uniform Color _____

Team Fouls:

1st Half: | 1 | 2 | 3 | 4 | 5 | 6 | | 7 | 8 | 9 | | 10 | + |

2nd Half: | 1 | 2 | 3 | 4 | 5 | 6 | | 7 | 8 | 9 | | 10 | + |

1 + 1   2 Shots

Time Outs: 60 Secs | 1 | 2 | 3 |

30 Secs | 1 | 2 |

No.	U	Player	Fouls	SCORING: 3 = 3 point goal 2 = 2 point goal ● = FT Made ○ = FT missed			
				1st	2nd	3rd	4th
			1 2 3 4 5				
			1 2 3 4 5				
			1 2 3 4 5				
			1 2 3 4 5				
			1 2 3 4 5				
			1 2 3 4 5				
			1 2 3 4 5				
			1 2 3 4 5				
			1 2 3 4 5				
			1 2 3 4 5				
			1 2 3 4 5				
			1 2 3 4 5				

_____ Quarter Total

Running Score

1	29	57
2	30	58
3	31	59
4	32	60
5	33	61
6	34	62
7	35	63
8	36	64
9	37	65
10	38	66
11	39	67
12	40	68
13	41	69
14	42	70
15	43	71
16	44	72
17	45	73
18	46	74
19	47	75
20	48	76
21	49	77
22	50	78
23	51	79
24	52	80
25	53	81
26	54	82
27	55	83
28	56	84

BASKETBALL SCORE SHEET

	Type	Age Group	Division	
Date _____	☐ Traditional	☐ Youth	☐ 1	☐ 5
Game Time _____	☐ Unified	☐ Junior	☐ 2	☐ 6
Site _____	**Sex**	☐ Senior	☐ 3	☐ 7
Court # _____	☐ Men	☐ Master	☐ 4	☐ 8
Referees _____	☐ Women	☐ Senior Master		

VISITORS _____

Uniform Color _____

Team Fouls:

1st Half | 1 | 2 | 3 | 4 | 5 | 6 | | 7 | 8 | 9 | | 10 | +

2nd Half | 1 | 2 | 3 | 4 | 5 | 6 | | 7 | 8 | 9 | | 10 | +

1 + 1   2 Shots

Time Outs: 60 Secs | 1 | 2 | 3

30 Secs | 1 | 2

No.	U	Player	Fouls					SCORING: 3 = 3 point goal 2 = 2 point goal ● = FT Made O = FT missed			
								1st	2nd	3rd	4th
			1	2	3	4	5				
			1	2	3	4	5				
			1	2	3	4	5				
			1	2	3	4	5				
			1	2	3	4	5				
			1	2	3	4	5				
			1	2	3	4	5				
			1	2	3	4	5				
			1	2	3	4	5				
			1	2	3	4	5				
			1	2	3	4	5				
			1	2	3	4	5				

FINAL SCORE: _____   Quarter Total

Alternating Possession | H | V | H | V | H | V | H | V | H | V | H | V | H | V | H | V | H | V | H | V | H | V | H | V

Defensive Warning | | |

Running Score		
1	29	57
2	30	58
3	31	59
4	32	60
5	33	61
6	34	62
7	35	63
8	36	64
9	37	65
10	38	66
11	39	67
12	40	68
13	41	69
14	42	70
15	43	71
16	44	72
17	45	73
18	46	74
19	47	75
20	48	76
21	49	77
22	50	78
23	51	79
24	52	80
25	53	81
26	54	82
27	55	83
28	56	84

HOME _____

Uniform Color _____

Team Fouls:

1st Half | 1 | 2 | 3 | 4 | 5 | 6 | | 7 | 8 | 9 | | 10 | +

2nd Half | 1 | 2 | 3 | 4 | 5 | 6 | | 7 | 8 | 9 | | 10 | +

1 + 1   2 Shots

Time Outs: 60 Secs | 1 | 2 | 3

30 Secs | 1 | 2

No.	U	Player	Fouls					SCORING: 3 = 3 point goal 2 = 2 point goal ● = FT Made ○ = FT missed			
								1st	2nd	3rd	4th
			1	2	3	4	5				
			1	2	3	4	5				
			1	2	3	4	5				
			1	2	3	4	5				
			1	2	3	4	5				
			1	2	3	4	5				
			1	2	3	4	5				
			1	2	3	4	5				
			1	2	3	4	5				
			1	2	3	4	5				
			1	2	3	4	5				
			1	2	3	4	5				

_____   Quarter Total

Running Score		
1	29	57
2	30	58
3	31	59
4	32	60
5	33	61
6	34	62
7	35	63
8	36	64
9	37	65
10	38	66
11	39	67
12	40	68
13	41	69
14	42	70
15	43	71
16	44	72
17	45	73
18	46	74
19	47	75
20	48	76
21	49	77
22	50	78
23	51	79
24	52	80
25	53	81
26	54	82
27	55	83
28	56	84

BASKETBALL SCORE SHEET

	Type		Age Group		Division			
Date _____	☐	Traditional	☐	Youth	☐	1	☐	5
Game Time _____	☐	Unified	☐	Junior	☐	2	☐	6
Site _____	**Sex**		☐	Senior	☐	3	☐	7
Court # _____	☐	Men	☐	Master	☐	4	☐	8
Referees _____	☐	Women	☐	Senior Master				

VISITORS _____

Uniform Color _____

Team Fouls:

1st Half: 1 2 3 4 5 6   7 8 9   10 +   Time Outs: 60 Secs: 1 2 3

2nd Half: 1 2 3 4 5 6   7 8 9   10 +   30 Secs: 1 2

1 + 1   2 Shots

No.	U	Player	Fouls					SCORING: 3 = 3 point goal 2 = 2 point goal ● = FT Made O = FT missed			
								1st	2nd	3rd	4th
			1	2	3	4	5				
			1	2	3	4	5				
			1	2	3	4	5				
			1	2	3	4	5				
			1	2	3	4	5				
			1	2	3	4	5				
			1	2	3	4	5				
			1	2	3	4	5				
			1	2	3	4	5				
			1	2	3	4	5				
			1	2	3	4	5				
			1	2	3	4	5				

FINAL SCORE: _____   Quarter Total

Alternating Possession: H V H V H V H V H V H V H V H V H V H V H V H V H V

Defensive Warning ☐

HOME _____

Uniform Color _____

Team Fouls:

1st Half: 1 2 3 4 5 6   7 8 9   10 +   Time Outs: 60 Secs: 1 2 3

2nd Half: 1 2 3 4 5 6   7 8 9   10 +   30 Secs: 1 2

1 + 1   2 Shots

No.	U	Player	Fouls					SCORING: 3 = 3 point goal 2 = 2 point goal ● = FT Made ○ = FT missed			
								1st	2nd	3rd	4th
			1	2	3	4	5				
			1	2	3	4	5				
			1	2	3	4	5				
			1	2	3	4	5				
			1	2	3	4	5				
			1	2	3	4	5				
			1	2	3	4	5				
			1	2	3	4	5				
			1	2	3	4	5				
			1	2	3	4	5				
			1	2	3	4	5				
			1	2	3	4	5				

_____   Quarter Total

Running Score (Visitors)

1	29	57
2	30	58
3	31	59
4	32	60
5	33	61
6	34	62
7	35	63
8	36	64
9	37	65
10	38	66
11	39	67
12	40	68
13	41	69
14	42	70
15	43	71
16	44	72
17	45	73
18	46	74
19	47	75
20	48	76
21	49	77
22	50	78
23	51	79
24	52	80
25	53	81
26	54	82
27	55	83
28	56	84

Running Score (Home)

1	29	57
2	30	58
3	31	59
4	32	60
5	33	61
6	34	62
7	35	63
8	36	64
9	37	65
10	38	66
11	39	67
12	40	68
13	41	69
14	42	70
15	43	71
16	44	72
17	45	73
18	46	74
19	47	75
20	48	76
21	49	77
22	50	78
23	51	79
24	52	80
25	53	81
26	54	82
27	55	83
28	56	84

BASKETBALL SCORE SHEET

Date	_____	**Type**		**Age Group**		**Division**			
Game Time	_____	☐ Traditional		☐ Youth		☐ 1		☐ 5	
Site	_____	☐ Unified		☐ Junior		☐ 2		☐ 6	
Court #	_____	**Sex**		☐ Senior		☐ 3		☐ 7	
Referees	_____	☐ Men		☐ Master		☐ 4		☐ 8	
		☐ Women		☐ Senior Master					

VISITORS _____

Uniform Color _____

Team Fouls:
1st Half | 1 | 2 | 3 | 4 | 5 | 6 | | 7 | 8 | 9 | | 10 | + |
2nd Half | 1 | 2 | 3 | 4 | 5 | 6 | | 7 | 8 | 9 | | 10 | + |

1 + 1   2 Shots

Time Outs: 60 Secs | 1 | 2 | 3 |
30 Secs | 1 | 2 |

Running Score		
1	29	57
2	30	58
3	31	59
4	32	60
5	33	61
6	34	62
7	35	63
8	36	64
9	37	65
10	38	66
11	39	67
12	40	68
13	41	69
14	42	70
15	43	71
16	44	72
17	45	73
18	46	74
19	47	75
20	48	76
21	49	77
22	50	78
23	51	79
24	52	80
25	53	81
26	54	82
27	55	83
28	56	84

SCORING: 3 = 3 point goal 2 = 2 point goal
● = FT Made   O = FT missed

No.	U	Player	Fouls					1st	2nd	3rd	4th
			1	2	3	4	5				
			1	2	3	4	5				
			1	2	3	4	5				
			1	2	3	4	5				
			1	2	3	4	5				
			1	2	3	4	5				
			1	2	3	4	5				
			1	2	3	4	5				
			1	2	3	4	5				
			1	2	3	4	5				
			1	2	3	4	5				
			1	2	3	4	5				

FINAL SCORE: _____   Quarter Total

Alternating Possession | H | V | H | V | H | V | H | V | H | V | H | V | H | V | H | V | H | V | H | V | H | V | H | V |

Defensive Warning ☐ ☐

HOME _____

Uniform Color _____

Team Fouls:
1st Half | 1 | 2 | 3 | 4 | 5 | 6 | | 7 | 8 | 9 | | 10 | + |
2nd Half | 1 | 2 | 3 | 4 | 5 | 6 | | 7 | 8 | 9 | | 10 | + |

1 + 1   2 Shots

Time Outs: 60 Secs | 1 | 2 | 3 |
30 Secs | 1 | 2 |

Running Score		
1	29	57
2	30	58
3	31	59
4	32	60
5	33	61
6	34	62
7	35	63
8	36	64
9	37	65
10	38	66
11	39	67
12	40	68
13	41	69
14	42	70
15	43	71
16	44	72
17	45	73
18	46	74
19	47	75
20	48	76
21	49	77
22	50	78
23	51	79
24	52	80
25	53	81
26	54	82
27	55	83
28	56	84

SCORING: 3 = 3 point goal 2 = 2 point goal
● = FT Made   ○ = FT missed

No.	U	Player	Fouls					1st	2nd	3rd	4th
			1	2	3	4	5				
			1	2	3	4	5				
			1	2	3	4	5				
			1	2	3	4	5				
			1	2	3	4	5				
			1	2	3	4	5				
			1	2	3	4	5				
			1	2	3	4	5				
			1	2	3	4	5				
			1	2	3	4	5				
			1	2	3	4	5				
			1	2	3	4	5				

_____   Quarter Total

BASKETBALL SCORE SHEET

		Type	Age Group	Division
Date	_____	☐ Traditional	☐ Youth	☐ 1 ☐ 5
Game Time	_____	☐ Unified	☐ Junior	☐ 2 ☐ 6
Site	_____	**Sex**	☐ Senior	☐ 3 ☐ 7
Court #	_____	☐ Men	☐ Master	☐ 4 ☐ 8
Referees	_____	☐ Women	☐ Senior Master	

VISITORS _____   Uniform Color _____

Team Fouls:

1st Half: | 1 | 2 | 3 | 4 | 5 | 6 | | 7 | 8 | 9 | | 10 | + |

2nd Half: | 1 | 2 | 3 | 4 | 5 | 6 | | 7 | 8 | 9 | | 10 | + |

1 + 1   2 Shots

Time Outs: 60 Secs | 1 | 2 | 3 |

30 Secs | 1 | 2 |

No.	U	Player	Fouls	SCORING: 3 = 3 point goal 2 = 2 point goal ● = FT Made ○ = FT missed			
				1st	2nd	3rd	4th
			1 2 3 4 5				
			1 2 3 4 5				
			1 2 3 4 5				
			1 2 3 4 5				
			1 2 3 4 5				
			1 2 3 4 5				
			1 2 3 4 5				
			1 2 3 4 5				
			1 2 3 4 5				
			1 2 3 4 5				
			1 2 3 4 5				
			1 2 3 4 5				

FINAL SCORE: _____   Quarter Total

Running Score
1	29	57
2	30	58
3	31	59
4	32	60
5	33	61
6	34	62
7	35	63
8	36	64
9	37	65
10	38	66
11	39	67
12	40	68
13	41	69
14	42	70
15	43	71
16	44	72
17	45	73
18	46	74
19	47	75
20	48	76
21	49	77
22	50	78
23	51	79
24	52	80
25	53	81
26	54	82
27	55	83
28	56	84

Alternating Possession: | H | V | H | V | H | V | H | V | H | V | H | V | H | V | H | V | H | V | H | V | H | V | H | V | H | V |

Defensive Warning | |

HOME _____   Uniform Color _____

Team Fouls:

1st Half: | 1 | 2 | 3 | 4 | 5 | 6 | | 7 | 8 | 9 | | 10 | + |

2nd Half: | 1 | 2 | 3 | 4 | 5 | 6 | | 7 | 8 | 9 | | 10 | + |

1 + 1   2 Shots

Time Outs: 60 Secs | 1 | 2 | 3 |

30 Secs | 1 | 2 |

No.	U	Player	Fouls	SCORING: 3 = 3 point goal 2 = 2 point goal ● = FT Made ○ = FT missed			
				1st	2nd	3rd	4th
			1 2 3 4 5				
			1 2 3 4 5				
			1 2 3 4 5				
			1 2 3 4 5				
			1 2 3 4 5				
			1 2 3 4 5				
			1 2 3 4 5				
			1 2 3 4 5				
			1 2 3 4 5				
			1 2 3 4 5				
			1 2 3 4 5				
			1 2 3 4 5				

_____   Quarter Total

Running Score
1	29	57
2	30	58
3	31	59
4	32	60
5	33	61
6	34	62
7	35	63
8	36	64
9	37	65
10	38	66
11	39	67
12	40	68
13	41	69
14	42	70
15	43	71
16	44	72
17	45	73
18	46	74
19	47	75
20	48	76
21	49	77
22	50	78
23	51	79
24	52	80
25	53	81
26	54	82
27	55	83
28	56	84

BASKETBALL SCORE SHEET

	Type	Age Group	Division

Date _____

Game Time _____

Site _____

Court # _____

Referees _____

Type
- ☐ Traditional
- ☐ Unified

Sex
- ☐ Men
- ☐ Women

Age Group
- ☐ Youth
- ☐ Junior
- ☐ Senior
- ☐ Master
- ☐ Senior Master

Division
- ☐ 1   ☐ 5
- ☐ 2   ☐ 6
- ☐ 3   ☐ 7
- ☐ 4   ☐ 8

VISITORS _____

Uniform Color _____

Team Fouls: 1st Half | 1 | 2 | 3 | 4 | 5 | 6 | | 7 | 8 | 9 | | 10 | + |

2nd Half | 1 | 2 | 3 | 4 | 5 | 6 | | 7 | 8 | 9 | | 10 | + |

1 + 1   2 Shots

Time Outs: 60 Secs | 1 | 2 | 3 |

30 Secs | 1 | 2 |

Running Score (Visitors)

1		29	57
2		30	58
3		31	59
4		32	60
5		33	61
6		34	62
7		35	63
8		36	64
9		37	65
10		38	66
11		39	67
12		40	68
13		41	69
14		42	70
15		43	71
16		44	72
17		45	73
18		46	74
19		47	75
20		48	76
21		49	77
22		50	78
23		51	79
24		52	80
25		53	81
26		54	82
27		55	83
28		56	84

SCORING: 3 = 3 point goal   2 = 2 point goal
● = FT Made   O = FT missed

No.	U	Player	Fouls					1st	2nd	3rd	4th
			1	2	3	4	5				
			1	2	3	4	5				
			1	2	3	4	5				
			1	2	3	4	5				
			1	2	3	4	5				
			1	2	3	4	5				
			1	2	3	4	5				
			1	2	3	4	5				
			1	2	3	4	5				
			1	2	3	4	5				
			1	2	3	4	5				
			1	2	3	4	5				

FINAL SCORE: _____   Quarter Total

Alternating Possession | H | V | H | V | H | V | H | V | H | V | H | V | H | V | H | V | H | V | H | V | H | V | H | V |

Defensive Warning | | |

HOME _____

Uniform Color _____

Team Fouls: 1st Half | 1 | 2 | 3 | 4 | 5 | 6 | | 7 | 8 | 9 | | 10 | + |

2nd Half | 1 | 2 | 3 | 4 | 5 | 6 | | 7 | 8 | 9 | | 10 | + |

1 + 1   2 Shots

Time Outs: 60 Secs | 1 | 2 | 3 |

30 Secs | 1 | 2 |

Running Score (Home)

1		29	57
2		30	58
3		31	59
4		32	60
5		33	61
6		34	62
7		35	63
8		36	64
9		37	65
10		38	66
11		39	67
12		40	68
13		41	69
14		42	70
15		43	71
16		44	72
17		45	73
18		46	74
19		47	75
20		48	76
21		49	77
22		50	78
23		51	79
24		52	80
25		53	81
26		54	82
27		55	83
28		56	84

SCORING: 3 = 3 point goal   2 = 2 point goal
● = FT Made   o = FT missed

No.	U	Player	Fouls					1st	2nd	3rd	4th
			1	2	3	4	5				
			1	2	3	4	5				
			1	2	3	4	5				
			1	2	3	4	5				
			1	2	3	4	5				
			1	2	3	4	5				
			1	2	3	4	5				
			1	2	3	4	5				
			1	2	3	4	5				
			1	2	3	4	5				
			1	2	3	4	5				
			1	2	3	4	5				

_____   Quarter Total

BASKETBALL SCORE SHEET

	Type	Age Group	Division
Date _____	☐ Traditional	☐ Youth	☐ 1 ☐ 5
Game Time _____	☐ Unified	☐ Junior	☐ 2 ☐ 6
Site _____	**Sex**	☐ Senior	☐ 3 ☐ 7
Court # _____	☐ Men	☐ Master	☐ 4 ☐ 8
Referees _____	☐ Women	☐ Senior Master	

VISITORS _____

Uniform Color _____

Team Fouls:

1st Half: | 1 | 2 | 3 | 4 | 5 | 6 | | 7 | 8 | 9 | | 10 | + |

2nd Half: | 1 | 2 | 3 | 4 | 5 | 6 | | 7 | 8 | 9 | | 10 | + |

1 + 1   2 Shots

Time Outs: 60 Secs | 1 | 2 | 3 |

30 Secs | 1 | 2 |

No.	U	Player	Fouls	SCORING: 3 = 3 point goal 2 = 2 point goal ● = FT Made O = FT missed			
				1st	2nd	3rd	4th
			1 2 3 4 5				
			1 2 3 4 5				
			1 2 3 4 5				
			1 2 3 4 5				
			1 2 3 4 5				
			1 2 3 4 5				
			1 2 3 4 5				
			1 2 3 4 5				
			1 2 3 4 5				
			1 2 3 4 5				
			1 2 3 4 5				
			1 2 3 4 5				

FINAL SCORE: _____   Quarter Total

Running Score
1	29	57
2	30	58
3	31	59
4	32	60
5	33	61
6	34	62
7	35	63
8	36	64
9	37	65
10	38	66
11	39	67
12	40	68
13	41	69
14	42	70
15	43	71
16	44	72
17	45	73
18	46	74
19	47	75
20	48	76
21	49	77
22	50	78
23	51	79
24	52	80
25	53	81
26	54	82
27	55	83
28	56	84

Alternating Possession: | H | V | H | V | H | V | H | V | H | V | H | V | H | V | H | V | H | V | H | V | H | V | H | V |

Defensive Warning ☐☐

HOME _____

Uniform Color _____

Team Fouls:

1st Half: | 1 | 2 | 3 | 4 | 5 | 6 | | 7 | 8 | 9 | | 10 | + |

2nd Half: | 1 | 2 | 3 | 4 | 5 | 6 | | 7 | 8 | 9 | | 10 | + |

1 + 1   2 Shots

Time Outs: 60 Secs | 1 | 2 | 3 |

30 Secs | 1 | 2 |

No.	U	Player	Fouls	SCORING: 3 = 3 point goal 2 = 2 point goal ● = FT Made o = FT missed			
				1st	2nd	3rd	4th
			1 2 3 4 5				
			1 2 3 4 5				
			1 2 3 4 5				
			1 2 3 4 5				
			1 2 3 4 5				
			1 2 3 4 5				
			1 2 3 4 5				
			1 2 3 4 5				
			1 2 3 4 5				
			1 2 3 4 5				
			1 2 3 4 5				
			1 2 3 4 5				

_____   Quarter Total

Running Score
1	29	57
2	30	58
3	31	59
4	32	60
5	33	61
6	34	62
7	35	63
8	36	64
9	37	65
10	38	66
11	39	67
12	40	68
13	41	69
14	42	70
15	43	71
16	44	72
17	45	73
18	46	74
19	47	75
20	48	76
21	49	77
22	50	78
23	51	79
24	52	80
25	53	81
26	54	82
27	55	83
28	56	84

BASKETBALL SCORE SHEET

		Type	Age Group	Division
Date	_____	☐ Traditional	☐ Youth	☐ 1 ☐ 5
Game Time	_____	☐ Unified	☐ Junior	☐ 2 ☐ 6
Site	_____	**Sex**	☐ Senior	☐ 3 ☐ 7
Court #	_____	☐ Men	☐ Master	☐ 4 ☐ 8
Referees	_____	☐ Women	☐ Senior Master	

VISITORS _____

Uniform Color _____

Team Fouls:

1st Half | 1 | 2 | 3 | 4 | 5 | 6 | | 7 | 8 | 9 | | 10 | + |

2nd Half | 1 | 2 | 3 | 4 | 5 | 6 | | 7 | 8 | 9 | | 10 | + |

1 + 1   2 Shots

Time Outs: 60 Secs | 1 | 2 | 3 |

30 Secs | 1 | 2 |

No.	U	Player	Fouls					SCORING: 3 = 3 point goal 2 = 2 point goal ● = FT Made O = FT missed			
								1st	2nd	3rd	4th
			1	2	3	4	5				
			1	2	3	4	5				
			1	2	3	4	5				
			1	2	3	4	5				
			1	2	3	4	5				
			1	2	3	4	5				
			1	2	3	4	5				
			1	2	3	4	5				
			1	2	3	4	5				
			1	2	3	4	5				
			1	2	3	4	5				
			1	2	3	4	5				

FINAL SCORE: _____   Quarter Total

Alternating Possession | H | V | H | V | H | V | H | V | H | V | H | V | H | V | H | V | H | V | H | V | H | V | H | V |

Defensive Warning | | |

Running Score (Visitors)

1		29		57	
2		30		58	
3		31		59	
4		32		60	
5		33		61	
6		34		62	
7		35		63	
8		36		64	
9		37		65	
10		38		66	
11		39		67	
12		40		68	
13		41		69	
14		42		70	
15		43		71	
16		44		72	
17		45		73	
18		46		74	
19		47		75	
20		48		76	
21		49		77	
22		50		78	
23		51		79	
24		52		80	
25		53		81	
26		54		82	
27		55		83	
28		56		84	

HOME _____

Uniform Color _____

Team Fouls:

1st Half | 1 | 2 | 3 | 4 | 5 | 6 | | 7 | 8 | 9 | | 10 | + |

2nd Half | 1 | 2 | 3 | 4 | 5 | 6 | | 7 | 8 | 9 | | 10 | + |

1 + 1   2 Shots

Time Outs: 60 Secs | 1 | 2 | 3 |

30 Secs | 1 | 2 |

No.	U	Player	Fouls					SCORING: 3 = 3 point goal 2 = 2 point goal ● = FT Made ○ = FT missed			
								1st	2nd	3rd	4th
			1	2	3	4	5				
			1	2	3	4	5				
			1	2	3	4	5				
			1	2	3	4	5				
			1	2	3	4	5				
			1	2	3	4	5				
			1	2	3	4	5				
			1	2	3	4	5				
			1	2	3	4	5				
			1	2	3	4	5				
			1	2	3	4	5				
			1	2	3	4	5				

_____   Quarter Total

Running Score (Home)

1		29		57	
2		30		58	
3		31		59	
4		32		60	
5		33		61	
6		34		62	
7		35		63	
8		36		64	
9		37		65	
10		38		66	
11		39		67	
12		40		68	
13		41		69	
14		42		70	
15		43		71	
16		44		72	
17		45		73	
18		46		74	
19		47		75	
20		48		76	
21		49		77	
22		50		78	
23		51		79	
24		52		80	
25		53		81	
26		54		82	
27		55		83	
28		56		84	

BASKETBALL SCORE SHEET

	Type	**Age Group**	**Division**

Date _____

Game Time _____

Site _____

Court # _____

Referees _____

Type
- ☐ Traditional
- ☐ Unified

Sex
- ☐ Men
- ☐ Women

Age Group
- ☐ Youth
- ☐ Junior
- ☐ Senior
- ☐ Master
- ☐ Senior Master

Division
- ☐ 1
- ☐ 2
- ☐ 3
- ☐ 4
- ☐ 5
- ☐ 6
- ☐ 7
- ☐ 8

VISITORS _____

Uniform Color _____

Team Fouls:

1st Half: | 1 | 2 | 3 | 4 | 5 | 6 | | 7 | 8 | 9 | | 10 | + |

2nd Half: | 1 | 2 | 3 | 4 | 5 | 6 | | 7 | 8 | 9 | | 10 | + |

1 + 1   2 Shots

Time Outs: 60 Secs | 1 | 2 | 3 |

30 Secs | 1 | 2 |

Running Score (Visitors)

1	29	57
2	30	58
3	31	59
4	32	60
5	33	61
6	34	62
7	35	63
8	36	64
9	37	65
10	38	66
11	39	67
12	40	68
13	41	69
14	42	70
15	43	71
16	44	72
17	45	73
18	46	74
19	47	75
20	48	76
21	49	77
22	50	78
23	51	79
24	52	80
25	53	81
26	54	82
27	55	83
28	56	84

SCORING: 3 = 3 point goal 2 = 2 point goal
● = FT Made   O = FT missed

No.	U	Player	Fouls					1st	2nd	3rd	4th
			1	2	3	4	5				
			1	2	3	4	5				
			1	2	3	4	5				
			1	2	3	4	5				
			1	2	3	4	5				
			1	2	3	4	5				
			1	2	3	4	5				
			1	2	3	4	5				
			1	2	3	4	5				
			1	2	3	4	5				
			1	2	3	4	5				
			1	2	3	4	5				
			1	2	3	4	5				

FINAL SCORE: _____   Quarter Total

Alternating Possession: | H | V | H | V | H | V | H | V | H | V | H | V | H | V | H | V | H | V | H | V | H | V | H | V | H | V |

Defensive Warning | | |

HOME _____

Uniform Color _____

Team Fouls:

1st Half: | 1 | 2 | 3 | 4 | 5 | 6 | | 7 | 8 | 9 | | 10 | + |

2nd Half: | 1 | 2 | 3 | 4 | 5 | 6 | | 7 | 8 | 9 | | 10 | + |

1 + 1   2 Shots

Time Outs: 60 Secs | 1 | 2 | 3 |

30 Secs | 1 | 2 |

Running Score (Home)

1	29	57
2	30	58
3	31	59
4	32	60
5	33	61
6	34	62
7	35	63
8	36	64
9	37	65
10	38	66
11	39	67
12	40	68
13	41	69
14	42	70
15	43	71
16	44	72
17	45	73
18	46	74
19	47	75
20	48	76
21	49	77
22	50	78
23	51	79
24	52	80
25	53	81
26	54	82
27	55	83
28	56	84

SCORING: 3 = 3 point goal 2 = 2 point goal
● = FT Made   ○ = FT missed

No.	U	Player	Fouls					1st	2nd	3rd	4th
			1	2	3	4	5				
			1	2	3	4	5				
			1	2	3	4	5				
			1	2	3	4	5				
			1	2	3	4	5				
			1	2	3	4	5				
			1	2	3	4	5				
			1	2	3	4	5				
			1	2	3	4	5				
			1	2	3	4	5				
			1	2	3	4	5				
			1	2	3	4	5				
			1	2	3	4	5				

_____   Quarter Total

BASKETBALL SCORE SHEET

Date _____	**Type**	**Age Group**	**Division**	
Game Time _____	☐ Traditional	☐ Youth	☐ 1	☐ 5
Site _____	☐ Unified	☐ Junior	☐ 2	☐ 6
Court # _____	**Sex**	☐ Senior	☐ 3	☐ 7
Referees _____	☐ Men	☐ Master	☐ 4	☐ 8
	☐ Women	☐ Senior Master		

VISITORS _____

Uniform Color _____

Team Fouls:
1st Half: | 1 | 2 | 3 | 4 | 5 | 6 | | 7 | 8 | 9 | | 10 | + |
2nd Half: | 1 | 2 | 3 | 4 | 5 | 6 | | 7 | 8 | 9 | | 10 | + |
1 + 1   2 Shots

Time Outs: 60 Secs | 1 | 2 | 3 |
30 Secs | 1 | 2 |

No.	U	Player	Fouls					1st	2nd	3rd	4th

SCORING: 3 = 3 point goal 2 = 2 point goal
● = FT Made   O = FT missed

Fouls per row: 1 2 3 4 5 (repeated for each player row)

FINAL SCORE: _____   Quarter Total

Running Score		
1	29	57
2	30	58
3	31	59
4	32	60
5	33	61
6	34	62
7	35	63
8	36	64
9	37	65
10	38	66
11	39	67
12	40	68
13	41	69
14	42	70
15	43	71
16	44	72
17	45	73
18	46	74
19	47	75
20	48	76
21	49	77
22	50	78
23	51	79
24	52	80
25	53	81
26	54	82
27	55	83
28	56	84

Alternating Possession: H V H V H V H V H V H V H V H V H V H V H V H V

Defensive Warning ☐ ☐

HOME _____

Uniform Color _____

Team Fouls:
1st Half: | 1 | 2 | 3 | 4 | 5 | 6 | | 7 | 8 | 9 | | 10 | + |
2nd Half: | 1 | 2 | 3 | 4 | 5 | 6 | | 7 | 8 | 9 | | 10 | + |
1 + 1   2 Shots

Time Outs: 60 Secs | 1 | 2 | 3 |
30 Secs | 1 | 2 |

No.	U	Player	Fouls					1st	2nd	3rd	4th

SCORING: 3 = 3 point goal 2 = 2 point goal
● = FT Made   ○ = FT missed

Fouls per row: 1 2 3 4 5 (repeated for each player row)

_____   Quarter Total

Running Score		
1	29	57
2	30	58
3	31	59
4	32	60
5	33	61
6	34	62
7	35	63
8	36	64
9	37	65
10	38	66
11	39	67
12	40	68
13	41	69
14	42	70
15	43	71
16	44	72
17	45	73
18	46	74
19	47	75
20	48	76
21	49	77
22	50	78
23	51	79
24	52	80
25	53	81
26	54	82
27	55	83
28	56	84

BASKETBALL SCORE SHEET

Date _____

Game Time _____

Site _____

Court # _____

Referees _____

Type
- ☐ Traditional
- ☐ Unified

Sex
- ☐ Men
- ☐ Women

Age Group
- ☐ Youth
- ☐ Junior
- ☐ Senior
- ☐ Master
- ☐ Senior Master

Division
- ☐ 1
- ☐ 2
- ☐ 3
- ☐ 4
- ☐ 5
- ☐ 6
- ☐ 7
- ☐ 8

VISITORS _____

Uniform Color _____

Team Fouls:

1st Half | 1 | 2 | 3 | 4 | 5 | 6 | | 7 | 8 | 9 | | 10 | +

2nd Half | 1 | 2 | 3 | 4 | 5 | 6 | | 7 | 8 | 9 | | 10 | +

1 + 1   2 Shots

Time Outs: 60 Secs | 1 | 2 | 3

30 Secs | 1 | 2

No.	U	Player	Fouls					SCORING: 3 = 3 point goal 2 = 2 point goal ● = FT Made O = FT missed			
								1st	2nd	3rd	4th
			1	2	3	4	5				
			1	2	3	4	5				
			1	2	3	4	5				
			1	2	3	4	5				
			1	2	3	4	5				
			1	2	3	4	5				
			1	2	3	4	5				
			1	2	3	4	5				
			1	2	3	4	5				
			1	2	3	4	5				
			1	2	3	4	5				
			1	2	3	4	5				
			1	2	3	4	5				

FINAL SCORE: _____   Quarter Total

Running Score

1	29	57
2	30	58
3	31	59
4	32	60
5	33	61
6	34	62
7	35	63
8	36	64
9	37	65
10	38	66
11	39	67
12	40	68
13	41	69
14	42	70
15	43	71
16	44	72
17	45	73
18	46	74
19	47	75
20	48	76
21	49	77
22	50	78
23	51	79
24	52	80
25	53	81
26	54	82
27	55	83
28	56	84

Alternating Possession | H | V | H | V | H | V | H | V | H | V | H | V | H | V | H | V | H | V | H | V | H | V | H | V |

Defensive Warning ☐

HOME _____

Uniform Color _____

Team Fouls:

1st Half | 1 | 2 | 3 | 4 | 5 | 6 | | 7 | 8 | 9 | | 10 | +

2nd Half | 1 | 2 | 3 | 4 | 5 | 6 | | 7 | 8 | 9 | | 10 | +

1 + 1   2 Shots

Time Outs: 60 Secs | 1 | 2 | 3

30 Secs | 1 | 2

No.	U	Player	Fouls					SCORING: 3 = 3 point goal 2 = 2 point goal ● = FT Made ○ = FT missed			
								1st	2nd	3rd	4th
			1	2	3	4	5				
			1	2	3	4	5				
			1	2	3	4	5				
			1	2	3	4	5				
			1	2	3	4	5				
			1	2	3	4	5				
			1	2	3	4	5				
			1	2	3	4	5				
			1	2	3	4	5				
			1	2	3	4	5				
			1	2	3	4	5				
			1	2	3	4	5				

_____   Quarter Total

Running Score

1	29	57
2	30	58
3	31	59
4	32	60
5	33	61
6	34	62
7	35	63
8	36	64
9	37	65
10	38	66
11	39	67
12	40	68
13	41	69
14	42	70
15	43	71
16	44	72
17	45	73
18	46	74
19	47	75
20	48	76
21	49	77
22	50	78
23	51	79
24	52	80
25	53	81
26	54	82
27	55	83
28	56	84

BASKETBALL SCORE SHEET

	Type		Age Group		Division			
	☐ Traditional		☐ Youth		☐ 1		☐ 5	
Date _____	☐ Unified		☐ Junior		☐ 2		☐ 6	
Game Time _____			☐ Senior		☐ 3		☐ 7	
Site _____	Sex		☐ Master		☐ 4		☐ 8	
Court # _____	☐ Men		☐ Senior Master					
Referees _____	☐ Women							

VISITORS _____

Uniform Color _____

Team Fouls:

1st Half | 1 | 2 | 3 | 4 | 5 | 6 | 7 | 8 | 9 | 10 | + |

2nd Half | 1 | 2 | 3 | 4 | 5 | 6 | 7 | 8 | 9 | 10 | + |

1 + 1   2 Shots

Time Outs: 60 Secs | 1 | 2 | 3 |

30 Secs | 1 | 2 |

No.	U	Player	Fouls					SCORING: 3 = 3 point goal 2 = 2 point goal ● = FT Made O = FT missed			
								1st	2nd	3rd	4th
			1	2	3	4	5				
			1	2	3	4	5				
			1	2	3	4	5				
			1	2	3	4	5				
			1	2	3	4	5				
			1	2	3	4	5				
			1	2	3	4	5				
			1	2	3	4	5				
			1	2	3	4	5				
			1	2	3	4	5				
			1	2	3	4	5				
			1	2	3	4	5				

FINAL SCORE: _____   Quarter Total

Alternating Possession | H | V | H | V | H | V | H | V | H | V | H | V | H | V | H | V | H | V | H | V | H | V | H | V |

Defensive Warning | ☐ ☐ |

Running Score

1	29	57
2	30	58
3	31	59
4	32	60
5	33	61
6	34	62
7	35	63
8	36	64
9	37	65
10	38	66
11	39	67
12	40	68
13	41	69
14	42	70
15	43	71
16	44	72
17	45	73
18	46	74
19	47	75
20	48	76
21	49	77
22	50	78
23	51	79
24	52	80
25	53	81
26	54	82
27	55	83
28	56	84

HOME _____

Uniform Color _____

Team Fouls:

1st Half | 1 | 2 | 3 | 4 | 5 | 6 | 7 | 8 | 9 | 10 | + |

2nd Half | 1 | 2 | 3 | 4 | 5 | 6 | 7 | 8 | 9 | 10 | + |

1 + 1   2 Shots

Time Outs: 60 Secs | 1 | 2 | 3 |

30 Secs | 1 | 2 |

No.	U	Player	Fouls					SCORING: 3 = 3 point goal 2 = 2 point goal ● = FT Made ○ = FT missed			
								1st	2nd	3rd	4th
			1	2	3	4	5				
			1	2	3	4	5				
			1	2	3	4	5				
			1	2	3	4	5				
			1	2	3	4	5				
			1	2	3	4	5				
			1	2	3	4	5				
			1	2	3	4	5				
			1	2	3	4	5				
			1	2	3	4	5				
			1	2	3	4	5				
			1	2	3	4	5				

_____   Quarter Total

Running Score

1	29	57
2	30	58
3	31	59
4	32	60
5	33	61
6	34	62
7	35	63
8	36	64
9	37	65
10	38	66
11	39	67
12	40	68
13	41	69
14	42	70
15	43	71
16	44	72
17	45	73
18	46	74
19	47	75
20	48	76
21	49	77
22	50	78
23	51	79
24	52	80
25	53	81
26	54	82
27	55	83
28	56	84

BASKETBALL SCORE SHEET

Date _____	**Type**	**Age Group**	**Division**
Game Time _____	☐ Traditional	☐ Youth	☐ 1 ☐ 5
Site _____	☐ Unified	☐ Junior	☐ 2 ☐ 6
Court # _____	**Sex**	☐ Senior	☐ 3 ☐ 7
Referees _____	☐ Men	☐ Master	☐ 4 ☐ 8
	☐ Women	☐ Senior Master	

VISITORS

VISITORS _____   **Uniform Color** _____

Team Fouls:
1st Half | 1 2 3 4 5 6 | 7 8 9 | 10 + | Time Outs: 60 Secs | 1 2 3
2nd Half | 1 2 3 4 5 6 | 7 8 9 | 10 + | 30 Secs | 1 2

1 + 1   2 Shots

SCORING: 3 = 3 point goal 2 = 2 point goal   • = FT Made   O = FT missed

No.	U	Player	Fouls	1st	2nd	3rd	4th
			1 2 3 4 5				
			1 2 3 4 5				
			1 2 3 4 5				
			1 2 3 4 5				
			1 2 3 4 5				
			1 2 3 4 5				
			1 2 3 4 5				
			1 2 3 4 5				
			1 2 3 4 5				
			1 2 3 4 5				
			1 2 3 4 5				
			1 2 3 4 5				
			1 2 3 4 5				

FINAL SCORE: _____   Quarter Total

Alternating Possession: H V H V H V H V H V H V H V H V H V H V H V H V   Defensive Warning ☐☐

Running Score (VISITORS)

1	29	57
2	30	58
3	31	59
4	32	60
5	33	61
6	34	62
7	35	63
8	36	64
9	37	65
10	38	66
11	39	67
12	40	68
13	41	69
14	42	70
15	43	71
16	44	72
17	45	73
18	46	74
19	47	75
20	48	76
21	49	77
22	50	78
23	51	79
24	52	80
25	53	81
26	54	82
27	55	83
28	56	84

HOME

HOME _____   **Uniform Color** _____

Team Fouls:
1st Half | 1 2 3 4 5 6 | 7 8 9 | 10 + | Time Outs: 60 Secs | 1 2 3
2nd Half | 1 2 3 4 5 6 | 7 8 9 | 10 + | 30 Secs | 1 2

1 + 1   2 Shots

SCORING: 3 = 3 point goal 2 = 2 point goal   • = FT Made   ○ = FT missed

No.	U	Player	Fouls	1st	2nd	3rd	4th
			1 2 3 4 5				
			1 2 3 4 5				
			1 2 3 4 5				
			1 2 3 4 5				
			1 2 3 4 5				
			1 2 3 4 5				
			1 2 3 4 5				
			1 2 3 4 5				
			1 2 3 4 5				
			1 2 3 4 5				
			1 2 3 4 5				
			1 2 3 4 5				
			1 2 3 4 5				

_____   Quarter Total

Running Score (HOME)

1	29	57
2	30	58
3	31	59
4	32	60
5	33	61
6	34	62
7	35	63
8	36	64
9	37	65
10	38	66
11	39	67
12	40	68
13	41	69
14	42	70
15	43	71
16	44	72
17	45	73
18	46	74
19	47	75
20	48	76
21	49	77
22	50	78
23	51	79
24	52	80
25	53	81
26	54	82
27	55	83
28	56	84

BASKETBALL SCORE SHEET

Date _____	**Type**
Game Time _____	
Site _____	**Sex**
Court # _____	
Referees _____	

Type
- ☐ Traditional
- ☐ Unified

Sex
- ☐ Men
- ☐ Women

Age Group
- ☐ Youth
- ☐ Junior
- ☐ Senior
- ☐ Master
- ☐ Senior Master

Division
- ☐ 1   ☐ 5
- ☐ 2   ☐ 6
- ☐ 3   ☐ 7
- ☐ 4   ☐ 8

VISITORS _____

Uniform Color _____

Team Fouls:	1st Half	1 2 3 4 5 6	7 8 9	10 +
	2nd Half	1 2 3 4 5 6	7 8 9	10 +

1 + 1   2 Shots

Time Outs: 60 Secs | 1 | 2 | 3 |

30 Secs | 1 | 2 |

No.	U	Player	Fouls					1st	2nd	3rd	4th
			1	2	3	4	5				
			1	2	3	4	5				
			1	2	3	4	5				
			1	2	3	4	5				
			1	2	3	4	5				
			1	2	3	4	5				
			1	2	3	4	5				
			1	2	3	4	5				
			1	2	3	4	5				
			1	2	3	4	5				
			1	2	3	4	5				
			1	2	3	4	5				

SCORING: 3 = 3 point goal 2 = 2 point goal
● = FT Made   O = FT missed

FINAL SCORE: _____   Quarter Total

Alternating Possession | H | V | H | V | H | V | H | V | H | V | H | V | H | V | H | V | H | V | H | V | H | V | H | V |

Defensive Warning | | |

HOME _____

Uniform Color _____

Team Fouls:	1st Half	1 2 3 4 5 6	7 8 9	10 +
	2nd Half	1 2 3 4 5 6	7 8 9	10 +

1 + 1   2 Shots

Time Outs: 60 Secs | 1 | 2 | 3 |

30 Secs | 1 | 2 |

No.	U	Player	Fouls					1st	2nd	3rd	4th
			1	2	3	4	5				
			1	2	3	4	5				
			1	2	3	4	5				
			1	2	3	4	5				
			1	2	3	4	5				
			1	2	3	4	5				
			1	2	3	4	5				
			1	2	3	4	5				
			1	2	3	4	5				
			1	2	3	4	5				
			1	2	3	4	5				
			1	2	3	4	5				

SCORING: 3 = 3 point goal 2 = 2 point goal
● = FT Made   ○ = FT missed

_____   Quarter Total

Running Score

1	29	57
2	30	58
3	31	59
4	32	60
5	33	61
6	34	62
7	35	63
8	36	64
9	37	65
10	38	66
11	39	67
12	40	68
13	41	69
14	42	70
15	43	71
16	44	72
17	45	73
18	46	74
19	47	75
20	48	76
21	49	77
22	50	78
23	51	79
24	52	80
25	53	81
26	54	82
27	55	83
28	56	84

Running Score

1	29	57
2	30	58
3	31	59
4	32	60
5	33	61
6	34	62
7	35	63
8	36	64
9	37	65
10	38	66
11	39	67
12	40	68
13	41	69
14	42	70
15	43	71
16	44	72
17	45	73
18	46	74
19	47	75
20	48	76
21	49	77
22	50	78
23	51	79
24	52	80
25	53	81
26	54	82
27	55	83
28	56	84

BASKETBALL SCORE SHEET

	Type	Age Group	Division	
Date _____	☐ Traditional	☐ Youth	☐ 1	☐ 5
Game Time _____	☐ Unified	☐ Junior	☐ 2	☐ 6
Site _____	**Sex**	☐ Senior	☐ 3	☐ 7
Court # _____	☐ Men	☐ Master	☐ 4	☐ 8
Referees _____	☐ Women	☐ Senior Master		

VISITORS

Uniform Color _____

Team Fouls:

1st Half: | 1 | 2 | 3 | 4 | 5 | 6 | | 7 | 8 | 9 | | 10 | + |

2nd Half: | 1 | 2 | 3 | 4 | 5 | 6 | | 7 | 8 | 9 | | 10 | + |

1 + 1   2 Shots

Time Outs: 60 Secs | 1 | 2 | 3 |

30 Secs | 1 | 2 |

No.	U	Player	Fouls					SCORING: 3 = 3 point goal 2 = 2 point goal • = FT Made O = FT missed			
								1st	2nd	3rd	4th
			1	2	3	4	5				
			1	2	3	4	5				
			1	2	3	4	5				
			1	2	3	4	5				
			1	2	3	4	5				
			1	2	3	4	5				
			1	2	3	4	5				
			1	2	3	4	5				
			1	2	3	4	5				
			1	2	3	4	5				
			1	2	3	4	5				
			1	2	3	4	5				

FINAL SCORE: _____   Quarter Total

Running Score

1	29	57
2	30	58
3	31	59
4	32	60
5	33	61
6	34	62
7	35	63
8	36	64
9	37	65
10	38	66
11	39	67
12	40	68
13	41	69
14	42	70
15	43	71
16	44	72
17	45	73
18	46	74
19	47	75
20	48	76
21	49	77
22	50	78
23	51	79
24	52	80
25	53	81
26	54	82
27	55	83
28	56	84

Alternating Possession: | H | V | H | V | H | V | H | V | H | V | H | V | H | V | H | V | H | V | H | V | H | V | H | V |

Defensive Warning | | |

HOME

Uniform Color _____

Team Fouls:

1st Half: | 1 | 2 | 3 | 4 | 5 | 6 | | 7 | 8 | 9 | | 10 | + |

2nd Half: | 1 | 2 | 3 | 4 | 5 | 6 | | 7 | 8 | 9 | | 10 | + |

1 + 1   2 Shots

Time Outs: 60 Secs | 1 | 2 | 3 |

30 Secs | 1 | 2 |

No.	U	Player	Fouls					SCORING: 3 = 3 point goal 2 = 2 point goal • = FT Made ○ = FT missed			
								1st	2nd	3rd	4th
			1	2	3	4	5				
			1	2	3	4	5				
			1	2	3	4	5				
			1	2	3	4	5				
			1	2	3	4	5				
			1	2	3	4	5				
			1	2	3	4	5				
			1	2	3	4	5				
			1	2	3	4	5				
			1	2	3	4	5				
			1	2	3	4	5				
			1	2	3	4	5				

_____   Quarter Total

Running Score

1	29	57
2	30	58
3	31	59
4	32	60
5	33	61
6	34	62
7	35	63
8	36	64
9	37	65
10	38	66
11	39	67
12	40	68
13	41	69
14	42	70
15	43	71
16	44	72
17	45	73
18	46	74
19	47	75
20	48	76
21	49	77
22	50	78
23	51	79
24	52	80
25	53	81
26	54	82
27	55	83
28	56	84

BASKETBALL SCORE SHEET

			Type		Age Group		Division			
Date	_____		☐	Traditional	☐	Youth	☐ 1	☐ 5		
Game Time	_____		☐	Unified	☐	Junior	☐ 2	☐ 6		
Site	_____		**Sex**		☐	Senior	☐ 3	☐ 7		
Court #	_____		☐	Men	☐	Master	☐ 4	☐ 8		
Referees	_____		☐	Women	☐	Senior Master				

VISITORS _____

Uniform Color _____

Team Fouls:	1st Half	1	2	3	4	5	6		7	8	9		10	+
	2nd Half	1	2	3	4	5	6		7	8	9		10	+

1 + 1   2 Shots

Time Outs: 60 Secs | 1 | 2 | 3 |

30 Secs | 1 | 2 |

No.	U	Player	Fouls					1st	2nd	3rd	4th

SCORING: 3 = 3 point goal 2 = 2 point goal
• = FT Made   O = FT missed

No.	U	Player		Fouls				1st	2nd	3rd	4th
			1	2	3	4	5				
			1	2	3	4	5				
			1	2	3	4	5				
			1	2	3	4	5				
			1	2	3	4	5				
			1	2	3	4	5				
			1	2	3	4	5				
			1	2	3	4	5				
			1	2	3	4	5				
			1	2	3	4	5				
			1	2	3	4	5				
			1	2	3	4	5				

FINAL SCORE: _____   Quarter Total

Running Score

1	29	57
2	30	58
3	31	59
4	32	60
5	33	61
6	34	62
7	35	63
8	36	64
9	37	65
10	38	66
11	39	67
12	40	68
13	41	69
14	42	70
15	43	71
16	44	72
17	45	73
18	46	74
19	47	75
20	48	76
21	49	77
22	50	78
23	51	79
24	52	80
25	53	81
26	54	82
27	55	83
28	56	84

Alternating Possession | H | V | H | V | H | V | H | V | H | V | H | V | H | V | H | V | H | V | H | V | H | V | H | V |

Defensive Warning | ☐ ☐ |

HOME _____

Uniform Color _____

Team Fouls:	1st Half	1	2	3	4	5	6		7	8	9		10	+
	2nd Half	1	2	3	4	5	6		7	8	9		10	+

1 + 1   2 Shots

Time Outs: 60 Secs | 1 | 2 | 3 |

30 Secs | 1 | 2 |

SCORING: 3 = 3 point goal 2 = 2 point goal
• = FT Made   o = FT missed

No.	U	Player		Fouls				1st	2nd	3rd	4th
			1	2	3	4	5				
			1	2	3	4	5				
			1	2	3	4	5				
			1	2	3	4	5				
			1	2	3	4	5				
			1	2	3	4	5				
			1	2	3	4	5				
			1	2	3	4	5				
			1	2	3	4	5				
			1	2	3	4	5				
			1	2	3	4	5				
			1	2	3	4	5				

_____   Quarter Total

Running Score

1	29	57
2	30	58
3	31	59
4	32	60
5	33	61
6	34	62
7	35	63
8	36	64
9	37	65
10	38	66
11	39	67
12	40	68
13	41	69
14	42	70
15	43	71
16	44	72
17	45	73
18	46	74
19	47	75
20	48	76
21	49	77
22	50	78
23	51	79
24	52	80
25	53	81
26	54	82
27	55	83
28	56	84

BASKETBALL SCORE SHEET

Type
- ☐ Traditional
- ☐ Unified

Sex
- ☐ Men
- ☐ Women

Age Group
- ☐ Youth
- ☐ Junior
- ☐ Senior
- ☐ Master
- ☐ Senior Master

Division
- ☐ 1 ☐ 5
- ☐ 2 ☐ 6
- ☐ 3 ☐ 7
- ☐ 4 ☐ 8

Date _____

Game Time _____

Site _____

Court # _____

Referees _____

VISITORS _____

Uniform Color _____

Team Fouls:

1st Half: | 1 | 2 | 3 | 4 | 5 | 6 | | 7 | 8 | 9 | | 10 | + |

2nd Half: | 1 | 2 | 3 | 4 | 5 | 6 | | 7 | 8 | 9 | | 10 | + |

1 + 1   2 Shots

Time Outs: 60 Secs | 1 | 2 | 3 |

30 Secs | 1 | 2 |

No.	U	Player	Fouls					SCORING: 3 = 3 point goal 2 = 2 point goal • = FT Made O = FT missed			
								1st	2nd	3rd	4th
			1	2	3	4	5				
			1	2	3	4	5				
			1	2	3	4	5				
			1	2	3	4	5				
			1	2	3	4	5				
			1	2	3	4	5				
			1	2	3	4	5				
			1	2	3	4	5				
			1	2	3	4	5				
			1	2	3	4	5				
			1	2	3	4	5				
			1	2	3	4	5				

FINAL SCORE: _____   Quarter Total

Running Score

1	29	57
2	30	58
3	31	59
4	32	60
5	33	61
6	34	62
7	35	63
8	36	64
9	37	65
10	38	66
11	39	67
12	40	68
13	41	69
14	42	70
15	43	71
16	44	72
17	45	73
18	46	74
19	47	75
20	48	76
21	49	77
22	50	78
23	51	79
24	52	80
25	53	81
26	54	82
27	55	83
28	56	84

Alternating Possession | H | V | H | V | H | V | H | V | H | V | H | V | H | V | H | V | H | V | H | V | H | V | H | V |

Defensive Warning | | |

HOME _____

Uniform Color _____

Team Fouls:

1st Half: | 1 | 2 | 3 | 4 | 5 | 6 | | 7 | 8 | 9 | | 10 | + |

2nd Half: | 1 | 2 | 3 | 4 | 5 | 6 | | 7 | 8 | 9 | | 10 | + |

1 + 1   2 Shots

Time Outs: 60 Secs | 1 | 2 | 3 |

30 Secs | 1 | 2 |

No.	U	Player	Fouls					SCORING: 3 = 3 point goal 2 = 2 point goal • = FT Made ○ = FT missed			
								1st	2nd	3rd	4th
			1	2	3	4	5				
			1	2	3	4	5				
			1	2	3	4	5				
			1	2	3	4	5				
			1	2	3	4	5				
			1	2	3	4	5				
			1	2	3	4	5				
			1	2	3	4	5				
			1	2	3	4	5				
			1	2	3	4	5				
			1	2	3	4	5				
			1	2	3	4	5				

Quarter Total

Running Score

1	29	57
2	30	58
3	31	59
4	32	60
5	33	61
6	34	62
7	35	63
8	36	64
9	37	65
10	38	66
11	39	67
12	40	68
13	41	69
14	42	70
15	43	71
16	44	72
17	45	73
18	46	74
19	47	75
20	48	76
21	49	77
22	50	78
23	51	79
24	52	80
25	53	81
26	54	82
27	55	83
28	56	84

BASKETBALL SCORE SHEET

Date _____

Game Time _____

Site _____

Court # _____

Referees _____

Type
- ☐ Traditional
- ☐ Unified

Sex
- ☐ Men
- ☐ Women

Age Group
- ☐ Youth
- ☐ Junior
- ☐ Senior
- ☐ Master
- ☐ Senior Master

Division
- ☐ 1 ☐ 5
- ☐ 2 ☐ 6
- ☐ 3 ☐ 7
- ☐ 4 ☐ 8

VISITORS _____

Uniform Color _____

Team Fouls:
1st Half | 1 | 2 | 3 | 4 | 5 | 6 | | 7 | 8 | 9 | | 10 | + |

2nd Half | 1 | 2 | 3 | 4 | 5 | 6 | | 7 | 8 | 9 | | 10 | + |

1 + 1   2 Shots

Time Outs: 60 Secs | 1 | 2 | 3 |

30 Secs | 1 | 2 |

No.	U	Player	Fouls					SCORING: 3 = 3 point goal 2 = 2 point goal ● = FT Made O = FT missed			
								1st	2nd	3rd	4th
			1	2	3	4	5				
			1	2	3	4	5				
			1	2	3	4	5				
			1	2	3	4	5				
			1	2	3	4	5				
			1	2	3	4	5				
			1	2	3	4	5				
			1	2	3	4	5				
			1	2	3	4	5				
			1	2	3	4	5				
			1	2	3	4	5				
			1	2	3	4	5				

FINAL SCORE: _____   Quarter Total

Running Score

1		29		57	
2		30		58	
3		31		59	
4		32		60	
5		33		61	
6		34		62	
7		35		63	
8		36		64	
9		37		65	
10		38		66	
11		39		67	
12		40		68	
13		41		69	
14		42		70	
15		43		71	
16		44		72	
17		45		73	
18		46		74	
19		47		75	
20		48		76	
21		49		77	
22		50		78	
23		51		79	
24		52		80	
25		53		81	
26		54		82	
27		55		83	
28		56		84	

Alternating Possession | H | V | H | V | H | V | H | V | H | V | H | V | H | V | H | V | H | V | H | V | H | V |

Defensive Warning | | |

HOME _____

Uniform Color _____

Team Fouls:
1st Half | 1 | 2 | 3 | 4 | 5 | 6 | | 7 | 8 | 9 | | 10 | + |

2nd Half | 1 | 2 | 3 | 4 | 5 | 6 | | 7 | 8 | 9 | | 10 | + |

1 + 1   2 Shots

Time Outs: 60 Secs | 1 | 2 | 3 |

30 Secs | 1 | 2 |

No.	U	Player	Fouls					SCORING: 3 = 3 point goal 2 = 2 point goal ● = FT Made o = FT missed			
								1st	2nd	3rd	4th
			1	2	3	4	5				
			1	2	3	4	5				
			1	2	3	4	5				
			1	2	3	4	5				
			1	2	3	4	5				
			1	2	3	4	5				
			1	2	3	4	5				
			1	2	3	4	5				
			1	2	3	4	5				
			1	2	3	4	5				
			1	2	3	4	5				
			1	2	3	4	5				

_____   Quarter Total

Running Score

1		29		57	
2		30		58	
3		31		59	
4		32		60	
5		33		61	
6		34		62	
7		35		63	
8		36		64	
9		37		65	
10		38		66	
11		39		67	
12		40		68	
13		41		69	
14		42		70	
15		43		71	
16		44		72	
17		45		73	
18		46		74	
19		47		75	
20		48		76	
21		49		77	
22		50		78	
23		51		79	
24		52		80	
25		53		81	
26		54		82	
27		55		83	
28		56		84	

BASKETBALL SCORE SHEET

	Type		Age Group		Division			
Date _____	☐ Traditional	☐ Youth		☐ 1	☐ 5			
Game Time _____	☐ Unified	☐ Junior		☐ 2	☐ 6			
Site _____	**Sex**	☐ Senior		☐ 3	☐ 7			
Court # _____	☐ Men	☐ Master		☐ 4	☐ 8			
Referees _____	☐ Women	☐ Senior Master						

VISITORS _____

Uniform Color _____

Team Fouls:

1st Half: | 1 | 2 | 3 | 4 | 5 | 6 | | 7 | 8 | 9 | | 10 | + |

2nd Half: | 1 | 2 | 3 | 4 | 5 | 6 | | 7 | 8 | 9 | | 10 | + |

1 + 1   2 Shots

Time Outs: 60 Secs | 1 | 2 | 3 |

30 Secs | 1 | 2 |

No.	U	Player	Fouls					SCORING: 3 = 3 point goal 2 = 2 point goal ● = FT Made O = FT missed			
								1st	2nd	3rd	4th
			1	2	3	4	5				
			1	2	3	4	5				
			1	2	3	4	5				
			1	2	3	4	5				
			1	2	3	4	5				
			1	2	3	4	5				
			1	2	3	4	5				
			1	2	3	4	5				
			1	2	3	4	5				
			1	2	3	4	5				
			1	2	3	4	5				
			1	2	3	4	5				
			1	2	3	4	5				

FINAL SCORE: _____   Quarter Total

Alternating Possession: | H | V | H | V | H | V | H | V | H | V | H | V | H | V | H | V | H | V | H | V | H | V | H | V |

Defensive Warning | | |

Running Score (Visitors)

1		29		57	
2		30		58	
3		31		59	
4		32		60	
5		33		61	
6		34		62	
7		35		63	
8		36		64	
9		37		65	
10		38		66	
11		39		67	
12		40		68	
13		41		69	
14		42		70	
15		43		71	
16		44		72	
17		45		73	
18		46		74	
19		47		75	
20		48		76	
21		49		77	
22		50		78	
23		51		79	
24		52		80	
25		53		81	
26		54		82	
27		55		83	
28		56		84	

HOME _____

Uniform Color _____

Team Fouls:

1st Half: | 1 | 2 | 3 | 4 | 5 | 6 | | 7 | 8 | 9 | | 10 | + |

2nd Half: | 1 | 2 | 3 | 4 | 5 | 6 | | 7 | 8 | 9 | | 10 | + |

1 + 1   2 Shots

Time Outs: 60 Secs | 1 | 2 | 3 |

30 Secs | 1 | 2 |

No.	U	Player	Fouls					SCORING: 3 = 3 point goal 2 = 2 point goal ● = FT Made ○ = FT missed			
								1st	2nd	3rd	4th
			1	2	3	4	5				
			1	2	3	4	5				
			1	2	3	4	5				
			1	2	3	4	5				
			1	2	3	4	5				
			1	2	3	4	5				
			1	2	3	4	5				
			1	2	3	4	5				
			1	2	3	4	5				
			1	2	3	4	5				
			1	2	3	4	5				
			1	2	3	4	5				
			1	2	3	4	5				

_____   Quarter Total

Running Score (Home)

1		29		57	
2		30		58	
3		31		59	
4		32		60	
5		33		61	
6		34		62	
7		35		63	
8		36		64	
9		37		65	
10		38		66	
11		39		67	
12		40		68	
13		41		69	
14		42		70	
15		43		71	
16		44		72	
17		45		73	
18		46		74	
19		47		75	
20		48		76	
21		49		77	
22		50		78	
23		51		79	
24		52		80	
25		53		81	
26		54		82	
27		55		83	
28		56		84	

BASKETBALL SCORE SHEET

Date _____	
Game Time _____	
Site _____	
Court # _____	
Referees _____	

Type
- ☐ Traditional
- ☐ Unified

Sex
- ☐ Men
- ☐ Women

Age Group
- ☐ Youth
- ☐ Junior
- ☐ Senior
- ☐ Master
- ☐ Senior Master

Division
- ☐ 1 ☐ 5
- ☐ 2 ☐ 6
- ☐ 3 ☐ 7
- ☐ 4 ☐ 8

VISITORS _____

Uniform Color _____

Team Fouls:
1st Half | 1 | 2 | 3 | 4 | 5 | 6 | | 7 | 8 | 9 | | 10 | + |
2nd Half | 1 | 2 | 3 | 4 | 5 | 6 | | 7 | 8 | 9 | | 10 | + |

1 + 1   2 Shots

Time Outs: 60 Secs | 1 | 2 | 3 |
30 Secs | 1 | 2 |

No.	U	Player	Fouls					1st	2nd	3rd	4th

SCORING: 3 = 3 point goal 2 = 2 point goal
• = FT Made   O = FT missed

Fouls entries (each row): 1 | 2 | 3 | 4 | 5

FINAL SCORE: _____   Quarter Total

Alternating Possession | H | V | H | V | H | V | H | V | H | V | H | V | H | V | H | V | H | V | H | V | H | V | H | V |

Defensive Warning | | |

Running Score (Visitors)

1	29	57
2	30	58
3	31	59
4	32	60
5	33	61
6	34	62
7	35	63
8	36	64
9	37	65
10	38	66
11	39	67
12	40	68
13	41	69
14	42	70
15	43	71
16	44	72
17	45	73
18	46	74
19	47	75
20	48	76
21	49	77
22	50	78
23	51	79
24	52	80
25	53	81
26	54	82
27	55	83
28	56	84

HOME _____

Uniform Color _____

Team Fouls:
1st Half | 1 | 2 | 3 | 4 | 5 | 6 | | 7 | 8 | 9 | | 10 | + |
2nd Half | 1 | 2 | 3 | 4 | 5 | 6 | | 7 | 8 | 9 | | 10 | + |

1 + 1   2 Shots

Time Outs: 60 Secs | 1 | 2 | 3 |
30 Secs | 1 | 2 |

No.	U	Player	Fouls					1st	2nd	3rd	4th

SCORING: 3 = 3 point goal 2 = 2 point goal
• = FT Made   ○ = FT missed

Fouls entries (each row): 1 | 2 | 3 | 4 | 5

_____   Quarter Total

Running Score (Home)

1	29	57
2	30	58
3	31	59
4	32	60
5	33	61
6	34	62
7	35	63
8	36	64
9	37	65
10	38	66
11	39	67
12	40	68
13	41	69
14	42	70
15	43	71
16	44	72
17	45	73
18	46	74
19	47	75
20	48	76
21	49	77
22	50	78
23	51	79
24	52	80
25	53	81
26	54	82
27	55	83
28	56	84

BASKETBALL SCORE SHEET

	Type	Age Group	Division			
	☐ Traditional	☐ Youth	☐ 1	☐ 5		
Date _____	☐ Unified	☐ Junior	☐ 2	☐ 6		
Game Time _____	**Sex**	☐ Senior	☐ 3	☐ 7		
Site _____		☐ Master	☐ 4	☐ 8		
Court # _____	☐ Men					
Referees _____	☐ Women	☐ Senior Master				

VISITORS _____

Uniform Color _____

Team Fouls:

1st Half | 1 | 2 | 3 | 4 | 5 | 6 | | 7 | 8 | 9 | | 10 | + |

2nd Half | 1 | 2 | 3 | 4 | 5 | 6 | | 7 | 8 | 9 | | 10 | + |

1 + 1   2 Shots

Time Outs: 60 Secs | 1 | 2 | 3 |

30 Secs | 1 | 2 |

No.	U	Player	Fouls					SCORING: 3 = 3 point goal 2 = 2 point goal • = FT Made O = FT missed			
								1st	2nd	3rd	4th
			1	2	3	4	5				
			1	2	3	4	5				
			1	2	3	4	5				
			1	2	3	4	5				
			1	2	3	4	5				
			1	2	3	4	5				
			1	2	3	4	5				
			1	2	3	4	5				
			1	2	3	4	5				
			1	2	3	4	5				
			1	2	3	4	5				
			1	2	3	4	5				

FINAL SCORE: _____   Quarter Total

Running Score

1	29	57
2	30	58
3	31	59
4	32	60
5	33	61
6	34	62
7	35	63
8	36	64
9	37	65
10	38	66
11	39	67
12	40	68
13	41	69
14	42	70
15	43	71
16	44	72
17	45	73
18	46	74
19	47	75
20	48	76
21	49	77
22	50	78
23	51	79
24	52	80
25	53	81
26	54	82
27	55	83
28	56	84

Alternating Possession | H | V | H | V | H | V | H | V | H | V | H | V | H | V | H | V | H | V | H | V | H | V | H | V |

Defensive Warning | | |

HOME _____

Uniform Color _____

Team Fouls:

1st Half | 1 | 2 | 3 | 4 | 5 | 6 | | 7 | 8 | 9 | | 10 | + |

2nd Half | 1 | 2 | 3 | 4 | 5 | 6 | | 7 | 8 | 9 | | 10 | + |

1 + 1   2 Shots

Time Outs: 60 Secs | 1 | 2 | 3 |

30 Secs | 1 | 2 |

No.	U	Player	Fouls					SCORING: 3 = 3 point goal 2 = 2 point goal • = FT Made ○ = FT missed			
								1st	2nd	3rd	4th
			1	2	3	4	5				
			1	2	3	4	5				
			1	2	3	4	5				
			1	2	3	4	5				
			1	2	3	4	5				
			1	2	3	4	5				
			1	2	3	4	5				
			1	2	3	4	5				
			1	2	3	4	5				
			1	2	3	4	5				
			1	2	3	4	5				
			1	2	3	4	5				

_____   Quarter Total

Running Score

1	29	57
2	30	58
3	31	59
4	32	60
5	33	61
6	34	62
7	35	63
8	36	64
9	37	65
10	38	66
11	39	67
12	40	68
13	41	69
14	42	70
15	43	71
16	44	72
17	45	73
18	46	74
19	47	75
20	48	76
21	49	77
22	50	78
23	51	79
24	52	80
25	53	81
26	54	82
27	55	83
28	56	84

BASKETBALL SCORE SHEET

	Type	Age Group	Division	
Date _____	☐ Traditional	☐ Youth	☐ 1	☐ 5
Game Time _____	☐ Unified	☐ Junior	☐ 2	☐ 6
Site _____	**Sex**	☐ Senior	☐ 3	☐ 7
Court # _____	☐ Men	☐ Master	☐ 4	☐ 8
Referees _____	☐ Women	☐ Senior Master		

VISITORS _____

Uniform Color _____

Team Fouls:

1st Half [1 | 2 | 3 | 4 | 5 | 6] [7 | 8 | 9] [10 | +]

2nd Half [1 | 2 | 3 | 4 | 5 | 6] [7 | 8 | 9] [10 | +]

1 + 1   2 Shots

Time Outs: 60 Secs [1 | 2 | 3]

30 Secs [1 | 2]

No.	U	Player	Fouls					SCORING: 3 = 3 point goal 2 = 2 point goal • = FT Made O = FT missed			
								1st	2nd	3rd	4th
			1	2	3	4	5				
			1	2	3	4	5				
			1	2	3	4	5				
			1	2	3	4	5				
			1	2	3	4	5				
			1	2	3	4	5				
			1	2	3	4	5				
			1	2	3	4	5				
			1	2	3	4	5				
			1	2	3	4	5				
			1	2	3	4	5				
			1	2	3	4	5				

FINAL SCORE: _____   Quarter Total

Alternating Possession [H | V | H | V | H | V | H | V | H | V | H | V | H | V | H | V | H | V | H | V | H | V | H | V]

Defensive Warning [|]

Running Score (Visitors)

1		29		57	
2		30		58	
3		31		59	
4		32		60	
5		33		61	
6		34		62	
7		35		63	
8		36		64	
9		37		65	
10		38		66	
11		39		67	
12		40		68	
13		41		69	
14		42		70	
15		43		71	
16		44		72	
17		45		73	
18		46		74	
19		47		75	
20		48		76	
21		49		77	
22		50		78	
23		51		79	
24		52		80	
25		53		81	
26		54		82	
27		55		83	
28		56		84	

HOME _____

Uniform Color _____

Team Fouls:

1st Half [1 | 2 | 3 | 4 | 5 | 6] [7 | 8 | 9] [10 | +]

2nd Half [1 | 2 | 3 | 4 | 5 | 6] [7 | 8 | 9] [10 | +]

1 + 1   2 Shots

Time Outs: 60 Secs [1 | 2 | 3]

30 Secs [1 | 2]

No.	U	Player	Fouls					SCORING: 3 = 3 point goal 2 = 2 point goal • = FT Made ○ = FT missed			
								1st	2nd	3rd	4th
			1	2	3	4	5				
			1	2	3	4	5				
			1	2	3	4	5				
			1	2	3	4	5				
			1	2	3	4	5				
			1	2	3	4	5				
			1	2	3	4	5				
			1	2	3	4	5				
			1	2	3	4	5				
			1	2	3	4	5				
			1	2	3	4	5				
			1	2	3	4	5				

_____   Quarter Total

Running Score (Home)

1		29		57	
2		30		58	
3		31		59	
4		32		60	
5		33		61	
6		34		62	
7		35		63	
8		36		64	
9		37		65	
10		38		66	
11		39		67	
12		40		68	
13		41		69	
14		42		70	
15		43		71	
16		44		72	
17		45		73	
18		46		74	
19		47		75	
20		48		76	
21		49		77	
22		50		78	
23		51		79	
24		52		80	
25		53		81	
26		54		82	
27		55		83	
28		56		84	

BASKETBALL SCORE SHEET

Date	_____
Game Time	_____
Site	_____
Court #	_____
Referees	_____

Type
- ☐ Traditional
- ☐ Unified

Sex
- ☐ Men
- ☐ Women

Age Group
- ☐ Youth
- ☐ Junior
- ☐ Senior
- ☐ Master
- ☐ Senior Master

Division
- ☐ 1   ☐ 5
- ☐ 2   ☐ 6
- ☐ 3   ☐ 7
- ☐ 4   ☐ 8

VISITORS _____

Uniform Color _____

Team Fouls:

1st Half | 1 | 2 | 3 | 4 | 5 | 6 | | 7 | 8 | 9 | | 10 | + |

2nd Half | 1 | 2 | 3 | 4 | 5 | 6 | | 7 | 8 | 9 | | 10 | + |

1 + 1   2 Shots

Time Outs: 60 Secs | 1 | 2 | 3 |

30 Secs | 1 | 2 |

No.	U	Player	Fouls					SCORING: 3 = 3 point goal 2 = 2 point goal ● = FT Made O = FT missed			
								1st	2nd	3rd	4th
			1	2	3	4	5				
			1	2	3	4	5				
			1	2	3	4	5				
			1	2	3	4	5				
			1	2	3	4	5				
			1	2	3	4	5				
			1	2	3	4	5				
			1	2	3	4	5				
			1	2	3	4	5				
			1	2	3	4	5				
			1	2	3	4	5				
			1	2	3	4	5				
			1	2	3	4	5				

FINAL SCORE: _____   Quarter Total

Running Score

1	29	57
2	30	58
3	31	59
4	32	60
5	33	61
6	34	62
7	35	63
8	36	64
9	37	65
10	38	66
11	39	67
12	40	68
13	41	69
14	42	70
15	43	71
16	44	72
17	45	73
18	46	74
19	47	75
20	48	76
21	49	77
22	50	78
23	51	79
24	52	80
25	53	81
26	54	82
27	55	83
28	56	84

Alternating Possession | H | V | H | V | H | V | H | V | H | V | H | V | H | V | H | V | H | V | H | V | H | V | H | V |

Defensive Warning | | |

HOME _____

Uniform Color _____

Team Fouls:

1st Half | 1 | 2 | 3 | 4 | 5 | 6 | | 7 | 8 | 9 | | 10 | + |

2nd Half | 1 | 2 | 3 | 4 | 5 | 6 | | 7 | 8 | 9 | | 10 | + |

1 + 1   2 Shots

Time Outs: 60 Secs | 1 | 2 | 3 |

30 Secs | 1 | 2 |

No.	U	Player	Fouls					SCORING: 3 = 3 point goal 2 = 2 point goal ● = FT Made ○ = FT missed			
								1st	2nd	3rd	4th
			1	2	3	4	5				
			1	2	3	4	5				
			1	2	3	4	5				
			1	2	3	4	5				
			1	2	3	4	5				
			1	2	3	4	5				
			1	2	3	4	5				
			1	2	3	4	5				
			1	2	3	4	5				
			1	2	3	4	5				
			1	2	3	4	5				
			1	2	3	4	5				
			1	2	3	4	5				

_____   Quarter Total

Running Score

1	29	57
2	30	58
3	31	59
4	32	60
5	33	61
6	34	62
7	35	63
8	36	64
9	37	65
10	38	66
11	39	67
12	40	68
13	41	69
14	42	70
15	43	71
16	44	72
17	45	73
18	46	74
19	47	75
20	48	76
21	49	77
22	50	78
23	51	79
24	52	80
25	53	81
26	54	82
27	55	83
28	56	84

BASKETBALL SCORE SHEET

	Type	Age Group	Division
Date _____	☐ Traditional	☐ Youth	☐ 1 ☐ 5
Game Time _____	☐ Unified	☐ Junior	☐ 2 ☐ 6
Site _____	**Sex**	☐ Senior	☐ 3 ☐ 7
Court # _____	☐ Men	☐ Master	☐ 4 ☐ 8
Referees _____	☐ Women	☐ Senior Master	

VISITORS _____

Uniform Color _____

Team Fouls:

1st Half | 1 | 2 | 3 | 4 | 5 | 6 | | 7 | 8 | 9 | | 10 | + |

2nd Half | 1 | 2 | 3 | 4 | 5 | 6 | | 7 | 8 | 9 | | 10 | + |

1 + 1   2 Shots

Time Outs: 60 Secs | 1 | 2 | 3 |

30 Secs | 1 | 2 |

No.	U	Player	Fouls					SCORING: 3 = 3 point goal 2 = 2 point goal • = FT Made O = FT missed			
								1st	2nd	3rd	4th
			1	2	3	4	5				
			1	2	3	4	5				
			1	2	3	4	5				
			1	2	3	4	5				
			1	2	3	4	5				
			1	2	3	4	5				
			1	2	3	4	5				
			1	2	3	4	5				
			1	2	3	4	5				
			1	2	3	4	5				
			1	2	3	4	5				
			1	2	3	4	5				
			1	2	3	4	5				

FINAL SCORE: _____   Quarter Total

Running Score

1	29	57
2	30	58
3	31	59
4	32	60
5	33	61
6	34	62
7	35	63
8	36	64
9	37	65
10	38	66
11	39	67
12	40	68
13	41	69
14	42	70
15	43	71
16	44	72
17	45	73
18	46	74
19	47	75
20	48	76
21	49	77
22	50	78
23	51	79
24	52	80
25	53	81
26	54	82
27	55	83
28	56	84

Alternating Possession | H | V | H | V | H | V | H | V | H | V | H | V | H | V | H | V | H | V | H | V | H | V | H | V | H | V |

Defensive Warning | | |

HOME _____

Uniform Color _____

Team Fouls:

1st Half | 1 | 2 | 3 | 4 | 5 | 6 | | 7 | 8 | 9 | | 10 | + |

2nd Half | 1 | 2 | 3 | 4 | 5 | 6 | | 7 | 8 | 9 | | 10 | + |

1 + 1   2 Shots

Time Outs: 60 Secs | 1 | 2 | 3 |

30 Secs | 1 | 2 |

No.	U	Player	Fouls					SCORING: 3 = 3 point goal 2 = 2 point goal • = FT Made o = FT missed			
								1st	2nd	3rd	4th
			1	2	3	4	5				
			1	2	3	4	5				
			1	2	3	4	5				
			1	2	3	4	5				
			1	2	3	4	5				
			1	2	3	4	5				
			1	2	3	4	5				
			1	2	3	4	5				
			1	2	3	4	5				
			1	2	3	4	5				
			1	2	3	4	5				
			1	2	3	4	5				
			1	2	3	4	5				

_____   Quarter Total

Running Score

1	29	57
2	30	58
3	31	59
4	32	60
5	33	61
6	34	62
7	35	63
8	36	64
9	37	65
10	38	66
11	39	67
12	40	68
13	41	69
14	42	70
15	43	71
16	44	72
17	45	73
18	46	74
19	47	75
20	48	76
21	49	77
22	50	78
23	51	79
24	52	80
25	53	81
26	54	82
27	55	83
28	56	84

BASKETBALL SCORE SHEET

	Type	Age Group	Division

Date _____

Game Time _____

Site _____

Court # _____

Referees _____

Type
- ☐ Traditional
- ☐ Unified

Sex
- ☐ Men
- ☐ Women

Age Group
- ☐ Youth
- ☐ Junior
- ☐ Senior
- ☐ Master
- ☐ Senior Master

Division
- ☐ 1   ☐ 5
- ☐ 2   ☐ 6
- ☐ 3   ☐ 7
- ☐ 4   ☐ 8

VISITORS _____

Uniform Color _____

Team Fouls:
1st Half | 1 | 2 | 3 | 4 | 5 | 6 | | 7 | 8 | 9 | | 10 | + |
2nd Half | 1 | 2 | 3 | 4 | 5 | 6 | | 7 | 8 | 9 | | 10 | + |

1 + 1   2 Shots

Time Outs: 60 Secs | 1 | 2 | 3 |

30 Secs | 1 | 2 |

No.	U	Player	Fouls	SCORING: 3 = 3 point goal 2 = 2 point goal

• = FT Made   O = FT missed

								1st	2nd	3rd	4th
			1	2	3	4	5				
			1	2	3	4	5				
			1	2	3	4	5				
			1	2	3	4	5				
			1	2	3	4	5				
			1	2	3	4	5				
			1	2	3	4	5				
			1	2	3	4	5				
			1	2	3	4	5				
			1	2	3	4	5				
			1	2	3	4	5				
			1	2	3	4	5				

FINAL SCORE: _____   Quarter Total

Alternating Possession | H | V | H | V | H | V | H | V | H | V | H | V | H | V | H | V | H | V | H | V | H | V | H | V |

Defensive Warning | | |

Running Score

1	29	57
2	30	58
3	31	59
4	32	60
5	33	61
6	34	62
7	35	63
8	36	64
9	37	65
10	38	66
11	39	67
12	40	68
13	41	69
14	42	70
15	43	71
16	44	72
17	45	73
18	46	74
19	47	75
20	48	76
21	49	77
22	50	78
23	51	79
24	52	80
25	53	81
26	54	82
27	55	83
28	56	84

HOME _____

Uniform Color _____

Team Fouls:
1st Half | 1 | 2 | 3 | 4 | 5 | 6 | | 7 | 8 | 9 | | 10 | + |
2nd Half | 1 | 2 | 3 | 4 | 5 | 6 | | 7 | 8 | 9 | | 10 | + |

1 + 1   2 Shots

Time Outs: 60 Secs | 1 | 2 | 3 |

30 Secs | 1 | 2 |

No.	U	Player	Fouls	SCORING: 3 = 3 point goal 2 = 2 point goal

• = FT Made   o = FT missed

								1st	2nd	3rd	4th
			1	2	3	4	5				
			1	2	3	4	5				
			1	2	3	4	5				
			1	2	3	4	5				
			1	2	3	4	5				
			1	2	3	4	5				
			1	2	3	4	5				
			1	2	3	4	5				
			1	2	3	4	5				
			1	2	3	4	5				
			1	2	3	4	5				
			1	2	3	4	5				

_____   Quarter Total

Running Score

1	29	57
2	30	58
3	31	59
4	32	60
5	33	61
6	34	62
7	35	63
8	36	64
9	37	65
10	38	66
11	39	67
12	40	68
13	41	69
14	42	70
15	43	71
16	44	72
17	45	73
18	46	74
19	47	75
20	48	76
21	49	77
22	50	78
23	51	79
24	52	80
25	53	81
26	54	82
27	55	83
28	56	84

BASKETBALL SCORE SHEET

	Type	Age Group	Division	
Date _____	☐ Traditional	☐ Youth	☐ 1	☐ 5
Game Time _____	☐ Unified	☐ Junior	☐ 2	☐ 6
Site _____	**Sex**	☐ Senior	☐ 3	☐ 7
Court # _____	☐ Men	☐ Master	☐ 4	☐ 8
Referees _____	☐ Women	☐ Senior Master		

VISITORS _____   **Uniform Color** _____

Team Fouls: 1st Half | 1 | 2 | 3 | 4 | 5 | 6 | | 7 | 8 | 9 | | 10 | + |
Time Outs: 60 Secs | 1 | 2 | 3 |

2nd Half | 1 | 2 | 3 | 4 | 5 | 6 | | 7 | 8 | 9 | | 10 | + |
30 Secs | 1 | 2 |

1 + 1   2 Shots

SCORING: 3 = 3 point goal 2 = 2 point goal ● = FT Made O = FT missed

No.	U	Player	Fouls					1st	2nd	3rd	4th
			1	2	3	4	5				
			1	2	3	4	5				
			1	2	3	4	5				
			1	2	3	4	5				
			1	2	3	4	5				
			1	2	3	4	5				
			1	2	3	4	5				
			1	2	3	4	5				
			1	2	3	4	5				
			1	2	3	4	5				
			1	2	3	4	5				
			1	2	3	4	5				

FINAL SCORE: _____   Quarter Total

Running Score

1		29		57	
2		30		58	
3		31		59	
4		32		60	
5		33		61	
6		34		62	
7		35		63	
8		36		64	
9		37		65	
10		38		66	
11		39		67	
12		40		68	
13		41		69	
14		42		70	
15		43		71	
16		44		72	
17		45		73	
18		46		74	
19		47		75	
20		48		76	
21		49		77	
22		50		78	
23		51		79	
24		52		80	
25		53		81	
26		54		82	
27		55		83	
28		56		84	

Alternating Possession | H V H V H V H V H V H V H V H V H V H V H V H V H V | Defensive Warning ☐☐

HOME _____   **Uniform Color** _____

Team Fouls: 1st Half | 1 | 2 | 3 | 4 | 5 | 6 | | 7 | 8 | 9 | | 10 | + |
Time Outs: 60 Secs | 1 | 2 | 3 |

2nd Half | 1 | 2 | 3 | 4 | 5 | 6 | | 7 | 8 | 9 | | 10 | + |
30 Secs | 1 | 2 |

1 + 1   2 Shots

SCORING: 3 = 3 point goal 2 = 2 point goal ● = FT Made ○ = FT missed

No.	U	Player	Fouls					1st	2nd	3rd	4th
			1	2	3	4	5				
			1	2	3	4	5				
			1	2	3	4	5				
			1	2	3	4	5				
			1	2	3	4	5				
			1	2	3	4	5				
			1	2	3	4	5				
			1	2	3	4	5				
			1	2	3	4	5				
			1	2	3	4	5				
			1	2	3	4	5				
			1	2	3	4	5				

_____   Quarter Total

Running Score

1		29		57	
2		30		58	
3		31		59	
4		32		60	
5		33		61	
6		34		62	
7		35		63	
8		36		64	
9		37		65	
10		38		66	
11		39		67	
12		40		68	
13		41		69	
14		42		70	
15		43		71	
16		44		72	
17		45		73	
18		46		74	
19		47		75	
20		48		76	
21		49		77	
22		50		78	
23		51		79	
24		52		80	
25		53		81	
26		54		82	
27		55		83	
28		56		84	

BASKETBALL SCORE SHEET

Date	_____
Game Time	_____
Site	_____
Court #	_____
Referees	_____

Type
- ☐ Traditional
- ☐ Unified

Sex
- ☐ Men
- ☐ Women

Age Group
- ☐ Youth
- ☐ Junior
- ☐ Senior
- ☐ Master
- ☐ Senior Master

Division
- ☐ 1
- ☐ 2
- ☐ 3
- ☐ 4
- ☐ 5
- ☐ 6
- ☐ 7
- ☐ 8

VISITORS _____

Uniform Color _____

Team Fouls:

1st Half | 1 2 3 4 5 6 | 7 8 9 | 10 + |
2nd Half | 1 2 3 4 5 6 | 7 8 9 | 10 + |

1 + 1   2 Shots

Time Outs: 60 Secs | 1 2 3
30 Secs | 1 2

No.	U	Player	Fouls					SCORING: 3 = 3 point goal 2 = 2 point goal • = FT Made O = FT missed			
								1st	2nd	3rd	4th
			1	2	3	4	5				
			1	2	3	4	5				
			1	2	3	4	5				
			1	2	3	4	5				
			1	2	3	4	5				
			1	2	3	4	5				
			1	2	3	4	5				
			1	2	3	4	5				
			1	2	3	4	5				
			1	2	3	4	5				
			1	2	3	4	5				
			1	2	3	4	5				

FINAL SCORE: _____   Quarter Total

Running Score		
1	29	57
2	30	58
3	31	59
4	32	60
5	33	61
6	34	62
7	35	63
8	36	64
9	37	65
10	38	66
11	39	67
12	40	68
13	41	69
14	42	70
15	43	71
16	44	72
17	45	73
18	46	74
19	47	75
20	48	76
21	49	77
22	50	78
23	51	79
24	52	80
25	53	81
26	54	82
27	55	83
28	56	84

Alternating Possession | H V H V H V H V H V H V H V H V H V H V H V H V | Defensive Warning ☐☐

HOME _____

Uniform Color _____

Team Fouls:

1st Half | 1 2 3 4 5 6 | 7 8 9 | 10 + |
2nd Half | 1 2 3 4 5 6 | 7 8 9 | 10 + |

1 + 1   2 Shots

Time Outs: 60 Secs | 1 2 3
30 Secs | 1 2

No.	U	Player	Fouls					SCORING: 3 = 3 point goal 2 = 2 point goal • = FT Made ○ = FT missed			
								1st	2nd	3rd	4th
			1	2	3	4	5				
			1	2	3	4	5				
			1	2	3	4	5				
			1	2	3	4	5				
			1	2	3	4	5				
			1	2	3	4	5				
			1	2	3	4	5				
			1	2	3	4	5				
			1	2	3	4	5				
			1	2	3	4	5				
			1	2	3	4	5				
			1	2	3	4	5				

_____   Quarter Total

Running Score		
1	29	57
2	30	58
3	31	59
4	32	60
5	33	61
6	34	62
7	35	63
8	36	64
9	37	65
10	38	66
11	39	67
12	40	68
13	41	69
14	42	70
15	43	71
16	44	72
17	45	73
18	46	74
19	47	75
20	48	76
21	49	77
22	50	78
23	51	79
24	52	80
25	53	81
26	54	82
27	55	83
28	56	84

BASKETBALL SCORE SHEET

Date _____

Game Time _____

Site _____

Court # _____

Referees _____

Type
- ☐ Traditional
- ☐ Unified

Sex
- ☐ Men
- ☐ Women

Age Group
- ☐ Youth
- ☐ Junior
- ☐ Senior
- ☐ Master
- ☐ Senior Master

Division
- ☐ 1
- ☐ 2
- ☐ 3
- ☐ 4
- ☐ 5
- ☐ 6
- ☐ 7
- ☐ 8

VISITORS _____

Uniform Color _____

Team Fouls:

1st Half | 1 | 2 | 3 | 4 | 5 | 6 | 7 | 8 | 9 | 10 | +

2nd Half | 1 | 2 | 3 | 4 | 5 | 6 | 7 | 8 | 9 | 10 | +

1 + 1   2 Shots

Time Outs: 60 Secs | 1 | 2 | 3

30 Secs | 1 | 2

Running Score

1	29	57
2	30	58
3	31	59
4	32	60
5	33	61
6	34	62
7	35	63
8	36	64
9	37	65
10	38	66
11	39	67
12	40	68
13	41	69
14	42	70
15	43	71
16	44	72
17	45	73
18	46	74
19	47	75
20	48	76
21	49	77
22	50	78
23	51	79
24	52	80
25	53	81
26	54	82
27	55	83
28	56	84

SCORING: 3 = 3 point goal 2 = 2 point goal
● = FT Made   O = FT missed

No.	U	Player	Fouls					1st	2nd	3rd	4th
			1	2	3	4	5				
			1	2	3	4	5				
			1	2	3	4	5				
			1	2	3	4	5				
			1	2	3	4	5				
			1	2	3	4	5				
			1	2	3	4	5				
			1	2	3	4	5				
			1	2	3	4	5				
			1	2	3	4	5				
			1	2	3	4	5				
			1	2	3	4	5				

FINAL SCORE: _____   Quarter Total

Alternating Possession | H | V | H | V | H | V | H | V | H | V | H | V | H | V | H | V | H | V | H | V | H | V | H | V

Defensive Warning | | |

HOME _____

Uniform Color _____

Team Fouls:

1st Half | 1 | 2 | 3 | 4 | 5 | 6 | 7 | 8 | 9 | 10 | +

2nd Half | 1 | 2 | 3 | 4 | 5 | 6 | 7 | 8 | 9 | 10 | +

1 + 1   2 Shots

Time Outs: 60 Secs | 1 | 2 | 3

30 Secs | 1 | 2

Running Score

1	29	57
2	30	58
3	31	59
4	32	60
5	33	61
6	34	62
7	35	63
8	36	64
9	37	65
10	38	66
11	39	67
12	40	68
13	41	69
14	42	70
15	43	71
16	44	72
17	45	73
18	46	74
19	47	75
20	48	76
21	49	77
22	50	78
23	51	79
24	52	80
25	53	81
26	54	82
27	55	83
28	56	84

SCORING: 3 = 3 point goal 2 = 2 point goal
● = FT Made   ○ = FT missed

No.	U	Player	Fouls					1st	2nd	3rd	4th
			1	2	3	4	5				
			1	2	3	4	5				
			1	2	3	4	5				
			1	2	3	4	5				
			1	2	3	4	5				
			1	2	3	4	5				
			1	2	3	4	5				
			1	2	3	4	5				
			1	2	3	4	5				
			1	2	3	4	5				
			1	2	3	4	5				
			1	2	3	4	5				

_____   Quarter Total

BASKETBALL SCORE SHEET

	Type		Age Group		Division			
Date _____	☐	Traditional	☐	Youth	☐ 1	☐ 5		
Game Time _____	☐	Unified	☐	Junior	☐ 2	☐ 6		
Site _____	**Sex**		☐	Senior	☐ 3	☐ 7		
Court # _____	☐	Men	☐	Master	☐ 4	☐ 8		
Referees _____	☐	Women	☐	Senior Master				

VISITORS _____

Uniform Color _____

Team Fouls:

1st Half: | 1 | 2 | 3 | 4 | 5 | 6 | | 7 | 8 | 9 | | 10 | + |

2nd Half: | 1 | 2 | 3 | 4 | 5 | 6 | | 7 | 8 | 9 | | 10 | + |

1 + 1   2 Shots

Time Outs: 60 Secs | 1 | 2 | 3 |

30 Secs | 1 | 2 |

No.	U	Player	Fouls					SCORING: 3 = 3 point goal 2 = 2 point goal			
								● = FT Made O = FT missed			
								1st	2nd	3rd	4th
			1	2	3	4	5				
			1	2	3	4	5				
			1	2	3	4	5				
			1	2	3	4	5				
			1	2	3	4	5				
			1	2	3	4	5				
			1	2	3	4	5				
			1	2	3	4	5				
			1	2	3	4	5				
			1	2	3	4	5				
			1	2	3	4	5				
			1	2	3	4	5				

FINAL SCORE: _____   Quarter Total

Alternating Possession: | H | V | H | V | H | V | H | V | H | V | H | V | H | V | H | V | H | V | H | V | H | V | H | V |

Defensive Warning | | |

HOME _____

Uniform Color _____

Team Fouls:

1st Half: | 1 | 2 | 3 | 4 | 5 | 6 | | 7 | 8 | 9 | | 10 | + |

2nd Half: | 1 | 2 | 3 | 4 | 5 | 6 | | 7 | 8 | 9 | | 10 | + |

1 + 1   2 Shots

Time Outs: 60 Secs | 1 | 2 | 3 |

30 Secs | 1 | 2 |

No.	U	Player	Fouls					SCORING: 3 = 3 point goal 2 = 2 point goal			
								● = FT Made o = FT missed			
								1st	2nd	3rd	4th
			1	2	3	4	5				
			1	2	3	4	5				
			1	2	3	4	5				
			1	2	3	4	5				
			1	2	3	4	5				
			1	2	3	4	5				
			1	2	3	4	5				
			1	2	3	4	5				
			1	2	3	4	5				
			1	2	3	4	5				
			1	2	3	4	5				
			1	2	3	4	5				

_____   Quarter Total

Running Score (Visitors)

1		29		57	
2		30		58	
3		31		59	
4		32		60	
5		33		61	
6		34		62	
7		35		63	
8		36		64	
9		37		65	
10		38		66	
11		39		67	
12		40		68	
13		41		69	
14		42		70	
15		43		71	
16		44		72	
17		45		73	
18		46		74	
19		47		75	
20		48		76	
21		49		77	
22		50		78	
23		51		79	
24		52		80	
25		53		81	
26		54		82	
27		55		83	
28		56		84	

Running Score (Home)

1		29		57	
2		30		58	
3		31		59	
4		32		60	
5		33		61	
6		34		62	
7		35		63	
8		36		64	
9		37		65	
10		38		66	
11		39		67	
12		40		68	
13		41		69	
14		42		70	
15		43		71	
16		44		72	
17		45		73	
18		46		74	
19		47		75	
20		48		76	
21		49		77	
22		50		78	
23		51		79	
24		52		80	
25		53		81	
26		54		82	
27		55		83	
28		56		84	

BASKETBALL SCORE SHEET

	Type		Age Group		Division			
Date _____	☐	Traditional	☐	Youth	☐	1	☐	5
Game Time _____	☐	Unified	☐	Junior	☐	2	☐	6
Site _____	**Sex**		☐	Senior	☐	3	☐	7
Court # _____	☐	Men	☐	Master	☐	4	☐	8
Referees _____	☐	Women	☐	Senior Master				

VISITORS _____

Uniform Color _____

Team Fouls:

1st Half	1	2	3	4	5	6		7	8	9		10	+

2nd Half	1	2	3	4	5	6		7	8	9		10	+

1 + 1   2 Shots

Time Outs: 60 Secs | 1 | 2 | 3 |

30 Secs | 1 | 2 |

No.	U	Player	Fouls					SCORING: 3 = 3 point goal 2 = 2 point goal ● = FT Made O = FT missed			
								1st	2nd	3rd	4th
			1	2	3	4	5				
			1	2	3	4	5				
			1	2	3	4	5				
			1	2	3	4	5				
			1	2	3	4	5				
			1	2	3	4	5				
			1	2	3	4	5				
			1	2	3	4	5				
			1	2	3	4	5				
			1	2	3	4	5				
			1	2	3	4	5				
			1	2	3	4	5				

FINAL SCORE: _____   Quarter Total

Running Score (Visitors)

1		29		57	
2		30		58	
3		31		59	
4		32		60	
5		33		61	
6		34		62	
7		35		63	
8		36		64	
9		37		65	
10		38		66	
11		39		67	
12		40		68	
13		41		69	
14		42		70	
15		43		71	
16		44		72	
17		45		73	
18		46		74	
19		47		75	
20		48		76	
21		49		77	
22		50		78	
23		51		79	
24		52		80	
25		53		81	
26		54		82	
27		55		83	
28		56		84	

Alternating Possession | H | V | H | V | H | V | H | V | H | V | H | V | H | V | H | V | H | V | H | V | H | V | H | V |

Defensive Warning | | |

HOME _____

Uniform Color _____

Team Fouls:

1st Half	1	2	3	4	5	6		7	8	9		10	+

2nd Half	1	2	3	4	5	6		7	8	9		10	+

1 + 1   2 Shots

Time Outs: 60 Secs | 1 | 2 | 3 |

30 Secs | 1 | 2 |

No.	U	Player	Fouls					SCORING: 3 = 3 point goal 2 = 2 point goal ● = FT Made ○ = FT missed			
								1st	2nd	3rd	4th
			1	2	3	4	5				
			1	2	3	4	5				
			1	2	3	4	5				
			1	2	3	4	5				
			1	2	3	4	5				
			1	2	3	4	5				
			1	2	3	4	5				
			1	2	3	4	5				
			1	2	3	4	5				
			1	2	3	4	5				
			1	2	3	4	5				
			1	2	3	4	5				

_____   Quarter Total

Running Score (Home)

1		29		57	
2		30		58	
3		31		59	
4		32		60	
5		33		61	
6		34		62	
7		35		63	
8		36		64	
9		37		65	
10		38		66	
11		39		67	
12		40		68	
13		41		69	
14		42		70	
15		43		71	
16		44		72	
17		45		73	
18		46		74	
19		47		75	
20		48		76	
21		49		77	
22		50		78	
23		51		79	
24		52		80	
25		53		81	
26		54		82	
27		55		83	
28		56		84	

BASKETBALL SCORE SHEET

	Type		Age Group		Division		
Date _____	☐	Traditional	☐	Youth	☐ 1	☐ 5	
Game Time _____	☐	Unified	☐	Junior	☐ 2	☐ 6	
Site _____	**Sex**		☐	Senior	☐ 3	☐ 7	
Court # _____	☐	Men	☐	Master	☐ 4	☐ 8	
Referees _____	☐	Women	☐	Senior Master			

VISITORS _____

Uniform Color _____

Team Fouls:

1st Half | 1 | 2 | 3 | 4 | 5 | 6 | | 7 | 8 | 9 | | 10 | + |

2nd Half | 1 | 2 | 3 | 4 | 5 | 6 | | 7 | 8 | 9 | | 10 | + |

1 + 1   2 Shots

Time Outs: 60 Secs | 1 | 2 | 3 |

30 Secs | 1 | 2 |

No.	U	Player	Fouls					SCORING: 3 = 3 point goal 2 = 2 point goal • = FT Made O = FT missed			
								1st	2nd	3rd	4th
			1	2	3	4	5				
			1	2	3	4	5				
			1	2	3	4	5				
			1	2	3	4	5				
			1	2	3	4	5				
			1	2	3	4	5				
			1	2	3	4	5				
			1	2	3	4	5				
			1	2	3	4	5				
			1	2	3	4	5				
			1	2	3	4	5				
			1	2	3	4	5				

FINAL SCORE: _____   Quarter Total

Running Score

1		29		57	
2		30		58	
3		31		59	
4		32		60	
5		33		61	
6		34		62	
7		35		63	
8		36		64	
9		37		65	
10		38		66	
11		39		67	
12		40		68	
13		41		69	
14		42		70	
15		43		71	
16		44		72	
17		45		73	
18		46		74	
19		47		75	
20		48		76	
21		49		77	
22		50		78	
23		51		79	
24		52		80	
25		53		81	
26		54		82	
27		55		83	
28		56		84	

Alternating Possession | H | V | H | V | H | V | H | V | H | V | H | V | H | V | H | V | H | V | H | V | H | V | H | V |

Defensive Warning | | |

HOME _____

Uniform Color _____

Team Fouls:

1st Half | 1 | 2 | 3 | 4 | 5 | 6 | | 7 | 8 | 9 | | 10 | + |

2nd Half | 1 | 2 | 3 | 4 | 5 | 6 | | 7 | 8 | 9 | | 10 | + |

1 + 1   2 Shots

Time Outs: 60 Secs | 1 | 2 | 3 |

30 Secs | 1 | 2 |

No.	U	Player	Fouls					SCORING: 3 = 3 point goal 2 = 2 point goal • = FT Made o = FT missed			
								1st	2nd	3rd	4th
			1	2	3	4	5				
			1	2	3	4	5				
			1	2	3	4	5				
			1	2	3	4	5				
			1	2	3	4	5				
			1	2	3	4	5				
			1	2	3	4	5				
			1	2	3	4	5				
			1	2	3	4	5				
			1	2	3	4	5				
			1	2	3	4	5				
			1	2	3	4	5				

_____   Quarter Total

Running Score

1		29		57	
2		30		58	
3		31		59	
4		32		60	
5		33		61	
6		34		62	
7		35		63	
8		36		64	
9		37		65	
10		38		66	
11		39		67	
12		40		68	
13		41		69	
14		42		70	
15		43		71	
16		44		72	
17		45		73	
18		46		74	
19		47		75	
20		48		76	
21		49		77	
22		50		78	
23		51		79	
24		52		80	
25		53		81	
26		54		82	
27		55		83	
28		56		84	

BASKETBALL SCORE SHEET

		Type	Age Group	Division
Date	_____	☐ Traditional	☐ Youth	☐ 1 ☐ 5
Game Time	_____	☐ Unified	☐ Junior	☐ 2 ☐ 6
Site	_____	**Sex**	☐ Senior	☐ 3 ☐ 7
Court #	_____	☐ Men	☐ Master	☐ 4 ☐ 8
Referees	_____	☐ Women	☐ Senior Master	

VISITORS _____

Uniform Color _____

Team Fouls:
1st Half | 1 | 2 | 3 | 4 | 5 | 6 | | 7 | 8 | 9 | | 10 | + |
2nd Half | 1 | 2 | 3 | 4 | 5 | 6 | | 7 | 8 | 9 | | 10 | + |
1 + 1   2 Shots

Time Outs: 60 Secs | 1 | 2 | 3 |
30 Secs | 1 | 2 |

No.	U	Player	Fouls					SCORING: 3 = 3 point goal 2 = 2 point goal ● = FT Made O = FT missed			
								1st	2nd	3rd	4th
			1	2	3	4	5				
			1	2	3	4	5				
			1	2	3	4	5				
			1	2	3	4	5				
			1	2	3	4	5				
			1	2	3	4	5				
			1	2	3	4	5				
			1	2	3	4	5				
			1	2	3	4	5				
			1	2	3	4	5				
			1	2	3	4	5				
			1	2	3	4	5				

FINAL SCORE: _____   Quarter Total

Running Score (Visitors)

1	29	57	15	43	71
2	30	58	16	44	72
3	31	59	17	45	73
4	32	60	18	46	74
5	33	61	19	47	75
6	34	62	20	48	76
7	35	63	21	49	77
8	36	64	22	50	78
9	37	65	23	51	79
10	38	66	24	52	80
11	39	67	25	53	81
12	40	68	26	54	82
13	41	69	27	55	83
14	42	70	28	56	84

Alternating Possession | H | V | H | V | H | V | H | V | H | V | H | V | H | V | H | V | H | V | H | V | H | V | H | V |

Defensive Warning | | |

HOME _____

Uniform Color _____

Team Fouls:
1st Half | 1 | 2 | 3 | 4 | 5 | 6 | | 7 | 8 | 9 | | 10 | + |
2nd Half | 1 | 2 | 3 | 4 | 5 | 6 | | 7 | 8 | 9 | | 10 | + |
1 + 1   2 Shots

Time Outs: 60 Secs | 1 | 2 | 3 |
30 Secs | 1 | 2 |

No.	U	Player	Fouls					SCORING: 3 = 3 point goal 2 = 2 point goal ● = FT Made ○ = FT missed			
								1st	2nd	3rd	4th
			1	2	3	4	5				
			1	2	3	4	5				
			1	2	3	4	5				
			1	2	3	4	5				
			1	2	3	4	5				
			1	2	3	4	5				
			1	2	3	4	5				
			1	2	3	4	5				
			1	2	3	4	5				
			1	2	3	4	5				
			1	2	3	4	5				
			1	2	3	4	5				

_____   Quarter Total

Running Score (Home)

1	29	57	15	43	71
2	30	58	16	44	72
3	31	59	17	45	73
4	32	60	18	46	74
5	33	61	19	47	75
6	34	62	20	48	76
7	35	63	21	49	77
8	36	64	22	50	78
9	37	65	23	51	79
10	38	66	24	52	80
11	39	67	25	53	81
12	40	68	26	54	82
13	41	69	27	55	83
14	42	70	28	56	84

BASKETBALL SCORE SHEET

Type
- ☐ Traditional
- ☐ Unified

Sex
- ☐ Men
- ☐ Women

Age Group
- ☐ Youth
- ☐ Junior
- ☐ Senior
- ☐ Master
- ☐ Senior Master

Division
- ☐ 1   ☐ 5
- ☐ 2   ☐ 6
- ☐ 3   ☐ 7
- ☐ 4   ☐ 8

Date _____

Game Time _____

Site _____

Court # _____

Referees _____

VISITORS _____

Uniform Color _____

Team Fouls:
1st Half | 1 | 2 | 3 | 4 | 5 | 6 | 7 | 8 | 9 | 10 | + |
2nd Half | 1 | 2 | 3 | 4 | 5 | 6 | 7 | 8 | 9 | 10 | + |
1 + 1   2 Shots

Time Outs: 60 Secs | 1 | 2 | 3 |
30 Secs | 1 | 2 |

SCORING: 3 = 3 point goal 2 = 2 point goal
● = FT Made   O = FT missed

No.	U	Player	Fouls	1st	2nd	3rd	4th
			1 2 3 4 5				
			1 2 3 4 5				
			1 2 3 4 5				
			1 2 3 4 5				
			1 2 3 4 5				
			1 2 3 4 5				
			1 2 3 4 5				
			1 2 3 4 5				
			1 2 3 4 5				
			1 2 3 4 5				
			1 2 3 4 5				
			1 2 3 4 5				

FINAL SCORE: _____   Quarter Total

Running Score

1	29	57
2	30	58
3	31	59
4	32	60
5	33	61
6	34	62
7	35	63
8	36	64
9	37	65
10	38	66
11	39	67
12	40	68
13	41	69
14	42	70
15	43	71
16	44	72
17	45	73
18	46	74
19	47	75
20	48	76
21	49	77
22	50	78
23	51	79
24	52	80
25	53	81
26	54	82
27	55	83
28	56	84

Alternating Possession | H | V | H | V | H | V | H | V | H | V | H | V | H | V | H | V | H | V | H | V | H | V | H | V | H | V |

Defensive Warning | | |

HOME _____

Uniform Color _____

Team Fouls:
1st Half | 1 | 2 | 3 | 4 | 5 | 6 | 7 | 8 | 9 | 10 | + |
2nd Half | 1 | 2 | 3 | 4 | 5 | 6 | 7 | 8 | 9 | 10 | + |
1 + 1   2 Shots

Time Outs: 60 Secs | 1 | 2 | 3 |
30 Secs | 1 | 2 |

SCORING: 3 = 3 point goal 2 = 2 point goal
● = FT Made   ○ = FT missed

No.	U	Player	Fouls	1st	2nd	3rd	4th
			1 2 3 4 5				
			1 2 3 4 5				
			1 2 3 4 5				
			1 2 3 4 5				
			1 2 3 4 5				
			1 2 3 4 5				
			1 2 3 4 5				
			1 2 3 4 5				
			1 2 3 4 5				
			1 2 3 4 5				
			1 2 3 4 5				
			1 2 3 4 5				

_____   Quarter Total

Running Score

1	29	57
2	30	58
3	31	59
4	32	60
5	33	61
6	34	62
7	35	63
8	36	64
9	37	65
10	38	66
11	39	67
12	40	68
13	41	69
14	42	70
15	43	71
16	44	72
17	45	73
18	46	74
19	47	75
20	48	76
21	49	77
22	50	78
23	51	79
24	52	80
25	53	81
26	54	82
27	55	83
28	56	84

BASKETBALL SCORE SHEET

	Type	Age Group	Division
Date _____	☐ Traditional	☐ Youth	☐ 1 ☐ 5
Game Time _____	☐ Unified	☐ Junior	☐ 2 ☐ 6
Site _____	**Sex**	☐ Senior	☐ 3 ☐ 7
Court # _____	☐ Men	☐ Master	☐ 4 ☐ 8
Referees _____	☐ Women	☐ Senior Master	

VISITORS

VISITORS _____

Uniform Color _____

Team Fouls:

1st Half: | 1 | 2 | 3 | 4 | 5 | 6 | | 7 | 8 | 9 | | 10 | + |

2nd Half: | 1 | 2 | 3 | 4 | 5 | 6 | | 7 | 8 | 9 | | 10 | + |

1 + 1   2 Shots

Time Outs: 60 Secs | 1 | 2 | 3 |

30 Secs | 1 | 2 |

No.	U	Player	Fouls					1st	2nd	3rd	4th
			1	2	3	4	5				
			1	2	3	4	5				
			1	2	3	4	5				
			1	2	3	4	5				
			1	2	3	4	5				
			1	2	3	4	5				
			1	2	3	4	5				
			1	2	3	4	5				
			1	2	3	4	5				
			1	2	3	4	5				
			1	2	3	4	5				
			1	2	3	4	5				

SCORING: 3 = 3 point goal 2 = 2 point goal ● = FT Made O = FT missed

FINAL SCORE: _____   Quarter Total

Running Score

1	29	57
2	30	58
3	31	59
4	32	60
5	33	61
6	34	62
7	35	63
8	36	64
9	37	65
10	38	66
11	39	67
12	40	68
13	41	69
14	42	70
15	43	71
16	44	72
17	45	73
18	46	74
19	47	75
20	48	76
21	49	77
22	50	78
23	51	79
24	52	80
25	53	81
26	54	82
27	55	83
28	56	84

Alternating Possession: | H | V | H | V | H | V | H | V | H | V | H | V | H | V | H | V | H | V | H | V | H | V | H | V |

Defensive Warning | | |

HOME

HOME _____

Uniform Color _____

Team Fouls:

1st Half: | 1 | 2 | 3 | 4 | 5 | 6 | | 7 | 8 | 9 | | 10 | + |

2nd Half: | 1 | 2 | 3 | 4 | 5 | 6 | | 7 | 8 | 9 | | 10 | + |

1 + 1   2 Shots

Time Outs: 60 Secs | 1 | 2 | 3 |

30 Secs | 1 | 2 |

No.	U	Player	Fouls					1st	2nd	3rd	4th
			1	2	3	4	5				
			1	2	3	4	5				
			1	2	3	4	5				
			1	2	3	4	5				
			1	2	3	4	5				
			1	2	3	4	5				
			1	2	3	4	5				
			1	2	3	4	5				
			1	2	3	4	5				
			1	2	3	4	5				
			1	2	3	4	5				
			1	2	3	4	5				

SCORING: 3 = 3 point goal 2 = 2 point goal ● = FT Made ○ = FT missed

_____   Quarter Total

Running Score

1	29	57
2	30	58
3	31	59
4	32	60
5	33	61
6	34	62
7	35	63
8	36	64
9	37	65
10	38	66
11	39	67
12	40	68
13	41	69
14	42	70
15	43	71
16	44	72
17	45	73
18	46	74
19	47	75
20	48	76
21	49	77
22	50	78
23	51	79
24	52	80
25	53	81
26	54	82
27	55	83
28	56	84

BASKETBALL SCORE SHEET

Date _____

Game Time _____

Site _____

Court # _____

Referees _____

Type
- ☐ Traditional
- ☐ Unified

Sex
- ☐ Men
- ☐ Women

Age Group
- ☐ Youth
- ☐ Junior
- ☐ Senior
- ☐ Master
- ☐ Senior Master

Division
- ☐ 1
- ☐ 2
- ☐ 3
- ☐ 4
- ☐ 5
- ☐ 6
- ☐ 7
- ☐ 8

VISITORS _____

Uniform Color _____

Team Fouls:

1st Half | 1 2 3 4 5 6 | 7 8 9 | 10 +

2nd Half | 1 2 3 4 5 6 | 7 8 9 | 10 +

1 + 1   2 Shots

Time Outs: 60 Secs | 1 2 3

30 Secs | 1 2

No.	U	Player	Fouls	SCORING: 3 = 3 point goal 2 = 2 point goal ● = FT Made O = FT missed			
				1st	2nd	3rd	4th
			1 2 3 4 5				
			1 2 3 4 5				
			1 2 3 4 5				
			1 2 3 4 5				
			1 2 3 4 5				
			1 2 3 4 5				
			1 2 3 4 5				
			1 2 3 4 5				
			1 2 3 4 5				
			1 2 3 4 5				
			1 2 3 4 5				
			1 2 3 4 5				

FINAL SCORE: _____   Quarter Total

Running Score

1	29	57
2	30	58
3	31	59
4	32	60
5	33	61
6	34	62
7	35	63
8	36	64
9	37	65
10	38	66
11	39	67
12	40	68
13	41	69
14	42	70
15	43	71
16	44	72
17	45	73
18	46	74
19	47	75
20	48	76
21	49	77
22	50	78
23	51	79
24	52	80
25	53	81
26	54	82
27	55	83
28	56	84

Alternating Possession | H V H V H V H V H V H V H V H V H V H V H V H V H V |

Defensive Warning ☐

HOME _____

Uniform Color _____

Team Fouls:

1st Half | 1 2 3 4 5 6 | 7 8 9 | 10 +

2nd Half | 1 2 3 4 5 6 | 7 8 9 | 10 +

1 + 1   2 Shots

Time Outs: 60 Secs | 1 2 3

30 Secs | 1 2

No.	U	Player	Fouls	SCORING: 3 = 3 point goal 2 = 2 point goal ● = FT Made O = FT missed			
				1st	2nd	3rd	4th
			1 2 3 4 5				
			1 2 3 4 5				
			1 2 3 4 5				
			1 2 3 4 5				
			1 2 3 4 5				
			1 2 3 4 5				
			1 2 3 4 5				
			1 2 3 4 5				
			1 2 3 4 5				
			1 2 3 4 5				
			1 2 3 4 5				
			1 2 3 4 5				

_____   Quarter Total

Running Score

1	29	57
2	30	58
3	31	59
4	32	60
5	33	61
6	34	62
7	35	63
8	36	64
9	37	65
10	38	66
11	39	67
12	40	68
13	41	69
14	42	70
15	43	71
16	44	72
17	45	73
18	46	74
19	47	75
20	48	76
21	49	77
22	50	78
23	51	79
24	52	80
25	53	81
26	54	82
27	55	83
28	56	84

BASKETBALL SCORE SHEET

	Type	Age Group	Division

Date _____

Game Time _____

Site _____

Court # _____

Referees _____

Type
- ☐ Traditional
- ☐ Unified

Sex
- ☐ Men
- ☐ Women

Age Group
- ☐ Youth
- ☐ Junior
- ☐ Senior
- ☐ Master
- ☐ Senior Master

Division
- ☐ 1 ☐ 5
- ☐ 2 ☐ 6
- ☐ 3 ☐ 7
- ☐ 4 ☐ 8

VISITORS _____

Uniform Color _____

Team Fouls:
1st Half | 1 | 2 | 3 | 4 | 5 | 6 | 7 | 8 | 9 | 10 | +
2nd Half | 1 | 2 | 3 | 4 | 5 | 6 | 7 | 8 | 9 | 10 | +

1 + 1   2 Shots

Time Outs: 60 Secs | 1 | 2 | 3
30 Secs | 1 | 2

Running Score

1	29	57
2	30	58
3	31	59
4	32	60
5	33	61
6	34	62
7	35	63
8	36	64
9	37	65
10	38	66
11	39	67
12	40	68
13	41	69
14	42	70
15	43	71
16	44	72
17	45	73
18	46	74
19	47	75
20	48	76
21	49	77
22	50	78
23	51	79
24	52	80
25	53	81
26	54	82
27	55	83
28	56	84

SCORING: 3 = 3 point goal 2 = 2 point goal
● = FT Made   O = FT missed

No.	U	Player	Fouls					1st	2nd	3rd	4th
			1	2	3	4	5				
			1	2	3	4	5				
			1	2	3	4	5				
			1	2	3	4	5				
			1	2	3	4	5				
			1	2	3	4	5				
			1	2	3	4	5				
			1	2	3	4	5				
			1	2	3	4	5				
			1	2	3	4	5				
			1	2	3	4	5				
			1	2	3	4	5				

FINAL SCORE: _____ Quarter Total

Alternating Possession: | H | V | H | V | H | V | H | V | H | V | H | V | H | V | H | V | H | V | H | V | H | V | H | V |

Defensive Warning ☐☐

HOME _____

Uniform Color _____

Team Fouls:
1st Half | 1 | 2 | 3 | 4 | 5 | 6 | 7 | 8 | 9 | 10 | +
2nd Half | 1 | 2 | 3 | 4 | 5 | 6 | 7 | 8 | 9 | 10 | +

1 + 1   2 Shots

Time Outs: 60 Secs | 1 | 2 | 3
30 Secs | 1 | 2

Running Score

1	29	57
2	30	58
3	31	59
4	32	60
5	33	61
6	34	62
7	35	63
8	36	64
9	37	65
10	38	66
11	39	67
12	40	68
13	41	69
14	42	70
15	43	71
16	44	72
17	45	73
18	46	74
19	47	75
20	48	76
21	49	77
22	50	78
23	51	79
24	52	80
25	53	81
26	54	82
27	55	83
28	56	84

SCORING: 3 = 3 point goal 2 = 2 point goal
● = FT Made   ○ = FT missed

No.	U	Player	Fouls					1st	2nd	3rd	4th
			1	2	3	4	5				
			1	2	3	4	5				
			1	2	3	4	5				
			1	2	3	4	5				
			1	2	3	4	5				
			1	2	3	4	5				
			1	2	3	4	5				
			1	2	3	4	5				
			1	2	3	4	5				
			1	2	3	4	5				
			1	2	3	4	5				
			1	2	3	4	5				

_____ Quarter Total

BASKETBALL SCORE SHEET

	Type	Age Group	Division
Date _____	☐ Traditional	☐ Youth	☐ 1 ☐ 5
Game Time _____	☐ Unified	☐ Junior	☐ 2 ☐ 6
Site _____	**Sex**	☐ Senior	☐ 3 ☐ 7
Court # _____	☐ Men	☐ Master	☐ 4 ☐ 8
Referees _____	☐ Women	☐ Senior Master	

VISITORS _____

Uniform Color _____

Team Fouls:

| 1st Half | 1 | 2 | 3 | 4 | 5 | 6 | 7 | 8 | 9 | 10 | + |
| 2nd Half | 1 | 2 | 3 | 4 | 5 | 6 | 7 | 8 | 9 | 10 | + |

1 + 1   2 Shots

Time Outs: 60 Secs | 1 | 2 | 3 |
30 Secs | 1 | 2 |

No.	U	Player	Fouls					SCORING: 3 = 3 point goal 2 = 2 point goal • = FT Made O = FT missed			
								1st	2nd	3rd	4th
			1	2	3	4	5				
			1	2	3	4	5				
			1	2	3	4	5				
			1	2	3	4	5				
			1	2	3	4	5				
			1	2	3	4	5				
			1	2	3	4	5				
			1	2	3	4	5				
			1	2	3	4	5				
			1	2	3	4	5				
			1	2	3	4	5				
			1	2	3	4	5				

FINAL SCORE: _____   Quarter Total

Alternating Possession: H V H V H V H V H V H V H V H V H V H V H V H V

Defensive Warning ☐

HOME _____

Uniform Color _____

Team Fouls:

| 1st Half | 1 | 2 | 3 | 4 | 5 | 6 | 7 | 8 | 9 | 10 | + |
| 2nd Half | 1 | 2 | 3 | 4 | 5 | 6 | 7 | 8 | 9 | 10 | + |

1 + 1   2 Shots

Time Outs: 60 Secs | 1 | 2 | 3 |
30 Secs | 1 | 2 |

No.	U	Player	Fouls					SCORING: 3 = 3 point goal 2 = 2 point goal • = FT Made ○ = FT missed			
								1st	2nd	3rd	4th
			1	2	3	4	5				
			1	2	3	4	5				
			1	2	3	4	5				
			1	2	3	4	5				
			1	2	3	4	5				
			1	2	3	4	5				
			1	2	3	4	5				
			1	2	3	4	5				
			1	2	3	4	5				
			1	2	3	4	5				
			1	2	3	4	5				
			1	2	3	4	5				

_____   Quarter Total

Running Score (Visitors)

1	29	57	15	43	71
2	30	58	16	44	72
3	31	59	17	45	73
4	32	60	18	46	74
5	33	61	19	47	75
6	34	62	20	48	76
7	35	63	21	49	77
8	36	64	22	50	78
9	37	65	23	51	79
10	38	66	24	52	80
11	39	67	25	53	81
12	40	68	26	54	82
13	41	69	27	55	83
14	42	70	28	56	84

Running Score (Home)

1	29	57	15	43	71
2	30	58	16	44	72
3	31	59	17	45	73
4	32	60	18	46	74
5	33	61	19	47	75
6	34	62	20	48	76
7	35	63	21	49	77
8	36	64	22	50	78
9	37	65	23	51	79
10	38	66	24	52	80
11	39	67	25	53	81
12	40	68	26	54	82
13	41	69	27	55	83
14	42	70	28	56	84

BASKETBALL SCORE SHEET

Date _____	
Game Time _____	
Site _____	
Court # _____	
Referees _____	

Type
- ☐ Traditional
- ☐ Unified

Sex
- ☐ Men
- ☐ Women

Age Group
- ☐ Youth
- ☐ Junior
- ☐ Senior
- ☐ Master
- ☐ Senior Master

Division
- ☐ 1 ☐ 5
- ☐ 2 ☐ 6
- ☐ 3 ☐ 7
- ☐ 4 ☐ 8

VISITORS _____ **Uniform Color** _____

Team Fouls:
1st Half: | 1 | 2 | 3 | 4 | 5 | 6 | | 7 | 8 | 9 | | 10 | + |
2nd Half: | 1 | 2 | 3 | 4 | 5 | 6 | | 7 | 8 | 9 | | 10 | + |
1 + 1   2 Shots

Time Outs: 60 Secs | 1 | 2 | 3 |
30 Secs | 1 | 2 |

No.	U	Player	Fouls					SCORING: 3 = 3 point goal 2 = 2 point goal • = FT Made O = FT missed			
								1st	2nd	3rd	4th
			1	2	3	4	5				
			1	2	3	4	5				
			1	2	3	4	5				
			1	2	3	4	5				
			1	2	3	4	5				
			1	2	3	4	5				
			1	2	3	4	5				
			1	2	3	4	5				
			1	2	3	4	5				
			1	2	3	4	5				
			1	2	3	4	5				
			1	2	3	4	5				

FINAL SCORE: _____   Quarter Total

Running Score

1		29		57	
2		30		58	
3		31		59	
4		32		60	
5		33		61	
6		34		62	
7		35		63	
8		36		64	
9		37		65	
10		38		66	
11		39		67	
12		40		68	
13		41		69	
14		42		70	
15		43		71	
16		44		72	
17		45		73	
18		46		74	
19		47		75	
20		48		76	
21		49		77	
22		50		78	
23		51		79	
24		52		80	
25		53		81	
26		54		82	
27		55		83	
28		56		84	

Alternating Possession | H | V | H | V | H | V | H | V | H | V | H | V | H | V | H | V | H | V | H | V | H | V | H | V |

Defensive Warning | | |

HOME _____ **Uniform Color** _____

Team Fouls:
1st Half: | 1 | 2 | 3 | 4 | 5 | 6 | | 7 | 8 | 9 | | 10 | + |
2nd Half: | 1 | 2 | 3 | 4 | 5 | 6 | | 7 | 8 | 9 | | 10 | + |
1 + 1   2 Shots

Time Outs: 60 Secs | 1 | 2 | 3 |
30 Secs | 1 | 2 |

No.	U	Player	Fouls					SCORING: 3 = 3 point goal 2 = 2 point goal • = FT Made ○ = FT missed			
								1st	2nd	3rd	4th
			1	2	3	4	5				
			1	2	3	4	5				
			1	2	3	4	5				
			1	2	3	4	5				
			1	2	3	4	5				
			1	2	3	4	5				
			1	2	3	4	5				
			1	2	3	4	5				
			1	2	3	4	5				
			1	2	3	4	5				
			1	2	3	4	5				
			1	2	3	4	5				

_____   Quarter Total

Running Score

1		29		57	
2		30		58	
3		31		59	
4		32		60	
5		33		61	
6		34		62	
7		35		63	
8		36		64	
9		37		65	
10		38		66	
11		39		67	
12		40		68	
13		41		69	
14		42		70	
15		43		71	
16		44		72	
17		45		73	
18		46		74	
19		47		75	
20		48		76	
21		49		77	
22		50		78	
23		51		79	
24		52		80	
25		53		81	
26		54		82	
27		55		83	
28		56		84	

BASKETBALL SCORE SHEET

	Type	Age Group	Division	
Date _____	☐ Traditional	☐ Youth	☐ 1 ☐ 5	
Game Time _____	☐ Unified	☐ Junior	☐ 2 ☐ 6	
Site _____	**Sex**	☐ Senior	☐ 3 ☐ 7	
Court # _____	☐ Men	☐ Master	☐ 4 ☐ 8	
Referees _____	☐ Women	☐ Senior Master		

VISITORS _____   **Uniform Color** _____

Team Fouls:

1st Half: 1 2 3 4 5 6 | 7 8 9 | 10 +

2nd Half: 1 2 3 4 5 6 | 7 8 9 | 10 +

1 + 1   2 Shots

Time Outs: 60 Secs   1 2 3

30 Secs   1 2

No.	U	Player	Fouls	SCORING: 3 = 3 point goal 2 = 2 point goal ● = FT Made O = FT missed			
				1st	2nd	3rd	4th
			1 2 3 4 5				
			1 2 3 4 5				
			1 2 3 4 5				
			1 2 3 4 5				
			1 2 3 4 5				
			1 2 3 4 5				
			1 2 3 4 5				
			1 2 3 4 5				
			1 2 3 4 5				
			1 2 3 4 5				
			1 2 3 4 5				
			1 2 3 4 5				
FINAL SCORE: _____			Quarter Total				

Running Score

1	29	57
2	30	58
3	31	59
4	32	60
5	33	61
6	34	62
7	35	63
8	36	64
9	37	65
10	38	66
11	39	67
12	40	68
13	41	69
14	42	70
15	43	71
16	44	72
17	45	73
18	46	74
19	47	75
20	48	76
21	49	77
22	50	78
23	51	79
24	52	80
25	53	81
26	54	82
27	55	83
28	56	84

Alternating Possession: H V H V H V H V H V H V H V H V H V H V H V H V H V

Defensive Warning: ☐ ☐

HOME _____   **Uniform Color** _____

Team Fouls:

1st Half: 1 2 3 4 5 6 | 7 8 9 | 10 +

2nd Half: 1 2 3 4 5 6 | 7 8 9 | 10 +

1 + 1   2 Shots

Time Outs: 60 Secs   1 2 3

30 Secs   1 2

No.	U	Player	Fouls	SCORING: 3 = 3 point goal 2 = 2 point goal ● = FT Made o = FT missed			
				1st	2nd	3rd	4th
			1 2 3 4 5				
			1 2 3 4 5				
			1 2 3 4 5				
			1 2 3 4 5				
			1 2 3 4 5				
			1 2 3 4 5				
			1 2 3 4 5				
			1 2 3 4 5				
			1 2 3 4 5				
			1 2 3 4 5				
			1 2 3 4 5				
			1 2 3 4 5				
_____			Quarter Total				

Running Score

1	29	57
2	30	58
3	31	59
4	32	60
5	33	61
6	34	62
7	35	63
8	36	64
9	37	65
10	38	66
11	39	67
12	40	68
13	41	69
14	42	70
15	43	71
16	44	72
17	45	73
18	46	74
19	47	75
20	48	76
21	49	77
22	50	78
23	51	79
24	52	80
25	53	81
26	54	82
27	55	83
28	56	84

BASKETBALL SCORE SHEET

	Type	Age Group	Division	
Date _____	☐ Traditional	☐ Youth	☐ 1	☐ 5
Game Time _____	☐ Unified	☐ Junior	☐ 2	☐ 6
Site _____	**Sex**	☐ Senior	☐ 3	☐ 7
Court # _____	☐ Men	☐ Master	☐ 4	☐ 8
Referees _____	☐ Women	☐ Senior Master		

VISITORS _____

Uniform Color _____

Team Fouls:
1st Half | 1 | 2 | 3 | 4 | 5 | 6 | | 7 | 8 | 9 | | 10 | + |
2nd Half | 1 | 2 | 3 | 4 | 5 | 6 | | 7 | 8 | 9 | | 10 | + |

1 + 1   2 Shots

Time Outs: 60 Secs | 1 | 2 | 3 |
30 Secs | 1 | 2 |

No.	U	Player	Fouls					SCORING: 3 = 3 point goal 2 = 2 point goal ● = FT Made O = FT missed			
								1st	2nd	3rd	4th
			1	2	3	4	5				
			1	2	3	4	5				
			1	2	3	4	5				
			1	2	3	4	5				
			1	2	3	4	5				
			1	2	3	4	5				
			1	2	3	4	5				
			1	2	3	4	5				
			1	2	3	4	5				
			1	2	3	4	5				
			1	2	3	4	5				
			1	2	3	4	5				

FINAL SCORE: _____   Quarter Total

Alternating Possession: | H | V | H | V | H | V | H | V | H | V | H | V | H | V | H | V | H | V | H | V | H | V | H | V |

Defensive Warning | | |

Running Score (Visitors)

1		29		57	
2		30		58	
3		31		59	
4		32		60	
5		33		61	
6		34		62	
7		35		63	
8		36		64	
9		37		65	
10		38		66	
11		39		67	
12		40		68	
13		41		69	
14		42		70	
15		43		71	
16		44		72	
17		45		73	
18		46		74	
19		47		75	
20		48		76	
21		49		77	
22		50		78	
23		51		79	
24		52		80	
25		53		81	
26		54		82	
27		55		83	
28		56		84	

HOME _____

Uniform Color _____

Team Fouls:
1st Half | 1 | 2 | 3 | 4 | 5 | 6 | | 7 | 8 | 9 | | 10 | + |
2nd Half | 1 | 2 | 3 | 4 | 5 | 6 | | 7 | 8 | 9 | | 10 | + |

1 + 1   2 Shots

Time Outs: 60 Secs | 1 | 2 | 3 |
30 Secs | 1 | 2 |

No.	U	Player	Fouls					SCORING: 3 = 3 point goal 2 = 2 point goal ● = FT Made ○ = FT missed			
								1st	2nd	3rd	4th
			1	2	3	4	5				
			1	2	3	4	5				
			1	2	3	4	5				
			1	2	3	4	5				
			1	2	3	4	5				
			1	2	3	4	5				
			1	2	3	4	5				
			1	2	3	4	5				
			1	2	3	4	5				
			1	2	3	4	5				
			1	2	3	4	5				
			1	2	3	4	5				

_____   Quarter Total

Running Score (Home)

1		29		57	
2		30		58	
3		31		59	
4		32		60	
5		33		61	
6		34		62	
7		35		63	
8		36		64	
9		37		65	
10		38		66	
11		39		67	
12		40		68	
13		41		69	
14		42		70	
15		43		71	
16		44		72	
17		45		73	
18		46		74	
19		47		75	
20		48		76	
21		49		77	
22		50		78	
23		51		79	
24		52		80	
25		53		81	
26		54		82	
27		55		83	
28		56		84	

BASKETBALL SCORE SHEET

Type
- ☐ Traditional
- ☐ Unified

Sex
- ☐ Men
- ☐ Women

Age Group
- ☐ Youth
- ☐ Junior
- ☐ Senior
- ☐ Master
- ☐ Senior Master

Division
- ☐ 1
- ☐ 2
- ☐ 3
- ☐ 4
- ☐ 5
- ☐ 6
- ☐ 7
- ☐ 8

Date _____

Game Time _____

Site _____

Court # _____

Referees _____

VISITORS _____

Uniform Color _____

Team Fouls:

1st Half | 1 | 2 | 3 | 4 | 5 | 6 | | 7 | 8 | 9 | | 10 | + |

2nd Half | 1 | 2 | 3 | 4 | 5 | 6 | | 7 | 8 | 9 | | 10 | + |

1 + 1   2 Shots

Time Outs: 60 Secs | 1 | 2 | 3 |

30 Secs | 1 | 2 |

No.	U	Player	Fouls					SCORING: 3 = 3 point goal 2 = 2 point goal • = FT Made ○ = FT missed			
								1st	2nd	3rd	4th
			1	2	3	4	5				
			1	2	3	4	5				
			1	2	3	4	5				
			1	2	3	4	5				
			1	2	3	4	5				
			1	2	3	4	5				
			1	2	3	4	5				
			1	2	3	4	5				
			1	2	3	4	5				
			1	2	3	4	5				
			1	2	3	4	5				
			1	2	3	4	5				

FINAL SCORE: _____   Quarter Total

Alternating Possession | H | V | H | V | H | V | H | V | H | V | H | V | H | V | H | V | H | V | H | V | H | V | H | V |

Defensive Warning | |

Running Score (Visitors)

1	29	57
2	30	58
3	31	59
4	32	60
5	33	61
6	34	62
7	35	63
8	36	64
9	37	65
10	38	66
11	39	67
12	40	68
13	41	69
14	42	70
15	43	71
16	44	72
17	45	73
18	46	74
19	47	75
20	48	76
21	49	77
22	50	78
23	51	79
24	52	80
25	53	81
26	54	82
27	55	83
28	56	84

HOME _____

Uniform Color _____

Team Fouls:

1st Half | 1 | 2 | 3 | 4 | 5 | 6 | | 7 | 8 | 9 | | 10 | + |

2nd Half | 1 | 2 | 3 | 4 | 5 | 6 | | 7 | 8 | 9 | | 10 | + |

1 + 1   2 Shots

Time Outs: 60 Secs | 1 | 2 | 3 |

30 Secs | 1 | 2 |

No.	U	Player	Fouls					SCORING: 3 = 3 point goal 2 = 2 point goal • = FT Made ○ = FT missed			
								1st	2nd	3rd	4th
			1	2	3	4	5				
			1	2	3	4	5				
			1	2	3	4	5				
			1	2	3	4	5				
			1	2	3	4	5				
			1	2	3	4	5				
			1	2	3	4	5				
			1	2	3	4	5				
			1	2	3	4	5				
			1	2	3	4	5				
			1	2	3	4	5				
			1	2	3	4	5				

_____   Quarter Total

Running Score (Home)

1	29	57
2	30	58
3	31	59
4	32	60
5	33	61
6	34	62
7	35	63
8	36	64
9	37	65
10	38	66
11	39	67
12	40	68
13	41	69
14	42	70
15	43	71
16	44	72
17	45	73
18	46	74
19	47	75
20	48	76
21	49	77
22	50	78
23	51	79
24	52	80
25	53	81
26	54	82
27	55	83
28	56	84

BASKETBALL SCORE SHEET

Date	_____
Game Time	_____
Site	_____
Court #	_____
Referees	_____

Type
- ☐ Traditional
- ☐ Unified

Sex
- ☐ Men
- ☐ Women

Age Group
- ☐ Youth
- ☐ Junior
- ☐ Senior
- ☐ Master
- ☐ Senior Master

Division
- ☐ 1
- ☐ 2
- ☐ 3
- ☐ 4
- ☐ 5
- ☐ 6
- ☐ 7
- ☐ 8

VISITORS _____

Uniform Color _____

Team Fouls:

1st Half: | 1 | 2 | 3 | 4 | 5 | 6 | | 7 | 8 | 9 | | 10 | + |

2nd Half: | 1 | 2 | 3 | 4 | 5 | 6 | | 7 | 8 | 9 | | 10 | + |

1 + 1   2 Shots

Time Outs: 60 Secs | 1 | 2 | 3 |

30 Secs | 1 | 2 |

Running Score

1	29	57
2	30	58
3	31	59
4	32	60
5	33	61
6	34	62
7	35	63
8	36	64
9	37	65
10	38	66
11	39	67
12	40	68
13	41	69
14	42	70
15	43	71
16	44	72
17	45	73
18	46	74
19	47	75
20	48	76
21	49	77
22	50	78
23	51	79
24	52	80
25	53	81
26	54	82
27	55	83
28	56	84

SCORING: 3 = 3 point goal 2 = 2 point goal   ● = FT Made   O = FT missed

No.	U	Player	Fouls					1st	2nd	3rd	4th
			1	2	3	4	5				
			1	2	3	4	5				
			1	2	3	4	5				
			1	2	3	4	5				
			1	2	3	4	5				
			1	2	3	4	5				
			1	2	3	4	5				
			1	2	3	4	5				
			1	2	3	4	5				
			1	2	3	4	5				
			1	2	3	4	5				
			1	2	3	4	5				

FINAL SCORE: _____   Quarter Total

Alternating Possession: | H | V | H | V | H | V | H | V | H | V | H | V | H | V | H | V | H | V | H | V | H | V | H | V |

Defensive Warning | | |

HOME _____

Uniform Color _____

Team Fouls:

1st Half: | 1 | 2 | 3 | 4 | 5 | 6 | | 7 | 8 | 9 | | 10 | + |

2nd Half: | 1 | 2 | 3 | 4 | 5 | 6 | | 7 | 8 | 9 | | 10 | + |

1 + 1   2 Shots

Time Outs: 60 Secs | 1 | 2 | 3 |

30 Secs | 1 | 2 |

Running Score

1	29	57
2	30	58
3	31	59
4	32	60
5	33	61
6	34	62
7	35	63
8	36	64
9	37	65
10	38	66
11	39	67
12	40	68
13	41	69
14	42	70
15	43	71
16	44	72
17	45	73
18	46	74
19	47	75
20	48	76
21	49	77
22	50	78
23	51	79
24	52	80
25	53	81
26	54	82
27	55	83
28	56	84

SCORING: 3 = 3 point goal 2 = 2 point goal   ● = FT Made   ○ = FT missed

No.	U	Player	Fouls					1st	2nd	3rd	4th
			1	2	3	4	5				
			1	2	3	4	5				
			1	2	3	4	5				
			1	2	3	4	5				
			1	2	3	4	5				
			1	2	3	4	5				
			1	2	3	4	5				
			1	2	3	4	5				
			1	2	3	4	5				
			1	2	3	4	5				
			1	2	3	4	5				
			1	2	3	4	5				

_____   Quarter Total

BASKETBALL SCORE SHEET

	Type	Age Group	Division	
Date _____	☐ Traditional	☐ Youth	☐ 1	☐ 5
Game Time _____	☐ Unified	☐ Junior	☐ 2	☐ 6
Site _____	**Sex**	☐ Senior	☐ 3	☐ 7
Court # _____	☐ Men	☐ Master	☐ 4	☐ 8
Referees _____	☐ Women	☐ Senior Master		

VISITORS _____

Uniform Color _____

Team Fouls:

1st Half: | 1 | 2 | 3 | 4 | 5 | 6 | | 7 | 8 | 9 | | 10 | + |

2nd Half: | 1 | 2 | 3 | 4 | 5 | 6 | | 7 | 8 | 9 | | 10 | + |

1 + 1   2 Shots

Time Outs: 60 Secs | 1 | 2 | 3 |

30 Secs | 1 | 2 |

No.	U	Player	Fouls					SCORING: 3 = 3 point goal 2 = 2 point goal • = FT Made O = FT missed			
								1st	2nd	3rd	4th
			1	2	3	4	5				
			1	2	3	4	5				
			1	2	3	4	5				
			1	2	3	4	5				
			1	2	3	4	5				
			1	2	3	4	5				
			1	2	3	4	5				
			1	2	3	4	5				
			1	2	3	4	5				
			1	2	3	4	5				
			1	2	3	4	5				
			1	2	3	4	5				

FINAL SCORE: _____   Quarter Total

Alternating Possession: | H | V | H | V | H | V | H | V | H | V | H | V | H | V | H | V | H | V | H | V | H | V | H | V |

Defensive Warning | | |

Running Score (VISITORS)

1	29	57			
2	30	58			
3	31	59			
4	32	60			
5	33	61			
6	34	62			
7	35	63			
8	36	64			
9	37	65			
10	38	66			
11	39	67			
12	40	68			
13	41	69			
14	42	70			
15	43	71			
16	44	72			
17	45	73			
18	46	74			
19	47	75			
20	48	76			
21	49	77			
22	50	78			
23	51	79			
24	52	80			
25	53	81			
26	54	82			
27	55	83			
28	56	84			

HOME _____

Uniform Color _____

Team Fouls:

1st Half: | 1 | 2 | 3 | 4 | 5 | 6 | | 7 | 8 | 9 | | 10 | + |

2nd Half: | 1 | 2 | 3 | 4 | 5 | 6 | | 7 | 8 | 9 | | 10 | + |

1 + 1   2 Shots

Time Outs: 60 Secs | 1 | 2 | 3 |

30 Secs | 1 | 2 |

No.	U	Player	Fouls					SCORING: 3 = 3 point goal 2 = 2 point goal • = FT Made o = FT missed			
								1st	2nd	3rd	4th
			1	2	3	4	5				
			1	2	3	4	5				
			1	2	3	4	5				
			1	2	3	4	5				
			1	2	3	4	5				
			1	2	3	4	5				
			1	2	3	4	5				
			1	2	3	4	5				
			1	2	3	4	5				
			1	2	3	4	5				
			1	2	3	4	5				
			1	2	3	4	5				

_____   Quarter Total

Running Score (HOME)

1	29	57			
2	30	58			
3	31	59			
4	32	60			
5	33	61			
6	34	62			
7	35	63			
8	36	64			
9	37	65			
10	38	66			
11	39	67			
12	40	68			
13	41	69			
14	42	70			
15	43	71			
16	44	72			
17	45	73			
18	46	74			
19	47	75			
20	48	76			
21	49	77			
22	50	78			
23	51	79			
24	52	80			
25	53	81			
26	54	82			
27	55	83			
28	56	84			

BASKETBALL SCORE SHEET

Date _____

Game Time _____

Site _____

Court # _____

Referees _____

Type
- ☐ Traditional
- ☐ Unified

Sex
- ☐ Men
- ☐ Women

Age Group
- ☐ Youth
- ☐ Junior
- ☐ Senior
- ☐ Master
- ☐ Senior Master

Division
- ☐ 1 ☐ 5
- ☐ 2 ☐ 6
- ☐ 3 ☐ 7
- ☐ 4 ☐ 8

VISITORS _____

Uniform Color _____

Team Fouls:

1st Half | 1 | 2 | 3 | 4 | 5 | 6 | | 7 | 8 | 9 | | 10 | + |

2nd Half | 1 | 2 | 3 | 4 | 5 | 6 | | 7 | 8 | 9 | | 10 | + |

1 + 1   2 Shots

Time Outs: 60 Secs | 1 | 2 | 3 |

30 Secs | 1 | 2 |

No.	U	Player	Fouls					SCORING: 3 = 3 point goal 2 = 2 point goal • = FT Made O = FT missed			
								1st	2nd	3rd	4th
			1	2	3	4	5				
			1	2	3	4	5				
			1	2	3	4	5				
			1	2	3	4	5				
			1	2	3	4	5				
			1	2	3	4	5				
			1	2	3	4	5				
			1	2	3	4	5				
			1	2	3	4	5				
			1	2	3	4	5				
			1	2	3	4	5				
			1	2	3	4	5				

FINAL SCORE: _____   Quarter Total

Running Score

1	29	57
2	30	58
3	31	59
4	32	60
5	33	61
6	34	62
7	35	63
8	36	64
9	37	65
10	38	66
11	39	67
12	40	68
13	41	69
14	42	70
15	43	71
16	44	72
17	45	73
18	46	74
19	47	75
20	48	76
21	49	77
22	50	78
23	51	79
24	52	80
25	53	81
26	54	82
27	55	83
28	56	84

Alternating Possession | H | V | H | V | H | V | H | V | H | V | H | V | H | V | H | V | H | V | H | V | H | V | H | V |

Defensive Warning | | |

HOME _____

Uniform Color _____

Team Fouls:

1st Half | 1 | 2 | 3 | 4 | 5 | 6 | | 7 | 8 | 9 | | 10 | + |

2nd Half | 1 | 2 | 3 | 4 | 5 | 6 | | 7 | 8 | 9 | | 10 | + |

1 + 1   2 Shots

Time Outs: 60 Secs | 1 | 2 | 3 |

30 Secs | 1 | 2 |

No.	U	Player	Fouls					SCORING: 3 = 3 point goal 2 = 2 point goal • = FT Made ○ = FT missed			
								1st	2nd	3rd	4th
			1	2	3	4	5				
			1	2	3	4	5				
			1	2	3	4	5				
			1	2	3	4	5				
			1	2	3	4	5				
			1	2	3	4	5				
			1	2	3	4	5				
			1	2	3	4	5				
			1	2	3	4	5				
			1	2	3	4	5				
			1	2	3	4	5				
			1	2	3	4	5				

_____   Quarter Total

Running Score

1	29	57
2	30	58
3	31	59
4	32	60
5	33	61
6	34	62
7	35	63
8	36	64
9	37	65
10	38	66
11	39	67
12	40	68
13	41	69
14	42	70
15	43	71
16	44	72
17	45	73
18	46	74
19	47	75
20	48	76
21	49	77
22	50	78
23	51	79
24	52	80
25	53	81
26	54	82
27	55	83
28	56	84

BASKETBALL SCORE SHEET

Date _____	**Type** ☐ Traditional ☐ Unified
Game Time _____	
Site _____	**Age Group** ☐ Youth ☐ Junior ☐ Senior ☐ Master ☐ Senior Master
Court # _____	**Sex** ☐ Men ☐ Women
Referees _____	**Division** ☐ 1 ☐ 2 ☐ 3 ☐ 4 ☐ 5 ☐ 6 ☐ 7 ☐ 8

VISITORS _____   Uniform Color _____

Team Fouls:
1st Half | 1 2 3 4 5 6 | 7 8 9 | 10 + |
2nd Half | 1 2 3 4 5 6 | 7 8 9 | 10 + |
1 + 1   2 Shots

Time Outs: 60 Secs | 1 2 3 |
30 Secs | 1 2 |

No.	U	Player	Fouls	SCORING: 3 = 3 point goal 2 = 2 point goal ● = FT Made O = FT missed				
					1st	2nd	3rd	4th
			1 2 3 4 5				
			1 2 3 4 5				
			1 2 3 4 5				
			1 2 3 4 5				
			1 2 3 4 5				
			1 2 3 4 5				
			1 2 3 4 5				
			1 2 3 4 5				
			1 2 3 4 5				
			1 2 3 4 5				
			1 2 3 4 5				
			1 2 3 4 5				

FINAL SCORE: _____   Quarter Total

Alternating Possession: H V H V H V H V H V H V H V H V H V H V H V H V H V   Defensive Warning ☐

Running Score (Visitors)

1	29	57
2	30	58
3	31	59
4	32	60
5	33	61
6	34	62
7	35	63
8	36	64
9	37	65
10	38	66
11	39	67
12	40	68
13	41	69
14	42	70
15	43	71
16	44	72
17	45	73
18	46	74
19	47	75
20	48	76
21	49	77
22	50	78
23	51	79
24	52	80
25	53	81
26	54	82
27	55	83
28	56	84

HOME _____   Uniform Color _____

Team Fouls:
1st Half | 1 2 3 4 5 6 | 7 8 9 | 10 + |
2nd Half | 1 2 3 4 5 6 | 7 8 9 | 10 + |
1 + 1   2 Shots

Time Outs: 60 Secs | 1 2 3 |
30 Secs | 1 2 |

No.	U	Player	Fouls	SCORING: 3 = 3 point goal 2 = 2 point goal ● = FT Made o = FT missed				
					1st	2nd	3rd	4th
			1 2 3 4 5				
			1 2 3 4 5				
			1 2 3 4 5				
			1 2 3 4 5				
			1 2 3 4 5				
			1 2 3 4 5				
			1 2 3 4 5				
			1 2 3 4 5				
			1 2 3 4 5				
			1 2 3 4 5				
			1 2 3 4 5				
			1 2 3 4 5				

_____   Quarter Total

Running Score (Home)

1	29	57
2	30	58
3	31	59
4	32	60
5	33	61
6	34	62
7	35	63
8	36	64
9	37	65
10	38	66
11	39	67
12	40	68
13	41	69
14	42	70
15	43	71
16	44	72
17	45	73
18	46	74
19	47	75
20	48	76
21	49	77
22	50	78
23	51	79
24	52	80
25	53	81
26	54	82
27	55	83
28	56	84

BASKETBALL SCORE SHEET

	Type	Age Group	Division	
Date _____	☐ Traditional	☐ Youth	☐ 1	☐ 5
Game Time _____	☐ Unified	☐ Junior	☐ 2	☐ 6
Site _____	**Sex**	☐ Senior	☐ 3	☐ 7
Court # _____	☐ Men	☐ Master	☐ 4	☐ 8
Referees _____	☐ Women	☐ Senior Master		

VISITORS _____

Uniform Color _____

Team Fouls:	1st Half	1	2	3	4	5	6		7	8	9		10	+
	2nd Half	1	2	3	4	5	6		7	8	9		10	+

1 + 1   2 Shots

Time Outs: 60 Secs | 1 | 2 | 3 |

30 Secs | 1 | 2 |

No.	U	Player	Fouls					SCORING: 3 = 3 point goal 2 = 2 point goal ● = FT Made O = FT missed			
								1st	2nd	3rd	4th
			1	2	3	4	5				
			1	2	3	4	5				
			1	2	3	4	5				
			1	2	3	4	5				
			1	2	3	4	5				
			1	2	3	4	5				
			1	2	3	4	5				
			1	2	3	4	5				
			1	2	3	4	5				
			1	2	3	4	5				
			1	2	3	4	5				
			1	2	3	4	5				

FINAL SCORE: _____   Quarter Total

Alternating Possession | H | V | H | V | H | V | H | V | H | V | H | V | H | V | H | V | H | V | H | V | H | V | H | V |

Defensive Warning | | |

Running Score (Visitors)

1		29		57	
2		30		58	
3		31		59	
4		32		60	
5		33		61	
6		34		62	
7		35		63	
8		36		64	
9		37		65	
10		38		66	
11		39		67	
12		40		68	
13		41		69	
14		42		70	
15		43		71	
16		44		72	
17		45		73	
18		46		74	
19		47		75	
20		48		76	
21		49		77	
22		50		78	
23		51		79	
24		52		80	
25		53		81	
26		54		82	
27		55		83	
28		56		84	

HOME _____

Uniform Color _____

Team Fouls:	1st Half	1	2	3	4	5	6		7	8	9		10	+
	2nd Half	1	2	3	4	5	6		7	8	9		10	+

1 + 1   2 Shots

Time Outs: 60 Secs | 1 | 2 | 3 |

30 Secs | 1 | 2 |

No.	U	Player	Fouls					SCORING: 3 = 3 point goal 2 = 2 point goal ● = FT Made o = FT missed			
								1st	2nd	3rd	4th
			1	2	3	4	5				
			1	2	3	4	5				
			1	2	3	4	5				
			1	2	3	4	5				
			1	2	3	4	5				
			1	2	3	4	5				
			1	2	3	4	5				
			1	2	3	4	5				
			1	2	3	4	5				
			1	2	3	4	5				
			1	2	3	4	5				
			1	2	3	4	5				

_____   Quarter Total

Running Score (Home)

1		29		57	
2		30		58	
3		31		59	
4		32		60	
5		33		61	
6		34		62	
7		35		63	
8		36		64	
9		37		65	
10		38		66	
11		39		67	
12		40		68	
13		41		69	
14		42		70	
15		43		71	
16		44		72	
17		45		73	
18		46		74	
19		47		75	
20		48		76	
21		49		77	
22		50		78	
23		51		79	
24		52		80	
25		53		81	
26		54		82	
27		55		83	
28		56		84	

BASKETBALL SCORE SHEET

Date _____	**Type** ☐ Traditional ☐ Unified
Game Time _____	**Age Group** ☐ Youth ☐ Junior ☐ Senior ☐ Master ☐ Senior Master
Site _____	**Division** ☐ 1 ☐ 2 ☐ 3 ☐ 4 ☐ 5 ☐ 6 ☐ 7 ☐ 8
Court # _____	**Sex** ☐ Men ☐ Women
Referees _____	

VISITORS _____

Uniform Color _____

Team Fouls:

1st Half | 1 2 3 4 5 6 | 7 8 9 | 10 +

2nd Half | 1 2 3 4 5 6 | 7 8 9 | 10 +

1 + 1   2 Shots

Time Outs: 60 Secs | 1 2 3

30 Secs | 1 2

SCORING: 3 = 3 point goal 2 = 2 point goal
● = FT Made   O = FT missed

No.	U	Player	Fouls					1st	2nd	3rd	4th
			1	2	3	4	5				
			1	2	3	4	5				
			1	2	3	4	5				
			1	2	3	4	5				
			1	2	3	4	5				
			1	2	3	4	5				
			1	2	3	4	5				
			1	2	3	4	5				
			1	2	3	4	5				
			1	2	3	4	5				
			1	2	3	4	5				
			1	2	3	4	5				

FINAL SCORE: _____   Quarter Total

Alternating Possession: H V H V H V H V H V H V H V H V H V H V H V H V

Defensive Warning ☐☐

Running Score (Visitors)

1	29	57
2	30	58
3	31	59
4	32	60
5	33	61
6	34	62
7	35	63
8	36	64
9	37	65
10	38	66
11	39	67
12	40	68
13	41	69
14	42	70
15	43	71
16	44	72
17	45	73
18	46	74
19	47	75
20	48	76
21	49	77
22	50	78
23	51	79
24	52	80
25	53	81
26	54	82
27	55	83
28	56	84

HOME _____

Uniform Color _____

Team Fouls:

1st Half | 1 2 3 4 5 6 | 7 8 9 | 10 +

2nd Half | 1 2 3 4 5 6 | 7 8 9 | 10 +

1 + 1   2 Shots

Time Outs: 60 Secs | 1 2 3

30 Secs | 1 2

SCORING: 3 = 3 point goal 2 = 2 point goal
● = FT Made   ○ = FT missed

No.	U	Player	Fouls					1st	2nd	3rd	4th
			1	2	3	4	5				
			1	2	3	4	5				
			1	2	3	4	5				
			1	2	3	4	5				
			1	2	3	4	5				
			1	2	3	4	5				
			1	2	3	4	5				
			1	2	3	4	5				
			1	2	3	4	5				
			1	2	3	4	5				
			1	2	3	4	5				
			1	2	3	4	5				

Quarter Total

Running Score (Home)

1	29	57
2	30	58
3	31	59
4	32	60
5	33	61
6	34	62
7	35	63
8	36	64
9	37	65
10	38	66
11	39	67
12	40	68
13	41	69
14	42	70
15	43	71
16	44	72
17	45	73
18	46	74
19	47	75
20	48	76
21	49	77
22	50	78
23	51	79
24	52	80
25	53	81
26	54	82
27	55	83
28	56	84

BASKETBALL SCORE SHEET

	Type	Age Group	Division	
Date _____	☐ Traditional	☐ Youth	☐ 1	☐ 5
Game Time _____	☐ Unified	☐ Junior	☐ 2	☐ 6
Site _____	Sex	☐ Senior	☐ 3	☐ 7
Court # _____	☐ Men	☐ Master	☐ 4	☐ 8
Referees _____	☐ Women	☐ Senior Master		

VISITORS _____ Uniform Color _____

Team Fouls:

| 1st Half | 1 | 2 | 3 | 4 | 5 | 6 | | 7 | 8 | 9 | | 10 | + |
| 2nd Half | 1 | 2 | 3 | 4 | 5 | 6 | | 7 | 8 | 9 | | 10 | + |

1 + 1   2 Shots

Time Outs: 60 Secs: | 1 | 2 | 3 |
30 Secs: | 1 | 2 |

No.	U	Player	Fouls	SCORING: 3 = 3 point goal 2 = 2 point goal

• = FT Made   O = FT missed

			1st	2nd	3rd	4th
		1 2 3 4 5				
		1 2 3 4 5				
		1 2 3 4 5				
		1 2 3 4 5				
		1 2 3 4 5				
		1 2 3 4 5				
		1 2 3 4 5				
		1 2 3 4 5				
		1 2 3 4 5				
		1 2 3 4 5				
		1 2 3 4 5				
		1 2 3 4 5				
		1 2 3 4 5				

FINAL SCORE: _____   Quarter Total

Running Score

1		29		57	
2		30		58	
3		31		59	
4		32		60	
5		33		61	
6		34		62	
7		35		63	
8		36		64	
9		37		65	
10		38		66	
11		39		67	
12		40		68	
13		41		69	
14		42		70	
15		43		71	
16		44		72	
17		45		73	
18		46		74	
19		47		75	
20		48		76	
21		49		77	
22		50		78	
23		51		79	
24		52		80	
25		53		81	
26		54		82	
27		55		83	
28		56		84	

Alternating Possession: H V H V H V H V H V H V H V H V H V H V H V H V H V

Defensive Warning ☐ ☐

HOME _____ Uniform Color _____

Team Fouls:

| 1st Half | 1 | 2 | 3 | 4 | 5 | 6 | | 7 | 8 | 9 | | 10 | + |
| 2nd Half | 1 | 2 | 3 | 4 | 5 | 6 | | 7 | 8 | 9 | | 10 | + |

1 + 1   2 Shots

Time Outs: 60 Secs: | 1 | 2 | 3 |
30 Secs: | 1 | 2 |

No.	U	Player	Fouls	SCORING: 3 = 3 point goal 2 = 2 point goal

• = FT Made   ○ = FT missed

			1st	2nd	3rd	4th
		1 2 3 4 5				
		1 2 3 4 5				
		1 2 3 4 5				
		1 2 3 4 5				
		1 2 3 4 5				
		1 2 3 4 5				
		1 2 3 4 5				
		1 2 3 4 5				
		1 2 3 4 5				
		1 2 3 4 5				
		1 2 3 4 5				
		1 2 3 4 5				
		1 2 3 4 5				

_____   Quarter Total

Running Score

1		29		57	
2		30		58	
3		31		59	
4		32		60	
5		33		61	
6		34		62	
7		35		63	
8		36		64	
9		37		65	
10		38		66	
11		39		67	
12		40		68	
13		41		69	
14		42		70	
15		43		71	
16		44		72	
17		45		73	
18		46		74	
19		47		75	
20		48		76	
21		49		77	
22		50		78	
23		51		79	
24		52		80	
25		53		81	
26		54		82	
27		55		83	
28		56		84	

BASKETBALL SCORE SHEET

	Type	Age Group	Division

Date _____

Game Time _____

Site _____

Court # _____

Referees _____

Type
☐ Traditional
☐ Unified

Sex
☐ Men
☐ Women

Age Group
☐ Youth
☐ Junior
☐ Senior
☐ Master
☐ Senior Master

Division
☐ 1   ☐ 5
☐ 2   ☐ 6
☐ 3   ☐ 7
☐ 4   ☐ 8

VISITORS _____

Uniform Color _____

Team Fouls:

1st Half [1][2][3][4][5][6] [7][8][9] [10][+]

2nd Half [1][2][3][4][5][6] [7][8][9] [10][+]

1 + 1   2 Shots

Time Outs: 60 Secs [1][2][3]

30 Secs [1][2]

SCORING: 3 = 3 point goal 2 = 2 point goal
• = FT Made   O = FT missed

No.	U	Player	Fouls	1st	2nd	3rd	4th
			1 2 3 4 5				
			1 2 3 4 5				
			1 2 3 4 5				
			1 2 3 4 5				
			1 2 3 4 5				
			1 2 3 4 5				
			1 2 3 4 5				
			1 2 3 4 5				
			1 2 3 4 5				
			1 2 3 4 5				
			1 2 3 4 5				
			1 2 3 4 5				

FINAL SCORE: _____   Quarter Total

Running Score

1	29	57
2	30	58
3	31	59
4	32	60
5	33	61
6	34	62
7	35	63
8	36	64
9	37	65
10	38	66
11	39	67
12	40	68
13	41	69
14	42	70
15	43	71
16	44	72
17	45	73
18	46	74
19	47	75
20	48	76
21	49	77
22	50	78
23	51	79
24	52	80
25	53	81
26	54	82
27	55	83
28	56	84

Alternating Possession: H V H V H V H V H V H V H V H V H V H V H V H V

Defensive Warning [ ][ ]

HOME _____

Uniform Color _____

Team Fouls:

1st Half [1][2][3][4][5][6] [7][8][9] [10][+]

2nd Half [1][2][3][4][5][6] [7][8][9] [10][+]

1 + 1   2 Shots

Time Outs: 60 Secs [1][2][3]

30 Secs [1][2]

SCORING: 3 = 3 point goal 2 = 2 point goal
• = FT Made   ○ = FT missed

No.	U	Player	Fouls	1st	2nd	3rd	4th
			1 2 3 4 5				
			1 2 3 4 5				
			1 2 3 4 5				
			1 2 3 4 5				
			1 2 3 4 5				
			1 2 3 4 5				
			1 2 3 4 5				
			1 2 3 4 5				
			1 2 3 4 5				
			1 2 3 4 5				
			1 2 3 4 5				
			1 2 3 4 5				

Quarter Total

Running Score

1	29	57
2	30	58
3	31	59
4	32	60
5	33	61
6	34	62
7	35	63
8	36	64
9	37	65
10	38	66
11	39	67
12	40	68
13	41	69
14	42	70
15	43	71
16	44	72
17	45	73
18	46	74
19	47	75
20	48	76
21	49	77
22	50	78
23	51	79
24	52	80
25	53	81
26	54	82
27	55	83
28	56	84

BASKETBALL SCORE SHEET

Date _____

Game Time _____

Site _____

Court # _____

Referees _____

Type
- ☐ Traditional
- ☐ Unified

Sex
- ☐ Men
- ☐ Women

Age Group
- ☐ Youth
- ☐ Junior
- ☐ Senior
- ☐ Master
- ☐ Senior Master

Division
- ☐ 1
- ☐ 2
- ☐ 3
- ☐ 4
- ☐ 5
- ☐ 6
- ☐ 7
- ☐ 8

VISITORS _____

Uniform Color _____

Team Fouls:

1st Half: | 1 | 2 | 3 | 4 | 5 | 6 | | 7 | 8 | 9 | | 10 | + |

2nd Half: | 1 | 2 | 3 | 4 | 5 | 6 | | 7 | 8 | 9 | | 10 | + |

1 + 1   2 Shots

Time Outs: 60 Secs | 1 | 2 | 3 |

30 Secs | 1 | 2 |

No.	U	Player	Fouls					SCORING: 3 = 3 point goal 2 = 2 point goal • = FT Made O = FT missed			
								1st	2nd	3rd	4th
			1	2	3	4	5				
			1	2	3	4	5				
			1	2	3	4	5				
			1	2	3	4	5				
			1	2	3	4	5				
			1	2	3	4	5				
			1	2	3	4	5				
			1	2	3	4	5				
			1	2	3	4	5				
			1	2	3	4	5				
			1	2	3	4	5				
			1	2	3	4	5				

FINAL SCORE: _____   Quarter Total

Running Score (Visitors)

1		29		57	
2		30		58	
3		31		59	
4		32		60	
5		33		61	
6		34		62	
7		35		63	
8		36		64	
9		37		65	
10		38		66	
11		39		67	
12		40		68	
13		41		69	
14		42		70	
15		43		71	
16		44		72	
17		45		73	
18		46		74	
19		47		75	
20		48		76	
21		49		77	
22		50		78	
23		51		79	
24		52		80	
25		53		81	
26		54		82	
27		55		83	
28		56		84	

Alternating Possession | H | V | H | V | H | V | H | V | H | V | H | V | H | V | H | V | H | V | H | V | H | V | H | V |

Defensive Warning ☐ ☐

HOME _____

Uniform Color _____

Team Fouls:

1st Half: | 1 | 2 | 3 | 4 | 5 | 6 | | 7 | 8 | 9 | | 10 | + |

2nd Half: | 1 | 2 | 3 | 4 | 5 | 6 | | 7 | 8 | 9 | | 10 | + |

1 + 1   2 Shots

Time Outs: 60 Secs | 1 | 2 | 3 |

30 Secs | 1 | 2 |

No.	U	Player	Fouls					SCORING: 3 = 3 point goal 2 = 2 point goal • = FT Made o = FT missed			
								1st	2nd	3rd	4th
			1	2	3	4	5				
			1	2	3	4	5				
			1	2	3	4	5				
			1	2	3	4	5				
			1	2	3	4	5				
			1	2	3	4	5				
			1	2	3	4	5				
			1	2	3	4	5				
			1	2	3	4	5				
			1	2	3	4	5				
			1	2	3	4	5				
			1	2	3	4	5				

_____   Quarter Total

Running Score (Home)

1		29		57	
2		30		58	
3		31		59	
4		32		60	
5		33		61	
6		34		62	
7		35		63	
8		36		64	
9		37		65	
10		38		66	
11		39		67	
12		40		68	
13		41		69	
14		42		70	
15		43		71	
16		44		72	
17		45		73	
18		46		74	
19		47		75	
20		48		76	
21		49		77	
22		50		78	
23		51		79	
24		52		80	
25		53		81	
26		54		82	
27		55		83	
28		56		84	

BASKETBALL SCORE SHEET

Date _____

Game Time _____

Site _____

Court # _____

Referees _____

Type
- ☐ Traditional
- ☐ Unified

Sex
- ☐ Men
- ☐ Women

Age Group
- ☐ Youth
- ☐ Junior
- ☐ Senior
- ☐ Master
- ☐ Senior Master

Division
- ☐ 1   ☐ 5
- ☐ 2   ☐ 6
- ☐ 3   ☐ 7
- ☐ 4   ☐ 8

VISITORS _____

Uniform Color _____

Team Fouls:

1st Half | 1 | 2 | 3 | 4 | 5 | 6 | | 7 | 8 | 9 | | 10 | + |

2nd Half | 1 | 2 | 3 | 4 | 5 | 6 | | 7 | 8 | 9 | | 10 | + |

1 + 1   2 Shots

Time Outs: 60 Secs | 1 | 2 | 3 |

30 Secs | 1 | 2 |

SCORING: 3 = 3 point goal 2 = 2 point goal
● = FT Made   ○ = FT missed

No.	U	Player	Fouls					1st	2nd	3rd	4th
			1	2	3	4	5				
			1	2	3	4	5				
			1	2	3	4	5				
			1	2	3	4	5				
			1	2	3	4	5				
			1	2	3	4	5				
			1	2	3	4	5				
			1	2	3	4	5				
			1	2	3	4	5				
			1	2	3	4	5				
			1	2	3	4	5				
			1	2	3	4	5				

FINAL SCORE: _____   Quarter Total

Alternating Possession | H | V | H | V | H | V | H | V | H | V | H | V | H | V | H | V | H | V | H | V | H | V | H | V |

Defensive Warning | | |

Running Score (Visitors)

1		29		57	
2		30		58	
3		31		59	
4		32		60	
5		33		61	
6		34		62	
7		35		63	
8		36		64	
9		37		65	
10		38		66	
11		39		67	
12		40		68	
13		41		69	
14		42		70	
15		43		71	
16		44		72	
17		45		73	
18		46		74	
19		47		75	
20		48		76	
21		49		77	
22		50		78	
23		51		79	
24		52		80	
25		53		81	
26		54		82	
27		55		83	
28		56		84	

HOME _____

Uniform Color _____

Team Fouls:

1st Half | 1 | 2 | 3 | 4 | 5 | 6 | | 7 | 8 | 9 | | 10 | + |

2nd Half | 1 | 2 | 3 | 4 | 5 | 6 | | 7 | 8 | 9 | | 10 | + |

1 + 1   2 Shots

Time Outs: 60 Secs | 1 | 2 | 3 |

30 Secs | 1 | 2 |

SCORING: 3 = 3 point goal 2 = 2 point goal
● = FT Made   ○ = FT missed

No.	U	Player	Fouls					1st	2nd	3rd	4th
			1	2	3	4	5				
			1	2	3	4	5				
			1	2	3	4	5				
			1	2	3	4	5				
			1	2	3	4	5				
			1	2	3	4	5				
			1	2	3	4	5				
			1	2	3	4	5				
			1	2	3	4	5				
			1	2	3	4	5				
			1	2	3	4	5				
			1	2	3	4	5				

_____   Quarter Total

Running Score (Home)

1		29		57	
2		30		58	
3		31		59	
4		32		60	
5		33		61	
6		34		62	
7		35		63	
8		36		64	
9		37		65	
10		38		66	
11		39		67	
12		40		68	
13		41		69	
14		42		70	
15		43		71	
16		44		72	
17		45		73	
18		46		74	
19		47		75	
20		48		76	
21		49		77	
22		50		78	
23		51		79	
24		52		80	
25		53		81	
26		54		82	
27		55		83	
28		56		84	

BASKETBALL SCORE SHEET

	Type	Age Group	Division	
Date _____	☐ Traditional	☐ Youth	☐ 1	☐ 5
Game Time _____	☐ Unified	☐ Junior	☐ 2	☐ 6
Site _____	**Sex**	☐ Senior	☐ 3	☐ 7
Court # _____	☐ Men	☐ Master	☐ 4	☐ 8
Referees _____	☐ Women	☐ Senior Master		

VISITORS _____

Uniform Color _____

Team Fouls:

1st Half: 1 2 3 4 5 6 | 7 8 9 | 10 +

2nd Half: 1 2 3 4 5 6 | 7 8 9 | 10 +

1 + 1   2 Shots

Time Outs: 60 Secs: 1 2 3

30 Secs: 1 2

No.	U	Player	Fouls	1st	2nd	3rd	4th
			1 2 3 4 5				
			1 2 3 4 5				
			1 2 3 4 5				
			1 2 3 4 5				
			1 2 3 4 5				
			1 2 3 4 5				
			1 2 3 4 5				
			1 2 3 4 5				
			1 2 3 4 5				
			1 2 3 4 5				
			1 2 3 4 5				
			1 2 3 4 5				

SCORING: 3 = 3 point goal 2 = 2 point goal
● = FT Made   O = FT missed

FINAL SCORE: _____   Quarter Total

Running Score (VISITORS)

1		29		57	
2		30		58	
3		31		59	
4		32		60	
5		33		61	
6		34		62	
7		35		63	
8		36		64	
9		37		65	
10		38		66	
11		39		67	
12		40		68	
13		41		69	
14		42		70	
15		43		71	
16		44		72	
17		45		73	
18		46		74	
19		47		75	
20		48		76	
21		49		77	
22		50		78	
23		51		79	
24		52		80	
25		53		81	
26		54		82	
27		55		83	
28		56		84	

Alternating Possession: H V H V H V H V H V H V H V H V H V H V H V H V H V

Defensive Warning: ☐ ☐

HOME _____

Uniform Color _____

Team Fouls:

1st Half: 1 2 3 4 5 6 | 7 8 9 | 10 +

2nd Half: 1 2 3 4 5 6 | 7 8 9 | 10 +

1 + 1   2 Shots

Time Outs: 60 Secs: 1 2 3

30 Secs: 1 2

No.	U	Player	Fouls	1st	2nd	3rd	4th
			1 2 3 4 5				
			1 2 3 4 5				
			1 2 3 4 5				
			1 2 3 4 5				
			1 2 3 4 5				
			1 2 3 4 5				
			1 2 3 4 5				
			1 2 3 4 5				
			1 2 3 4 5				
			1 2 3 4 5				
			1 2 3 4 5				
			1 2 3 4 5				

SCORING: 3 = 3 point goal 2 = 2 point goal
● = FT Made   ○ = FT missed

_____   Quarter Total

Running Score (HOME)

1		29		57	
2		30		58	
3		31		59	
4		32		60	
5		33		61	
6		34		62	
7		35		63	
8		36		64	
9		37		65	
10		38		66	
11		39		67	
12		40		68	
13		41		69	
14		42		70	
15		43		71	
16		44		72	
17		45		73	
18		46		74	
19		47		75	
20		48		76	
21		49		77	
22		50		78	
23		51		79	
24		52		80	
25		53		81	
26		54		82	
27		55		83	
28		56		84	

BASKETBALL SCORE SHEET

Date _____

Game Time _____

Site _____

Court # _____

Referees _____

Type
- ☐ Traditional
- ☐ Unified

Sex
- ☐ Men
- ☐ Women

Age Group
- ☐ Youth
- ☐ Junior
- ☐ Senior
- ☐ Master
- ☐ Senior Master

Division
- ☐ 1   ☐ 5
- ☐ 2   ☐ 6
- ☐ 3   ☐ 7
- ☐ 4   ☐ 8

VISITORS _____

Uniform Color _____

Team Fouls:

1st Half: | 1 | 2 | 3 | 4 | 5 | 6 | | 7 | 8 | 9 | | 10 | + |

2nd Half: | 1 | 2 | 3 | 4 | 5 | 6 | | 7 | 8 | 9 | | 10 | + |

1 + 1   2 Shots

Time Outs: 60 Secs | 1 | 2 | 3 |

30 Secs | 1 | 2 |

SCORING: 3 = 3 point goal   2 = 2 point goal
● = FT Made   O = FT missed

No.	U	Player	Fouls					1st	2nd	3rd	4th
			1	2	3	4	5				
			1	2	3	4	5				
			1	2	3	4	5				
			1	2	3	4	5				
			1	2	3	4	5				
			1	2	3	4	5				
			1	2	3	4	5				
			1	2	3	4	5				
			1	2	3	4	5				
			1	2	3	4	5				
			1	2	3	4	5				
			1	2	3	4	5				
			1	2	3	4	5				

FINAL SCORE: _____   Quarter Total

Running Score (Visitors)

1	29	57
2	30	58
3	31	59
4	32	60
5	33	61
6	34	62
7	35	63
8	36	64
9	37	65
10	38	66
11	39	67
12	40	68
13	41	69
14	42	70
15	43	71
16	44	72
17	45	73
18	46	74
19	47	75
20	48	76
21	49	77
22	50	78
23	51	79
24	52	80
25	53	81
26	54	82
27	55	83
28	56	84

Alternating Possession | H | V | H | V | H | V | H | V | H | V | H | V | H | V | H | V | H | V | H | V | H | V | H | V |

Defensive Warning ☐☐

HOME _____

Uniform Color _____

Team Fouls:

1st Half: | 1 | 2 | 3 | 4 | 5 | 6 | | 7 | 8 | 9 | | 10 | + |

2nd Half: | 1 | 2 | 3 | 4 | 5 | 6 | | 7 | 8 | 9 | | 10 | + |

1 + 1   2 Shots

Time Outs: 60 Secs | 1 | 2 | 3 |

30 Secs | 1 | 2 |

SCORING: 3 = 3 point goal   2 = 2 point goal
● = FT Made   ○ = FT missed

No.	U	Player	Fouls					1st	2nd	3rd	4th
			1	2	3	4	5				
			1	2	3	4	5				
			1	2	3	4	5				
			1	2	3	4	5				
			1	2	3	4	5				
			1	2	3	4	5				
			1	2	3	4	5				
			1	2	3	4	5				
			1	2	3	4	5				
			1	2	3	4	5				
			1	2	3	4	5				
			1	2	3	4	5				
			1	2	3	4	5				

_____   Quarter Total

Running Score (Home)

1	29	57
2	30	58
3	31	59
4	32	60
5	33	61
6	34	62
7	35	63
8	36	64
9	37	65
10	38	66
11	39	67
12	40	68
13	41	69
14	42	70
15	43	71
16	44	72
17	45	73
18	46	74
19	47	75
20	48	76
21	49	77
22	50	78
23	51	79
24	52	80
25	53	81
26	54	82
27	55	83
28	56	84

BASKETBALL SCORE SHEET

Date _____

Game Time _____

Site _____

Court # _____

Referees _____

Type
- ☐ Traditional
- ☐ Unified

Sex
- ☐ Men
- ☐ Women

Age Group
- ☐ Youth
- ☐ Junior
- ☐ Senior
- ☐ Master
- ☐ Senior Master

Division
- ☐ 1   ☐ 5
- ☐ 2   ☐ 6
- ☐ 3   ☐ 7
- ☐ 4   ☐ 8

VISITORS _____

Uniform Color _____

Team Fouls:

1st Half: | 1 | 2 | 3 | 4 | 5 | 6 | | 7 | 8 | 9 | | 10 | + |

2nd Half: | 1 | 2 | 3 | 4 | 5 | 6 | | 7 | 8 | 9 | | 10 | + |

1 + 1   2 Shots

Time Outs: 60 Secs | 1 | 2 | 3 |

30 Secs | 1 | 2 |

No.	U	Player	Fouls					SCORING: 3 = 3 point goal 2 = 2 point goal ● = FT Made O = FT missed			
								1st	2nd	3rd	4th
			1	2	3	4	5				
			1	2	3	4	5				
			1	2	3	4	5				
			1	2	3	4	5				
			1	2	3	4	5				
			1	2	3	4	5				
			1	2	3	4	5				
			1	2	3	4	5				
			1	2	3	4	5				
			1	2	3	4	5				
			1	2	3	4	5				
			1	2	3	4	5				
			1	2	3	4	5				

FINAL SCORE: _____   Quarter Total

Running Score

1	29	57
2	30	58
3	31	59
4	32	60
5	33	61
6	34	62
7	35	63
8	36	64
9	37	65
10	38	66
11	39	67
12	40	68
13	41	69
14	42	70
15	43	71
16	44	72
17	45	73
18	46	74
19	47	75
20	48	76
21	49	77
22	50	78
23	51	79
24	52	80
25	53	81
26	54	82
27	55	83
28	56	84

Alternating Possession: | H | V | H | V | H | V | H | V | H | V | H | V | H | V | H | V | H | V | H | V | H | V | H | V |

Defensive Warning | | |

HOME _____

Uniform Color _____

Team Fouls:

1st Half: | 1 | 2 | 3 | 4 | 5 | 6 | | 7 | 8 | 9 | | 10 | + |

2nd Half: | 1 | 2 | 3 | 4 | 5 | 6 | | 7 | 8 | 9 | | 10 | + |

1 + 1   2 Shots

Time Outs: 60 Secs | 1 | 2 | 3 |

30 Secs | 1 | 2 |

No.	U	Player	Fouls					SCORING: 3 = 3 point goal 2 = 2 point goal ● = FT Made ○ = FT missed			
								1st	2nd	3rd	4th
			1	2	3	4	5				
			1	2	3	4	5				
			1	2	3	4	5				
			1	2	3	4	5				
			1	2	3	4	5				
			1	2	3	4	5				
			1	2	3	4	5				
			1	2	3	4	5				
			1	2	3	4	5				
			1	2	3	4	5				
			1	2	3	4	5				
			1	2	3	4	5				
			1	2	3	4	5				

_____   Quarter Total

Running Score

1	29	57
2	30	58
3	31	59
4	32	60
5	33	61
6	34	62
7	35	63
8	36	64
9	37	65
10	38	66
11	39	67
12	40	68
13	41	69
14	42	70
15	43	71
16	44	72
17	45	73
18	46	74
19	47	75
20	48	76
21	49	77
22	50	78
23	51	79
24	52	80
25	53	81
26	54	82
27	55	83
28	56	84

BASKETBALL SCORE SHEET

	Type	Age Group	Division	
Date _____	☐ Traditional	☐ Youth	☐ 1	☐ 5
Game Time _____	☐ Unified	☐ Junior	☐ 2	☐ 6
Site _____	**Sex**	☐ Senior	☐ 3	☐ 7
Court # _____	☐ Men	☐ Master	☐ 4	☐ 8
Referees _____	☐ Women	☐ Senior Master		

VISITORS

Uniform Color _____

Team Fouls:

1st Half | 1 | 2 | 3 | 4 | 5 | 6 | | 7 | 8 | 9 | | 10 | + |

2nd Half | 1 | 2 | 3 | 4 | 5 | 6 | | 7 | 8 | 9 | | 10 | + |

1 + 1   2 Shots

Time Outs: 60 Secs | 1 | 2 | 3 |

30 Secs | 1 | 2 |

No.	U	Player	Fouls	SCORING: 3 = 3 point goal 2 = 2 point goal • = FT Made O = FT missed			
				1st	2nd	3rd	4th
			1 2 3 4 5				
			1 2 3 4 5				
			1 2 3 4 5				
			1 2 3 4 5				
			1 2 3 4 5				
			1 2 3 4 5				
			1 2 3 4 5				
			1 2 3 4 5				
			1 2 3 4 5				
			1 2 3 4 5				
			1 2 3 4 5				
			1 2 3 4 5				

FINAL SCORE: _____   Quarter Total

Running Score (Visitors)

1	29	57
2	30	58
3	31	59
4	32	60
5	33	61
6	34	62
7	35	63
8	36	64
9	37	65
10	38	66
11	39	67
12	40	68
13	41	69
14	42	70
15	43	71
16	44	72
17	45	73
18	46	74
19	47	75
20	48	76
21	49	77
22	50	78
23	51	79
24	52	80
25	53	81
26	54	82
27	55	83
28	56	84

Alternating Possession | H | V | H | V | H | V | H | V | H | V | H | V | H | V | H | V | H | V | H | V | H | V | H | V |

Defensive Warning | | |

HOME

Uniform Color _____

Team Fouls:

1st Half | 1 | 2 | 3 | 4 | 5 | 6 | | 7 | 8 | 9 | | 10 | + |

2nd Half | 1 | 2 | 3 | 4 | 5 | 6 | | 7 | 8 | 9 | | 10 | + |

1 + 1   2 Shots

Time Outs: 60 Secs | 1 | 2 | 3 |

30 Secs | 1 | 2 |

No.	U	Player	Fouls	SCORING: 3 = 3 point goal 2 = 2 point goal • = FT Made ○ = FT missed			
				1st	2nd	3rd	4th
			1 2 3 4 5				
			1 2 3 4 5				
			1 2 3 4 5				
			1 2 3 4 5				
			1 2 3 4 5				
			1 2 3 4 5				
			1 2 3 4 5				
			1 2 3 4 5				
			1 2 3 4 5				
			1 2 3 4 5				
			1 2 3 4 5				
			1 2 3 4 5				

_____   Quarter Total

Running Score (Home)

1	29	57
2	30	58
3	31	59
4	32	60
5	33	61
6	34	62
7	35	63
8	36	64
9	37	65
10	38	66
11	39	67
12	40	68
13	41	69
14	42	70
15	43	71
16	44	72
17	45	73
18	46	74
19	47	75
20	48	76
21	49	77
22	50	78
23	51	79
24	52	80
25	53	81
26	54	82
27	55	83
28	56	84

BASKETBALL SCORE SHEET

	Type	Age Group	Division
Date _____	☐ Traditional	☐ Youth	☐ 1 ☐ 5
Game Time _____	☐ Unified	☐ Junior	☐ 2 ☐ 6
Site _____	**Sex**	☐ Senior	☐ 3 ☐ 7
Court # _____	☐ Men	☐ Master	☐ 4 ☐ 8
Referees _____	☐ Women	☐ Senior Master	

VISITORS _____ **Uniform Color** _____

Team Fouls:

1st Half | 1 | 2 | 3 | 4 | 5 | 6 | | 7 | 8 | 9 | | 10 | +

2nd Half | 1 | 2 | 3 | 4 | 5 | 6 | | 7 | 8 | 9 | | 10 | +

1 + 1   2 Shots

Time Outs: 60 Secs | 1 | 2 | 3

30 Secs | 1 | 2

Running Score (Visitors)

1	29	57
2	30	58
3	31	59
4	32	60
5	33	61
6	34	62
7	35	63
8	36	64
9	37	65
10	38	66
11	39	67
12	40	68
13	41	69
14	42	70
15	43	71
16	44	72
17	45	73
18	46	74
19	47	75
20	48	76
21	49	77
22	50	78
23	51	79
24	52	80
25	53	81
26	54	82
27	55	83
28	56	84

SCORING: 3 = 3 point goal 2 = 2 point goal
● = FT Made   O = FT missed

No.	U	Player	Fouls	1st	2nd	3rd	4th
			1 2 3 4 5				
			1 2 3 4 5				
			1 2 3 4 5				
			1 2 3 4 5				
			1 2 3 4 5				
			1 2 3 4 5				
			1 2 3 4 5				
			1 2 3 4 5				
			1 2 3 4 5				
			1 2 3 4 5				
			1 2 3 4 5				
			1 2 3 4 5				

FINAL SCORE: _____   Quarter Total

Alternating Possession H V H V H V H V H V H V H V H V H V H V H V H V

Defensive Warning ☐ ☐

HOME _____ **Uniform Color** _____

Team Fouls:

1st Half | 1 | 2 | 3 | 4 | 5 | 6 | | 7 | 8 | 9 | | 10 | +

2nd Half | 1 | 2 | 3 | 4 | 5 | 6 | | 7 | 8 | 9 | | 10 | +

1 + 1   2 Shots

Time Outs: 60 Secs | 1 | 2 | 3

30 Secs | 1 | 2

Running Score (Home)

1	29	57
2	30	58
3	31	59
4	32	60
5	33	61
6	34	62
7	35	63
8	36	64
9	37	65
10	38	66
11	39	67
12	40	68
13	41	69
14	42	70
15	43	71
16	44	72
17	45	73
18	46	74
19	47	75
20	48	76
21	49	77
22	50	78
23	51	79
24	52	80
25	53	81
26	54	82
27	55	83
28	56	84

SCORING: 3 = 3 point goal 2 = 2 point goal
● = FT Made   ○ = FT missed

No.	U	Player	Fouls	1st	2nd	3rd	4th
			1 2 3 4 5				
			1 2 3 4 5				
			1 2 3 4 5				
			1 2 3 4 5				
			1 2 3 4 5				
			1 2 3 4 5				
			1 2 3 4 5				
			1 2 3 4 5				
			1 2 3 4 5				
			1 2 3 4 5				
			1 2 3 4 5				
			1 2 3 4 5				

_____   Quarter Total

BASKETBALL SCORE SHEET

Date	_____	
Game Time	_____	
Site	_____	
Court #	_____	
Referees	_____	

Type
- ☐ Traditional
- ☐ Unified

Sex
- ☐ Men
- ☐ Women

Age Group
- ☐ Youth
- ☐ Junior
- ☐ Senior
- ☐ Master
- ☐ Senior Master

Division
- ☐ 1   ☐ 5
- ☐ 2   ☐ 6
- ☐ 3   ☐ 7
- ☐ 4   ☐ 8

VISITORS _____

Uniform Color _____

Team Fouls:

1st Half: 1 2 3 4 5 6   7 8 9   10 +

2nd Half: 1 2 3 4 5 6   7 8 9   10 +

1 + 1   2 Shots

Time Outs: 60 Secs: 1 2 3

30 Secs: 1 2

No.	U	Player	Fouls					SCORING: 3 = 3 point goal 2 = 2 point goal ● = FT Made O = FT missed			
								1st	2nd	3rd	4th
			1	2	3	4	5				
			1	2	3	4	5				
			1	2	3	4	5				
			1	2	3	4	5				
			1	2	3	4	5				
			1	2	3	4	5				
			1	2	3	4	5				
			1	2	3	4	5				
			1	2	3	4	5				
			1	2	3	4	5				
			1	2	3	4	5				
			1	2	3	4	5				
			1	2	3	4	5				

FINAL SCORE: _____   Quarter Total

Alternating Possession: H V H V H V H V H V H V H V H V H V H V H V H V

Defensive Warning: ☐☐

Running Score (Visitors)

1	29	57
2	30	58
3	31	59
4	32	60
5	33	61
6	34	62
7	35	63
8	36	64
9	37	65
10	38	66
11	39	67
12	40	68
13	41	69
14	42	70
15	43	71
16	44	72
17	45	73
18	46	74
19	47	75
20	48	76
21	49	77
22	50	78
23	51	79
24	52	80
25	53	81
26	54	82
27	55	83
28	56	84

HOME _____

Uniform Color _____

Team Fouls:

1st Half: 1 2 3 4 5 6   7 8 9   10 +

2nd Half: 1 2 3 4 5 6   7 8 9   10 +

1 + 1   2 Shots

Time Outs: 60 Secs: 1 2 3

30 Secs: 1 2

No.	U	Player	Fouls					SCORING: 3 = 3 point goal 2 = 2 point goal ● = FT Made ○ = FT missed			
								1st	2nd	3rd	4th
			1	2	3	4	5				
			1	2	3	4	5				
			1	2	3	4	5				
			1	2	3	4	5				
			1	2	3	4	5				
			1	2	3	4	5				
			1	2	3	4	5				
			1	2	3	4	5				
			1	2	3	4	5				
			1	2	3	4	5				
			1	2	3	4	5				
			1	2	3	4	5				
			1	2	3	4	5				

_____   Quarter Total

Running Score (Home)

1	29	57
2	30	58
3	31	59
4	32	60
5	33	61
6	34	62
7	35	63
8	36	64
9	37	65
10	38	66
11	39	67
12	40	68
13	41	69
14	42	70
15	43	71
16	44	72
17	45	73
18	46	74
19	47	75
20	48	76
21	49	77
22	50	78
23	51	79
24	52	80
25	53	81
26	54	82
27	55	83
28	56	84

BASKETBALL SCORE SHEET

	Type	Age Group	Division
Date _____	☐ Traditional	☐ Youth	☐ 1 ☐ 5
Game Time _____	☐ Unified	☐ Junior	☐ 2 ☐ 6
Site _____	**Sex**	☐ Senior	☐ 3 ☐ 7
Court # _____	☐ Men	☐ Master	☐ 4 ☐ 8
Referees _____	☐ Women	☐ Senior Master	

VISITORS _____   **Uniform Color** _____

Team Fouls:

1st Half | 1 | 2 | 3 | 4 | 5 | 6 | 7 | 8 | 9 | 10 | +

2nd Half | 1 | 2 | 3 | 4 | 5 | 6 | 7 | 8 | 9 | 10 | +

1 + 1   2 Shots

Time Outs: 60 Secs | 1 | 2 | 3

30 Secs | 1 | 2

Running Score		
1	29	57
2	30	58
3	31	59
4	32	60
5	33	61
6	34	62
7	35	63
8	36	64
9	37	65
10	38	66
11	39	67
12	40	68
13	41	69
14	42	70
15	43	71
16	44	72
17	45	73
18	46	74
19	47	75
20	48	76
21	49	77
22	50	78
23	51	79
24	52	80
25	53	81
26	54	82
27	55	83
28	56	84

SCORING: 3 = 3 point goal 2 = 2 point goal
● = FT Made   O = FT missed

No.	U	Player	Fouls					1st	2nd	3rd	4th
			1	2	3	4	5				
			1	2	3	4	5				
			1	2	3	4	5				
			1	2	3	4	5				
			1	2	3	4	5				
			1	2	3	4	5				
			1	2	3	4	5				
			1	2	3	4	5				
			1	2	3	4	5				
			1	2	3	4	5				
			1	2	3	4	5				
			1	2	3	4	5				

FINAL SCORE: _____   Quarter Total

Alternating Possession: | H | V | H | V | H | V | H | V | H | V | H | V | H | V | H | V | H | V | H | V | H | V | H | V |

Defensive Warning ☐☐

HOME _____   **Uniform Color** _____

Team Fouls:

1st Half | 1 | 2 | 3 | 4 | 5 | 6 | 7 | 8 | 9 | 10 | +

2nd Half | 1 | 2 | 3 | 4 | 5 | 6 | 7 | 8 | 9 | 10 | +

1 + 1   2 Shots

Time Outs: 60 Secs | 1 | 2 | 3

30 Secs | 1 | 2

Running Score		
1	29	57
2	30	58
3	31	59
4	32	60
5	33	61
6	34	62
7	35	63
8	36	64
9	37	65
10	38	66
11	39	67
12	40	68
13	41	69
14	42	70
15	43	71
16	44	72
17	45	73
18	46	74
19	47	75
20	48	76
21	49	77
22	50	78
23	51	79
24	52	80
25	53	81
26	54	82
27	55	83
28	56	84

SCORING: 3 = 3 point goal 2 = 2 point goal
● = FT Made   ○ = FT missed

No.	U	Player	Fouls					1st	2nd	3rd	4th
			1	2	3	4	5				
			1	2	3	4	5				
			1	2	3	4	5				
			1	2	3	4	5				
			1	2	3	4	5				
			1	2	3	4	5				
			1	2	3	4	5				
			1	2	3	4	5				
			1	2	3	4	5				
			1	2	3	4	5				
			1	2	3	4	5				
			1	2	3	4	5				

_____   Quarter Total

BASKETBALL SCORE SHEET

	Type	Age Group	Division
Date _____	☐ Traditional	☐ Youth	☐ 1 ☐ 5
Game Time _____	☐ Unified	☐ Junior	☐ 2 ☐ 6
Site _____	**Sex**	☐ Senior	☐ 3 ☐ 7
Court # _____	☐ Men	☐ Master	☐ 4 ☐ 8
Referees _____	☐ Women	☐ Senior Master	

VISITORS _____   Uniform Color _____

Team Fouls:
1st Half | 1 | 2 | 3 | 4 | 5 | 6 | 7 | 8 | 9 | 10 | + | Time Outs: 60 Secs | 1 | 2 | 3 |
2nd Half | 1 | 2 | 3 | 4 | 5 | 6 | 7 | 8 | 9 | 10 | + | 30 Secs | 1 | 2 |

1 + 1   2 Shots

No.	U	Player	Fouls	SCORING: 3 = 3 point goal 2 = 2 point goal ● = FT Made O = FT missed

				1st	2nd	3rd	4th
			1 2 3 4 5				
			1 2 3 4 5				
			1 2 3 4 5				
			1 2 3 4 5				
			1 2 3 4 5				
			1 2 3 4 5				
			1 2 3 4 5				
			1 2 3 4 5				
			1 2 3 4 5				
			1 2 3 4 5				
			1 2 3 4 5				
			1 2 3 4 5				

FINAL SCORE: _____   Quarter Total

Running Score (Visitors)

1	29	57	15	43	71
2	30	58	16	44	72
3	31	59	17	45	73
4	32	60	18	46	74
5	33	61	19	47	75
6	34	62	20	48	76
7	35	63	21	49	77
8	36	64	22	50	78
9	37	65	23	51	79
10	38	66	24	52	80
11	39	67	25	53	81
12	40	68	26	54	82
13	41	69	27	55	83
14	42	70	28	56	84

Alternating Possession: H V H V H V H V H V H V H V H V H V H V H V H V H V   Defensive Warning ☐

HOME _____   Uniform Color _____

Team Fouls:
1st Half | 1 | 2 | 3 | 4 | 5 | 6 | 7 | 8 | 9 | 10 | + | Time Outs: 60 Secs | 1 | 2 | 3 |
2nd Half | 1 | 2 | 3 | 4 | 5 | 6 | 7 | 8 | 9 | 10 | + | 30 Secs | 1 | 2 |

1 + 1   2 Shots

No.	U	Player	Fouls	SCORING: 3 = 3 point goal 2 = 2 point goal ● = FT Made ○ = FT missed

				1st	2nd	3rd	4th
			1 2 3 4 5				
			1 2 3 4 5				
			1 2 3 4 5				
			1 2 3 4 5				
			1 2 3 4 5				
			1 2 3 4 5				
			1 2 3 4 5				
			1 2 3 4 5				
			1 2 3 4 5				
			1 2 3 4 5				
			1 2 3 4 5				
			1 2 3 4 5				

_____ Quarter Total

Running Score (Home)

1	29	57	15	43	71
2	30	58	16	44	72
3	31	59	17	45	73
4	32	60	18	46	74
5	33	61	19	47	75
6	34	62	20	48	76
7	35	63	21	49	77
8	36	64	22	50	78
9	37	65	23	51	79
10	38	66	24	52	80
11	39	67	25	53	81
12	40	68	26	54	82
13	41	69	27	55	83
14	42	70	28	56	84

BASKETBALL SCORE SHEET

		Type		Age Group		Division			
Date	_____	☐ Traditional	☐	Youth	☐	1	☐	5	
Game Time	_____	☐ Unified	☐	Junior	☐	2	☐	6	
Site	_____	**Sex**	☐	Senior	☐	3	☐	7	
Court #	_____	☐ Men	☐	Master	☐	4	☐	8	
Referees	_____	☐ Women	☐	Senior Master					

VISITORS _____

Uniform Color _____

Team Fouls:

1st Half | 1 | 2 | 3 | 4 | 5 | 6 | | 7 | 8 | 9 | | 10 | + |

2nd Half | 1 | 2 | 3 | 4 | 5 | 6 | | 7 | 8 | 9 | | 10 | + |

1 + 1   2 Shots

Time Outs: 60 Secs | 1 | 2 | 3 |

30 Secs | 1 | 2 |

No.	U	Player	Fouls					SCORING: 3 = 3 point goal 2 = 2 point goal • = FT Made O = FT missed			
								1st	2nd	3rd	4th
			1	2	3	4	5				
			1	2	3	4	5				
			1	2	3	4	5				
			1	2	3	4	5				
			1	2	3	4	5				
			1	2	3	4	5				
			1	2	3	4	5				
			1	2	3	4	5				
			1	2	3	4	5				
			1	2	3	4	5				
			1	2	3	4	5				
			1	2	3	4	5				

FINAL SCORE: _____   Quarter Total

Running Score

1		29		57
2		30		58
3		31		59
4		32		60
5		33		61
6		34		62
7		35		63
8		36		64
9		37		65
10		38		66
11		39		67
12		40		68
13		41		69
14		42		70
15		43		71
16		44		72
17		45		73
18		46		74
19		47		75
20		48		76
21		49		77
22		50		78
23		51		79
24		52		80
25		53		81
26		54		82
27		55		83
28		56		84

Alternating Possession | H | V | H | V | H | V | H | V | H | V | H | V | H | V | H | V | H | V | H | V | H | V | H | V |

Defensive Warning | | |

HOME _____

Uniform Color _____

Team Fouls:

1st Half | 1 | 2 | 3 | 4 | 5 | 6 | | 7 | 8 | 9 | | 10 | + |

2nd Half | 1 | 2 | 3 | 4 | 5 | 6 | | 7 | 8 | 9 | | 10 | + |

1 + 1   2 Shots

Time Outs: 60 Secs | 1 | 2 | 3 |

30 Secs | 1 | 2 |

No.	U	Player	Fouls					SCORING: 3 = 3 point goal 2 = 2 point goal • = FT Made ○ = FT missed			
								1st	2nd	3rd	4th
			1	2	3	4	5				
			1	2	3	4	5				
			1	2	3	4	5				
			1	2	3	4	5				
			1	2	3	4	5				
			1	2	3	4	5				
			1	2	3	4	5				
			1	2	3	4	5				
			1	2	3	4	5				
			1	2	3	4	5				
			1	2	3	4	5				
			1	2	3	4	5				

_____   Quarter Total

Running Score

1		29		57
2		30		58
3		31		59
4		32		60
5		33		61
6		34		62
7		35		63
8		36		64
9		37		65
10		38		66
11		39		67
12		40		68
13		41		69
14		42		70
15		43		71
16		44		72
17		45		73
18		46		74
19		47		75
20		48		76
21		49		77
22		50		78
23		51		79
24		52		80
25		53		81
26		54		82
27		55		83
28		56		84

BASKETBALL SCORE SHEET

	Type		Age Group		Division		
Date _____	☐	Traditional	☐	Youth	☐ 1	☐ 5	
Game Time _____	☐	Unified	☐	Junior	☐ 2	☐ 6	
Site _____	**Sex**		☐	Senior	☐ 3	☐ 7	
Court # _____	☐	Men	☐	Master	☐ 4	☐ 8	
Referees _____	☐	Women	☐	Senior Master			

VISITORS _____ **Uniform Color** _____

Team Fouls:
1st Half: | 1 | 2 | 3 | 4 | 5 | 6 | | 7 | 8 | 9 | | 10 | + |
Time Outs: 60 Secs | 1 | 2 | 3 |

2nd Half: | 1 | 2 | 3 | 4 | 5 | 6 | | 7 | 8 | 9 | | 10 | + |
30 Secs | 1 | 2 |

1 + 1   2 Shots

No.	U	Player	Fouls	SCORING: 3 = 3 point goal 2 = 2 point goal ● = FT Made O = FT missed

SCORING columns: 1st | 2nd | 3rd | 4th

Fouls
1 2 3 4 5
1 2 3 4 5
1 2 3 4 5
1 2 3 4 5
1 2 3 4 5
1 2 3 4 5
1 2 3 4 5
1 2 3 4 5
1 2 3 4 5
1 2 3 4 5
1 2 3 4 5
1 2 3 4 5
1 2 3 4 5

FINAL SCORE: _____   Quarter Total

Running Score		
1	29	57
2	30	58
3	31	59
4	32	60
5	33	61
6	34	62
7	35	63
8	36	64
9	37	65
10	38	66
11	39	67
12	40	68
13	41	69
14	42	70
15	43	71
16	44	72
17	45	73
18	46	74
19	47	75
20	48	76
21	49	77
22	50	78
23	51	79
24	52	80
25	53	81
26	54	82
27	55	83
28	56	84

Alternating Possession: H V H V H V H V H V H V H V H V H V H V H V H V H V H V   Defensive Warning ☐☐

HOME _____ **Uniform Color** _____

Team Fouls:
1st Half: | 1 | 2 | 3 | 4 | 5 | 6 | | 7 | 8 | 9 | | 10 | + |
Time Outs: 60 Secs | 1 | 2 | 3 |

2nd Half: | 1 | 2 | 3 | 4 | 5 | 6 | | 7 | 8 | 9 | | 10 | + |
30 Secs | 1 | 2 |

1 + 1   2 Shots

No.	U	Player	Fouls	SCORING: 3 = 3 point goal 2 = 2 point goal ● = FT Made o = FT missed

SCORING columns: 1st | 2nd | 3rd | 4th

Fouls
1 2 3 4 5
1 2 3 4 5
1 2 3 4 5
1 2 3 4 5
1 2 3 4 5
1 2 3 4 5
1 2 3 4 5
1 2 3 4 5
1 2 3 4 5
1 2 3 4 5
1 2 3 4 5
1 2 3 4 5
1 2 3 4 5

_____   Quarter Total

Running Score		
1	29	57
2	30	58
3	31	59
4	32	60
5	33	61
6	34	62
7	35	63
8	36	64
9	37	65
10	38	66
11	39	67
12	40	68
13	41	69
14	42	70
15	43	71
16	44	72
17	45	73
18	46	74
19	47	75
20	48	76
21	49	77
22	50	78
23	51	79
24	52	80
25	53	81
26	54	82
27	55	83
28	56	84

BASKETBALL SCORE SHEET

Date _____	**Type**	**Age Group**	**Division**

Type
- ☐ Traditional
- ☐ Unified

Sex
- ☐ Men
- ☐ Women

Age Group
- ☐ Youth
- ☐ Junior
- ☐ Senior
- ☐ Master
- ☐ Senior Master

Division
- ☐ 1   ☐ 5
- ☐ 2   ☐ 6
- ☐ 3   ☐ 7
- ☐ 4   ☐ 8

Date _____
Game Time _____
Site _____
Court # _____
Referees _____

VISITORS _____

Uniform Color _____

Team Fouls:

1st Half | 1 | 2 | 3 | 4 | 5 | 6 | | 7 | 8 | 9 | | 10 | + |

2nd Half | 1 | 2 | 3 | 4 | 5 | 6 | | 7 | 8 | 9 | | 10 | + |

1 + 1   2 Shots

Time Outs: 60 Secs | 1 | 2 | 3 |
30 Secs | 1 | 2 |

No.	U	Player	Fouls					1st	2nd	3rd	4th
			1	2	3	4	5				
			1	2	3	4	5				
			1	2	3	4	5				
			1	2	3	4	5				
			1	2	3	4	5				
			1	2	3	4	5				
			1	2	3	4	5				
			1	2	3	4	5				
			1	2	3	4	5				
			1	2	3	4	5				
			1	2	3	4	5				
			1	2	3	4	5				

SCORING: 3 = 3 point goal 2 = 2 point goal
● = FT Made   O = FT missed

FINAL SCORE: _____   Quarter Total

Running Score

1	29	57
2	30	58
3	31	59
4	32	60
5	33	61
6	34	62
7	35	63
8	36	64
9	37	65
10	38	66
11	39	67
12	40	68
13	41	69
14	42	70
15	43	71
16	44	72
17	45	73
18	46	74
19	47	75
20	48	76
21	49	77
22	50	78
23	51	79
24	52	80
25	53	81
26	54	82
27	55	83
28	56	84

Alternating Possession | H | V | H | V | H | V | H | V | H | V | H | V | H | V | H | V | H | V | H | V | H | V | H | V |

Defensive Warning ☐☐

HOME _____

Uniform Color _____

Team Fouls:

1st Half | 1 | 2 | 3 | 4 | 5 | 6 | | 7 | 8 | 9 | | 10 | + |

2nd Half | 1 | 2 | 3 | 4 | 5 | 6 | | 7 | 8 | 9 | | 10 | + |

1 + 1   2 Shots

Time Outs: 60 Secs | 1 | 2 | 3 |
30 Secs | 1 | 2 |

No.	U	Player	Fouls					1st	2nd	3rd	4th
			1	2	3	4	5				
			1	2	3	4	5				
			1	2	3	4	5				
			1	2	3	4	5				
			1	2	3	4	5				
			1	2	3	4	5				
			1	2	3	4	5				
			1	2	3	4	5				
			1	2	3	4	5				
			1	2	3	4	5				
			1	2	3	4	5				
			1	2	3	4	5				

SCORING: 3 = 3 point goal 2 = 2 point goal
● = FT Made   ○ = FT missed

_____   Quarter Total

Running Score

1	29	57
2	30	58
3	31	59
4	32	60
5	33	61
6	34	62
7	35	63
8	36	64
9	37	65
10	38	66
11	39	67
12	40	68
13	41	69
14	42	70
15	43	71
16	44	72
17	45	73
18	46	74
19	47	75
20	48	76
21	49	77
22	50	78
23	51	79
24	52	80
25	53	81
26	54	82
27	55	83
28	56	84

BASKETBALL SCORE SHEET

Date _____

Game Time _____

Site _____

Court # _____

Referees _____

Type
- ☐ Traditional
- ☐ Unified

Sex
- ☐ Men
- ☐ Women

Age Group
- ☐ Youth
- ☐ Junior
- ☐ Senior
- ☐ Master
- ☐ Senior Master

Division
- ☐ 1   ☐ 5
- ☐ 2   ☐ 6
- ☐ 3   ☐ 7
- ☐ 4   ☐ 8

VISITORS _____

Uniform Color _____

Team Fouls:

1st Half | 1 | 2 | 3 | 4 | 5 | 6 | | 7 | 8 | 9 | | 10 | + |

2nd Half | 1 | 2 | 3 | 4 | 5 | 6 | | 7 | 8 | 9 | | 10 | + |

1 + 1   2 Shots

Time Outs: 60 Secs | 1 | 2 | 3 |

30 Secs | 1 | 2 |

No.	U	Player	Fouls					1st	2nd	3rd	4th
			1	2	3	4	5				
			1	2	3	4	5				
			1	2	3	4	5				
			1	2	3	4	5				
			1	2	3	4	5				
			1	2	3	4	5				
			1	2	3	4	5				
			1	2	3	4	5				
			1	2	3	4	5				
			1	2	3	4	5				
			1	2	3	4	5				
			1	2	3	4	5				

SCORING: 3 = 3 point goal 2 = 2 point goal
● = FT Made   O = FT missed

FINAL SCORE: _____

Quarter Total

Running Score

1	29	57
2	30	58
3	31	59
4	32	60
5	33	61
6	34	62
7	35	63
8	36	64
9	37	65
10	38	66
11	39	67
12	40	68
13	41	69
14	42	70
15	43	71
16	44	72
17	45	73
18	46	74
19	47	75
20	48	76
21	49	77
22	50	78
23	51	79
24	52	80
25	53	81
26	54	82
27	55	83
28	56	84

Alternating Possession | H | V | H | V | H | V | H | V | H | V | H | V | H | V | H | V | H | V | H | V | H | V | H | V |

Defensive Warning | | |

HOME _____

Uniform Color _____

Team Fouls:

1st Half | 1 | 2 | 3 | 4 | 5 | 6 | | 7 | 8 | 9 | | 10 | + |

2nd Half | 1 | 2 | 3 | 4 | 5 | 6 | | 7 | 8 | 9 | | 10 | + |

1 + 1   2 Shots

Time Outs: 60 Secs | 1 | 2 | 3 |

30 Secs | 1 | 2 |

No.	U	Player	Fouls					1st	2nd	3rd	4th
			1	2	3	4	5				
			1	2	3	4	5				
			1	2	3	4	5				
			1	2	3	4	5				
			1	2	3	4	5				
			1	2	3	4	5				
			1	2	3	4	5				
			1	2	3	4	5				
			1	2	3	4	5				
			1	2	3	4	5				
			1	2	3	4	5				
			1	2	3	4	5				

SCORING: 3 = 3 point goal 2 = 2 point goal
● = FT Made   ○ = FT missed

_____ Quarter Total

Running Score

1	29	57
2	30	58
3	31	59
4	32	60
5	33	61
6	34	62
7	35	63
8	36	64
9	37	65
10	38	66
11	39	67
12	40	68
13	41	69
14	42	70
15	43	71
16	44	72
17	45	73
18	46	74
19	47	75
20	48	76
21	49	77
22	50	78
23	51	79
24	52	80
25	53	81
26	54	82
27	55	83
28	56	84

BASKETBALL SCORE SHEET

	Type	Age Group	Division
Date _____	☐ Traditional	☐ Youth	☐ 1 ☐ 5
Game Time _____	☐ Unified	☐ Junior	☐ 2 ☐ 6
Site _____	**Sex**	☐ Senior	☐ 3 ☐ 7
Court # _____	☐ Men	☐ Master	☐ 4 ☐ 8
Referees _____	☐ Women	☐ Senior Master	

VISITORS _____

Uniform Color _____

Team Fouls:

1st Half | 1 | 2 | 3 | 4 | 5 | 6 | 7 | 8 | 9 | 10 | + |

2nd Half | 1 | 2 | 3 | 4 | 5 | 6 | 7 | 8 | 9 | 10 | + |

1 + 1   2 Shots

Time Outs: 60 Secs | 1 | 2 | 3 |

30 Secs | 1 | 2 |

No.	U	Player	Fouls	SCORING: 3 = 3 point goal 2 = 2 point goal ● = FT Made O = FT missed			
				1st	2nd	3rd	4th
			1 2 3 4 5				
			1 2 3 4 5				
			1 2 3 4 5				
			1 2 3 4 5				
			1 2 3 4 5				
			1 2 3 4 5				
			1 2 3 4 5				
			1 2 3 4 5				
			1 2 3 4 5				
			1 2 3 4 5				
			1 2 3 4 5				
			1 2 3 4 5				

FINAL SCORE: _____   Quarter Total

Running Score (Visitors)

1	29	57
2	30	58
3	31	59
4	32	60
5	33	61
6	34	62
7	35	63
8	36	64
9	37	65
10	38	66
11	39	67
12	40	68
13	41	69
14	42	70
15	43	71
16	44	72
17	45	73
18	46	74
19	47	75
20	48	76
21	49	77
22	50	78
23	51	79
24	52	80
25	53	81
26	54	82
27	55	83
28	56	84

Alternating Possession | H V H V H V H V H V H V H V H V H V H V H V H V H V |

Defensive Warning | ☐ ☐ |

HOME _____

Uniform Color _____

Team Fouls:

1st Half | 1 | 2 | 3 | 4 | 5 | 6 | 7 | 8 | 9 | 10 | + |

2nd Half | 1 | 2 | 3 | 4 | 5 | 6 | 7 | 8 | 9 | 10 | + |

1 + 1   2 Shots

Time Outs: 60 Secs | 1 | 2 | 3 |

30 Secs | 1 | 2 |

No.	U	Player	Fouls	SCORING: 3 = 3 point goal 2 = 2 point goal ● = FT Made ○ = FT missed			
				1st	2nd	3rd	4th
			1 2 3 4 5				
			1 2 3 4 5				
			1 2 3 4 5				
			1 2 3 4 5				
			1 2 3 4 5				
			1 2 3 4 5				
			1 2 3 4 5				
			1 2 3 4 5				
			1 2 3 4 5				
			1 2 3 4 5				
			1 2 3 4 5				
			1 2 3 4 5				

_____   Quarter Total

Running Score (Home)

1	29	57
2	30	58
3	31	59
4	32	60
5	33	61
6	34	62
7	35	63
8	36	64
9	37	65
10	38	66
11	39	67
12	40	68
13	41	69
14	42	70
15	43	71
16	44	72
17	45	73
18	46	74
19	47	75
20	48	76
21	49	77
22	50	78
23	51	79
24	52	80
25	53	81
26	54	82
27	55	83
28	56	84

BASKETBALL SCORE SHEET

Date _____

Game Time _____

Site _____

Court # _____

Referees _____

Type
- ☐ Traditional
- ☐ Unified

Sex
- ☐ Men
- ☐ Women

Age Group
- ☐ Youth
- ☐ Junior
- ☐ Senior
- ☐ Master
- ☐ Senior Master

Division
- ☐ 1   ☐ 5
- ☐ 2   ☐ 6
- ☐ 3   ☐ 7
- ☐ 4   ☐ 8

VISITORS _____

Uniform Color _____

Team Fouls:

1st Half | 1 | 2 | 3 | 4 | 5 | 6 | 7 | 8 | 9 | 10 | +

2nd Half | 1 | 2 | 3 | 4 | 5 | 6 | 7 | 8 | 9 | 10 | +

1 + 1   2 Shots

Time Outs: 60 Secs | 1 | 2 | 3

30 Secs | 1 | 2

No.	U	Player	Fouls					SCORING: 3 = 3 point goal 2 = 2 point goal ● = FT Made O = FT missed			
								1st	2nd	3rd	4th
			1	2	3	4	5				
			1	2	3	4	5				
			1	2	3	4	5				
			1	2	3	4	5				
			1	2	3	4	5				
			1	2	3	4	5				
			1	2	3	4	5				
			1	2	3	4	5				
			1	2	3	4	5				
			1	2	3	4	5				
			1	2	3	4	5				
			1	2	3	4	5				

FINAL SCORE: _____   Quarter Total

Alternating Possession: H V H V H V H V H V H V H V H V H V H V H V H V

Defensive Warning ☐ ☐

Running Score (Visitors)

1	29	57
2	30	58
3	31	59
4	32	60
5	33	61
6	34	62
7	35	63
8	36	64
9	37	65
10	38	66
11	39	67
12	40	68
13	41	69
14	42	70
15	43	71
16	44	72
17	45	73
18	46	74
19	47	75
20	48	76
21	49	77
22	50	78
23	51	79
24	52	80
25	53	81
26	54	82
27	55	83
28	56	84

HOME _____

Uniform Color _____

Team Fouls:

1st Half | 1 | 2 | 3 | 4 | 5 | 6 | 7 | 8 | 9 | 10 | +

2nd Half | 1 | 2 | 3 | 4 | 5 | 6 | 7 | 8 | 9 | 10 | +

1 + 1   2 Shots

Time Outs: 60 Secs | 1 | 2 | 3

30 Secs | 1 | 2

No.	U	Player	Fouls					SCORING: 3 = 3 point goal 2 = 2 point goal ● = FT Made ○ = FT missed			
								1st	2nd	3rd	4th
			1	2	3	4	5				
			1	2	3	4	5				
			1	2	3	4	5				
			1	2	3	4	5				
			1	2	3	4	5				
			1	2	3	4	5				
			1	2	3	4	5				
			1	2	3	4	5				
			1	2	3	4	5				
			1	2	3	4	5				
			1	2	3	4	5				
			1	2	3	4	5				

_____   Quarter Total

Running Score (Home)

1	29	57
2	30	58
3	31	59
4	32	60
5	33	61
6	34	62
7	35	63
8	36	64
9	37	65
10	38	66
11	39	67
12	40	68
13	41	69
14	42	70
15	43	71
16	44	72
17	45	73
18	46	74
19	47	75
20	48	76
21	49	77
22	50	78
23	51	79
24	52	80
25	53	81
26	54	82
27	55	83
28	56	84

BASKETBALL SCORE SHEET

Date _____

Game Time _____

Site _____

Court # _____

Referees _____

Type
- ☐ Traditional
- ☐ Unified

Sex
- ☐ Men
- ☐ Women

Age Group
- ☐ Youth
- ☐ Junior
- ☐ Senior
- ☐ Master
- ☐ Senior Master

Division
- ☐ 1 ☐ 5
- ☐ 2 ☐ 6
- ☐ 3 ☐ 7
- ☐ 4 ☐ 8

VISITORS _____

Uniform Color _____

Team Fouls:	1st Half	1	2	3	4	5	6		7	8	9		10	+
	2nd Half	1	2	3	4	5	6		7	8	9		10	+

1 + 1   2 Shots

Time Outs: 60 Secs | 1 | 2 | 3 |

30 Secs | 1 | 2 |

SCORING: 3 = 3 point goal 2 = 2 point goal
● = FT Made   O = FT missed

No.	U	Player	Fouls					1st	2nd	3rd	4th
			1	2	3	4	5				
			1	2	3	4	5				
			1	2	3	4	5				
			1	2	3	4	5				
			1	2	3	4	5				
			1	2	3	4	5				
			1	2	3	4	5				
			1	2	3	4	5				
			1	2	3	4	5				
			1	2	3	4	5				
			1	2	3	4	5				
			1	2	3	4	5				

FINAL SCORE: _____   Quarter Total

Alternating Possession | H | V | H | V | H | V | H | V | H | V | H | V | H | V | H | V | H | V | H | V | H | V | H | V |

Defensive Warning | | |

Running Score (Visitors)

1	29	57
2	30	58
3	31	59
4	32	60
5	33	61
6	34	62
7	35	63
8	36	64
9	37	65
10	38	66
11	39	67
12	40	68
13	41	69
14	42	70
15	43	71
16	44	72
17	45	73
18	46	74
19	47	75
20	48	76
21	49	77
22	50	78
23	51	79
24	52	80
25	53	81
26	54	82
27	55	83
28	56	84

HOME _____

Uniform Color _____

Team Fouls:	1st Half	1	2	3	4	5	6		7	8	9		10	+
	2nd Half	1	2	3	4	5	6		7	8	9		10	+

1 + 1   2 Shots

Time Outs: 60 Secs | 1 | 2 | 3 |

30 Secs | 1 | 2 |

SCORING: 3 = 3 point goal 2 = 2 point goal
● = FT Made   ○ = FT missed

No.	U	Player	Fouls					1st	2nd	3rd	4th
			1	2	3	4	5				
			1	2	3	4	5				
			1	2	3	4	5				
			1	2	3	4	5				
			1	2	3	4	5				
			1	2	3	4	5				
			1	2	3	4	5				
			1	2	3	4	5				
			1	2	3	4	5				
			1	2	3	4	5				
			1	2	3	4	5				
			1	2	3	4	5				

_____   Quarter Total

Running Score (Home)

1	29	57
2	30	58
3	31	59
4	32	60
5	33	61
6	34	62
7	35	63
8	36	64
9	37	65
10	38	66
11	39	67
12	40	68
13	41	69
14	42	70
15	43	71
16	44	72
17	45	73
18	46	74
19	47	75
20	48	76
21	49	77
22	50	78
23	51	79
24	52	80
25	53	81
26	54	82
27	55	83
28	56	84

BASKETBALL SCORE SHEET

Date	_____
Game Time	_____
Site	_____
Court #	_____
Referees	_____

Type
- ☐ Traditional
- ☐ Unified

Sex
- ☐ Men
- ☐ Women

Age Group
- ☐ Youth
- ☐ Junior
- ☐ Senior
- ☐ Master
- ☐ Senior Master

Division
- ☐ 1   ☐ 5
- ☐ 2   ☐ 6
- ☐ 3   ☐ 7
- ☐ 4   ☐ 8

VISITORS _____

Uniform Color _____

Team Fouls:

1st Half | 1 | 2 | 3 | 4 | 5 | 6 | | 7 | 8 | 9 | | 10 | + |

2nd Half | 1 | 2 | 3 | 4 | 5 | 6 | | 7 | 8 | 9 | | 10 | + |

1 + 1   2 Shots

Time Outs: 60 Secs | 1 | 2 | 3 |

30 Secs | 1 | 2 |

No.	U	Player	Fouls					SCORING: 3 = 3 point goal 2 = 2 point goal • = FT Made O = FT missed			
								1st	2nd	3rd	4th
			1	2	3	4	5				
			1	2	3	4	5				
			1	2	3	4	5				
			1	2	3	4	5				
			1	2	3	4	5				
			1	2	3	4	5				
			1	2	3	4	5				
			1	2	3	4	5				
			1	2	3	4	5				
			1	2	3	4	5				
			1	2	3	4	5				
			1	2	3	4	5				

FINAL SCORE: _____   Quarter Total

Running Score

1	29	57
2	30	58
3	31	59
4	32	60
5	33	61
6	34	62
7	35	63
8	36	64
9	37	65
10	38	66
11	39	67
12	40	68
13	41	69
14	42	70
15	43	71
16	44	72
17	45	73
18	46	74
19	47	75
20	48	76
21	49	77
22	50	78
23	51	79
24	52	80
25	53	81
26	54	82
27	55	83
28	56	84

Alternating Possession | H | V | H | V | H | V | H | V | H | V | H | V | H | V | H | V | H | V | H | V | H | V | H | V |

Defensive Warning | | |

HOME _____

Uniform Color _____

Team Fouls:

1st Half | 1 | 2 | 3 | 4 | 5 | 6 | | 7 | 8 | 9 | | 10 | + |

2nd Half | 1 | 2 | 3 | 4 | 5 | 6 | | 7 | 8 | 9 | | 10 | + |

1 + 1   2 Shots

Time Outs: 60 Secs | 1 | 2 | 3 |

30 Secs | 1 | 2 |

No.	U	Player	Fouls					SCORING: 3 = 3 point goal 2 = 2 point goal • = FT Made ○ = FT missed			
								1st	2nd	3rd	4th
			1	2	3	4	5				
			1	2	3	4	5				
			1	2	3	4	5				
			1	2	3	4	5				
			1	2	3	4	5				
			1	2	3	4	5				
			1	2	3	4	5				
			1	2	3	4	5				
			1	2	3	4	5				
			1	2	3	4	5				
			1	2	3	4	5				
			1	2	3	4	5				

_____   Quarter Total

Running Score

1	29	57
2	30	58
3	31	59
4	32	60
5	33	61
6	34	62
7	35	63
8	36	64
9	37	65
10	38	66
11	39	67
12	40	68
13	41	69
14	42	70
15	43	71
16	44	72
17	45	73
18	46	74
19	47	75
20	48	76
21	49	77
22	50	78
23	51	79
24	52	80
25	53	81
26	54	82
27	55	83
28	56	84

BASKETBALL SCORE SHEET

Date _____

Game Time _____

Site _____

Court # _____

Referees _____

Type
- ☐ Traditional
- ☐ Unified

Sex
- ☐ Men
- ☐ Women

Age Group
- ☐ Youth
- ☐ Junior
- ☐ Senior
- ☐ Master
- ☐ Senior Master

Division
- ☐ 1
- ☐ 2
- ☐ 3
- ☐ 4
- ☐ 5
- ☐ 6
- ☐ 7
- ☐ 8

VISITORS _____

Uniform Color _____

Team Fouls:

1st Half: | 1 | 2 | 3 | 4 | 5 | 6 | | 7 | 8 | 9 | | 10 | + |

2nd Half: | 1 | 2 | 3 | 4 | 5 | 6 | | 7 | 8 | 9 | | 10 | + |

1 + 1   2 Shots

Time Outs: 60 Secs | 1 | 2 | 3 |

30 Secs | 1 | 2 |

No.	U	Player	Fouls					SCORING: 3 = 3 point goal 2 = 2 point goal ● = FT Made O = FT missed			
								1st	2nd	3rd	4th
			1	2	3	4	5				
			1	2	3	4	5				
			1	2	3	4	5				
			1	2	3	4	5				
			1	2	3	4	5				
			1	2	3	4	5				
			1	2	3	4	5				
			1	2	3	4	5				
			1	2	3	4	5				
			1	2	3	4	5				
			1	2	3	4	5				
			1	2	3	4	5				

FINAL SCORE: _____   Quarter Total

Running Score

1	29	57
2	30	58
3	31	59
4	32	60
5	33	61
6	34	62
7	35	63
8	36	64
9	37	65
10	38	66
11	39	67
12	40	68
13	41	69
14	42	70
15	43	71
16	44	72
17	45	73
18	46	74
19	47	75
20	48	76
21	49	77
22	50	78
23	51	79
24	52	80
25	53	81
26	54	82
27	55	83
28	56	84

Alternating Possession: | H | V | H | V | H | V | H | V | H | V | H | V | H | V | H | V | H | V | H | V | H | V | H | V |

Defensive Warning | | |

HOME _____

Uniform Color _____

Team Fouls:

1st Half: | 1 | 2 | 3 | 4 | 5 | 6 | | 7 | 8 | 9 | | 10 | + |

2nd Half: | 1 | 2 | 3 | 4 | 5 | 6 | | 7 | 8 | 9 | | 10 | + |

1 + 1   2 Shots

Time Outs: 60 Secs | 1 | 2 | 3 |

30 Secs | 1 | 2 |

No.	U	Player	Fouls					SCORING: 3 = 3 point goal 2 = 2 point goal ● = FT Made ○ = FT missed			
								1st	2nd	3rd	4th
			1	2	3	4	5				
			1	2	3	4	5				
			1	2	3	4	5				
			1	2	3	4	5				
			1	2	3	4	5				
			1	2	3	4	5				
			1	2	3	4	5				
			1	2	3	4	5				
			1	2	3	4	5				
			1	2	3	4	5				
			1	2	3	4	5				
			1	2	3	4	5				

_____   Quarter Total

Running Score

1	29	57
2	30	58
3	31	59
4	32	60
5	33	61
6	34	62
7	35	63
8	36	64
9	37	65
10	38	66
11	39	67
12	40	68
13	41	69
14	42	70
15	43	71
16	44	72
17	45	73
18	46	74
19	47	75
20	48	76
21	49	77
22	50	78
23	51	79
24	52	80
25	53	81
26	54	82
27	55	83
28	56	84

BASKETBALL SCORE SHEET

	Type		Age Group		Division			
Date _____	☐	Traditional	☐	Youth	☐ 1		☐ 5	
Game Time _____	☐	Unified	☐	Junior	☐ 2		☐ 6	
Site _____	**Sex**		☐	Senior	☐ 3		☐ 7	
Court # _____	☐	Men	☐	Master	☐ 4		☐ 8	
Referees _____	☐	Women	☐	Senior Master				

VISITORS _____

Uniform Color _____

Team Fouls:

1st Half | 1 | 2 | 3 | 4 | 5 | 6 | | 7 | 8 | 9 | | 10 | + |

2nd Half | 1 | 2 | 3 | 4 | 5 | 6 | | 7 | 8 | 9 | | 10 | + |

1 + 1   2 Shots

Time Outs: 60 Secs | 1 | 2 | 3 |

30 Secs | 1 | 2 |

SCORING: 3 = 3 point goal 2 = 2 point goal
● = FT Made   O = FT missed

No.	U	Player	Fouls					1st	2nd	3rd	4th
			1	2	3	4	5				
			1	2	3	4	5				
			1	2	3	4	5				
			1	2	3	4	5				
			1	2	3	4	5				
			1	2	3	4	5				
			1	2	3	4	5				
			1	2	3	4	5				
			1	2	3	4	5				
			1	2	3	4	5				
			1	2	3	4	5				
			1	2	3	4	5				

FINAL SCORE: _____   Quarter Total

Alternating Possession | H | V | H | V | H | V | H | V | H | V | H | V | H | V | H | V | H | V | H | V | H | V | H | V |

Defensive Warning | | |

Running Score

1	29	57
2	30	58
3	31	59
4	32	60
5	33	61
6	34	62
7	35	63
8	36	64
9	37	65
10	38	66
11	39	67
12	40	68
13	41	69
14	42	70
15	43	71
16	44	72
17	45	73
18	46	74
19	47	75
20	48	76
21	49	77
22	50	78
23	51	79
24	52	80
25	53	81
26	54	82
27	55	83
28	56	84

HOME _____

Uniform Color _____

Team Fouls:

1st Half | 1 | 2 | 3 | 4 | 5 | 6 | | 7 | 8 | 9 | | 10 | + |

2nd Half | 1 | 2 | 3 | 4 | 5 | 6 | | 7 | 8 | 9 | | 10 | + |

1 + 1   2 Shots

Time Outs: 60 Secs | 1 | 2 | 3 |

30 Secs | 1 | 2 |

SCORING: 3 = 3 point goal 2 = 2 point goal
● = FT Made   ○ = FT missed

No.	U	Player	Fouls					1st	2nd	3rd	4th
			1	2	3	4	5				
			1	2	3	4	5				
			1	2	3	4	5				
			1	2	3	4	5				
			1	2	3	4	5				
			1	2	3	4	5				
			1	2	3	4	5				
			1	2	3	4	5				
			1	2	3	4	5				
			1	2	3	4	5				
			1	2	3	4	5				
			1	2	3	4	5				

_____   Quarter Total

Running Score

1	29	57
2	30	58
3	31	59
4	32	60
5	33	61
6	34	62
7	35	63
8	36	64
9	37	65
10	38	66
11	39	67
12	40	68
13	41	69
14	42	70
15	43	71
16	44	72
17	45	73
18	46	74
19	47	75
20	48	76
21	49	77
22	50	78
23	51	79
24	52	80
25	53	81
26	54	82
27	55	83
28	56	84

BASKETBALL SCORE SHEET

Date _____	**Type**	**Age Group**	**Division**
Game Time _____	☐ Traditional	☐ Youth	☐ 1 ☐ 5
Site _____	☐ Unified	☐ Junior	☐ 2 ☐ 6
Court # _____	**Sex**	☐ Senior	☐ 3 ☐ 7
Referees _____	☐ Men	☐ Master	☐ 4 ☐ 8
	☐ Women	☐ Senior Master	

VISITORS _____

Uniform Color _____

Team Fouls:
1st Half | 1 | 2 | 3 | 4 | 5 | 6 | | 7 | 8 | 9 | | 10 | + |
2nd Half | 1 | 2 | 3 | 4 | 5 | 6 | | 7 | 8 | 9 | | 10 | + |
1 + 1   2 Shots

Time Outs: 60 Secs | 1 | 2 | 3 |
30 Secs | 1 | 2 |

No.	U	Player	Fouls					SCORING: 3 = 3 point goal 2 = 2 point goal • = FT Made O = FT missed			
								1st	2nd	3rd	4th
			1	2	3	4	5				
			1	2	3	4	5				
			1	2	3	4	5				
			1	2	3	4	5				
			1	2	3	4	5				
			1	2	3	4	5				
			1	2	3	4	5				
			1	2	3	4	5				
			1	2	3	4	5				
			1	2	3	4	5				
			1	2	3	4	5				
			1	2	3	4	5				

FINAL SCORE: _____   Quarter Total

Alternating Possession | H | V | H | V | H | V | H | V | H | V | H | V | H | V | H | V | H | V | H | V | H | V | H | V |

Defensive Warning ☐ ☐

Running Score		
1	29	57
2	30	58
3	31	59
4	32	60
5	33	61
6	34	62
7	35	63
8	36	64
9	37	65
10	38	66
11	39	67
12	40	68
13	41	69
14	42	70
15	43	71
16	44	72
17	45	73
18	46	74
19	47	75
20	48	76
21	49	77
22	50	78
23	51	79
24	52	80
25	53	81
26	54	82
27	55	83
28	56	84

HOME _____

Uniform Color _____

Team Fouls:
1st Half | 1 | 2 | 3 | 4 | 5 | 6 | | 7 | 8 | 9 | | 10 | + |
2nd Half | 1 | 2 | 3 | 4 | 5 | 6 | | 7 | 8 | 9 | | 10 | + |
1 + 1   2 Shots

Time Outs: 60 Secs | 1 | 2 | 3 |
30 Secs | 1 | 2 |

No.	U	Player	Fouls					SCORING: 3 = 3 point goal 2 = 2 point goal • = FT Made ○ = FT missed			
								1st	2nd	3rd	4th
			1	2	3	4	5				
			1	2	3	4	5				
			1	2	3	4	5				
			1	2	3	4	5				
			1	2	3	4	5				
			1	2	3	4	5				
			1	2	3	4	5				
			1	2	3	4	5				
			1	2	3	4	5				
			1	2	3	4	5				
			1	2	3	4	5				
			1	2	3	4	5				

_____   Quarter Total

Running Score		
1	29	57
2	30	58
3	31	59
4	32	60
5	33	61
6	34	62
7	35	63
8	36	64
9	37	65
10	38	66
11	39	67
12	40	68
13	41	69
14	42	70
15	43	71
16	44	72
17	45	73
18	46	74
19	47	75
20	48	76
21	49	77
22	50	78
23	51	79
24	52	80
25	53	81
26	54	82
27	55	83
28	56	84

BASKETBALL SCORE SHEET

	Type		Age Group		Division			
Date _____	☐	Traditional	☐	Youth	☐	1	☐	5
Game Time _____	☐	Unified	☐	Junior	☐	2	☐	6
Site _____	**Sex**		☐	Senior	☐	3	☐	7
Court # _____	☐	Men	☐	Master	☐	4	☐	8
Referees _____	☐	Women	☐	Senior Master				

VISITORS _____

Uniform Color _____

Team Fouls:

1st Half: `1 2 3 4 5 6` `7 8 9` `10 +`
2nd Half: `1 2 3 4 5 6` `7 8 9` `10 +`

1 + 1   2 Shots

Time Outs: 60 Secs `1 2 3`
30 Secs `1 2`

No.	U	Player	Fouls					SCORING: 3 = 3 point goal 2 = 2 point goal			
								● = FT Made O = FT missed			
								1st	2nd	3rd	4th
			1	2	3	4	5				
			1	2	3	4	5				
			1	2	3	4	5				
			1	2	3	4	5				
			1	2	3	4	5				
			1	2	3	4	5				
			1	2	3	4	5				
			1	2	3	4	5				
			1	2	3	4	5				
			1	2	3	4	5				
			1	2	3	4	5				
			1	2	3	4	5				

FINAL SCORE: _____   Quarter Total

Running Score

1		29		57	
2		30		58	
3		31		59	
4		32		60	
5		33		61	
6		34		62	
7		35		63	
8		36		64	
9		37		65	
10		38		66	
11		39		67	
12		40		68	
13		41		69	
14		42		70	
15		43		71	
16		44		72	
17		45		73	
18		46		74	
19		47		75	
20		48		76	
21		49		77	
22		50		78	
23		51		79	
24		52		80	
25		53		81	
26		54		82	
27		55		83	
28		56		84	

Alternating Possession: `H V H V H V H V H V H V H V H V H V H V H V H V`

Defensive Warning: ☐☐

HOME _____

Uniform Color _____

Team Fouls:

1st Half: `1 2 3 4 5 6` `7 8 9` `10 +`
2nd Half: `1 2 3 4 5 6` `7 8 9` `10 +`

1 + 1   2 Shots

Time Outs: 60 Secs `1 2 3`
30 Secs `1 2`

No.	U	Player	Fouls					SCORING: 3 = 3 point goal 2 = 2 point goal			
								● = FT Made ○ = FT missed			
								1st	2nd	3rd	4th
			1	2	3	4	5				
			1	2	3	4	5				
			1	2	3	4	5				
			1	2	3	4	5				
			1	2	3	4	5				
			1	2	3	4	5				
			1	2	3	4	5				
			1	2	3	4	5				
			1	2	3	4	5				
			1	2	3	4	5				
			1	2	3	4	5				
			1	2	3	4	5				

_____   Quarter Total

Running Score

1		29		57	
2		30		58	
3		31		59	
4		32		60	
5		33		61	
6		34		62	
7		35		63	
8		36		64	
9		37		65	
10		38		66	
11		39		67	
12		40		68	
13		41		69	
14		42		70	
15		43		71	
16		44		72	
17		45		73	
18		46		74	
19		47		75	
20		48		76	
21		49		77	
22		50		78	
23		51		79	
24		52		80	
25		53		81	
26		54		82	
27		55		83	
28		56		84	

BASKETBALL SCORE SHEET

		Type		Age Group		Division			
Date	_____	☐ Traditional		☐ Youth		☐ 1	☐ 5		
Game Time	_____	☐ Unified		☐ Junior		☐ 2	☐ 6		
Site	_____	**Sex**		☐ Senior		☐ 3	☐ 7		
Court #	_____	☐ Men		☐ Master		☐ 4	☐ 8		
Referees	_____	☐ Women		☐ Senior Master					

VISITORS _____

Uniform Color _____

Team Fouls:	1st Half	1 2 3 4 5 6	7 8 9	10 +
	2nd Half	1 2 3 4 5 6	7 8 9	10 +

1 + 1   2 Shots

Time Outs: 60 Secs | 1 | 2 | 3 |

30 Secs | 1 | 2 |

No.	U	Player	Fouls					SCORING: 3 = 3 point goal 2 = 2 point goal • = FT Made O = FT missed			
								1st	2nd	3rd	4th
			1	2	3	4	5				
			1	2	3	4	5				
			1	2	3	4	5				
			1	2	3	4	5				
			1	2	3	4	5				
			1	2	3	4	5				
			1	2	3	4	5				
			1	2	3	4	5				
			1	2	3	4	5				
			1	2	3	4	5				
			1	2	3	4	5				
			1	2	3	4	5				

FINAL SCORE: _____   Quarter Total

Running Score

1	29	57
2	30	58
3	31	59
4	32	60
5	33	61
6	34	62
7	35	63
8	36	64
9	37	65
10	38	66
11	39	67
12	40	68
13	41	69
14	42	70
15	43	71
16	44	72
17	45	73
18	46	74
19	47	75
20	48	76
21	49	77
22	50	78
23	51	79
24	52	80
25	53	81
26	54	82
27	55	83
28	56	84

Alternating Possession H V H V H V H V H V H V H V H V H V H V H V H V

Defensive Warning ☐ ☐

HOME _____

Uniform Color _____

Team Fouls:	1st Half	1 2 3 4 5 6	7 8 9	10 +
	2nd Half	1 2 3 4 5 6	7 8 9	10 +

1 + 1   2 Shots

Time Outs: 60 Secs | 1 | 2 | 3 |

30 Secs | 1 | 2 |

No.	U	Player	Fouls					SCORING: 3 = 3 point goal 2 = 2 point goal • = FT Made ○ = FT missed			
								1st	2nd	3rd	4th
			1	2	3	4	5				
			1	2	3	4	5				
			1	2	3	4	5				
			1	2	3	4	5				
			1	2	3	4	5				
			1	2	3	4	5				
			1	2	3	4	5				
			1	2	3	4	5				
			1	2	3	4	5				
			1	2	3	4	5				
			1	2	3	4	5				
			1	2	3	4	5				

_____   Quarter Total

Running Score

1	29	57
2	30	58
3	31	59
4	32	60
5	33	61
6	34	62
7	35	63
8	36	64
9	37	65
10	38	66
11	39	67
12	40	68
13	41	69
14	42	70
15	43	71
16	44	72
17	45	73
18	46	74
19	47	75
20	48	76
21	49	77
22	50	78
23	51	79
24	52	80
25	53	81
26	54	82
27	55	83
28	56	84

BASKETBALL SCORE SHEET

	Type		Age Group		Division		
Date _____	☐ Traditional		☐ Youth		☐ 1	☐ 5	
Game Time _____	☐ Unified		☐ Junior		☐ 2	☐ 6	
Site _____	**Sex**		☐ Senior		☐ 3	☐ 7	
Court # _____	☐ Men		☐ Master		☐ 4	☐ 8	
Referees _____	☐ Women		☐ Senior Master				

VISITORS _____

Uniform Color _____

Team Fouls:

1st Half | 1 | 2 | 3 | 4 | 5 | 6 | | 7 | 8 | 9 | | 10 | + |

2nd Half | 1 | 2 | 3 | 4 | 5 | 6 | | 7 | 8 | 9 | | 10 | + |

1 + 1   2 Shots

Time Outs: 60 Secs | 1 | 2 | 3 |

30 Secs | 1 | 2 |

No.	U	Player	Fouls					SCORING: 3 = 3 point goal 2 = 2 point goal ● = FT Made O = FT missed			
								1st	2nd	3rd	4th
			1	2	3	4	5				
			1	2	3	4	5				
			1	2	3	4	5				
			1	2	3	4	5				
			1	2	3	4	5				
			1	2	3	4	5				
			1	2	3	4	5				
			1	2	3	4	5				
			1	2	3	4	5				
			1	2	3	4	5				
			1	2	3	4	5				
			1	2	3	4	5				

FINAL SCORE: _____   Quarter Total

Running Score

1		29		57	
2		30		58	
3		31		59	
4		32		60	
5		33		61	
6		34		62	
7		35		63	
8		36		64	
9		37		65	
10		38		66	
11		39		67	
12		40		68	
13		41		69	
14		42		70	
15		43		71	
16		44		72	
17		45		73	
18		46		74	
19		47		75	
20		48		76	
21		49		77	
22		50		78	
23		51		79	
24		52		80	
25		53		81	
26		54		82	
27		55		83	
28		56		84	

Alternating Possession | H | V | H | V | H | V | H | V | H | V | H | V | H | V | H | V | H | V | H | V | H | V | H | V |

Defensive Warning | | |

HOME _____

Uniform Color _____

Team Fouls:

1st Half | 1 | 2 | 3 | 4 | 5 | 6 | | 7 | 8 | 9 | | 10 | + |

2nd Half | 1 | 2 | 3 | 4 | 5 | 6 | | 7 | 8 | 9 | | 10 | + |

1 + 1   2 Shots

Time Outs: 60 Secs | 1 | 2 | 3 |

30 Secs | 1 | 2 |

No.	U	Player	Fouls					SCORING: 3 = 3 point goal 2 = 2 point goal ● = FT Made ○ = FT missed			
								1st	2nd	3rd	4th
			1	2	3	4	5				
			1	2	3	4	5				
			1	2	3	4	5				
			1	2	3	4	5				
			1	2	3	4	5				
			1	2	3	4	5				
			1	2	3	4	5				
			1	2	3	4	5				
			1	2	3	4	5				
			1	2	3	4	5				
			1	2	3	4	5				
			1	2	3	4	5				

_____   Quarter Total

Running Score

1		29		57	
2		30		58	
3		31		59	
4		32		60	
5		33		61	
6		34		62	
7		35		63	
8		36		64	
9		37		65	
10		38		66	
11		39		67	
12		40		68	
13		41		69	
14		42		70	
15		43		71	
16		44		72	
17		45		73	
18		46		74	
19		47		75	
20		48		76	
21		49		77	
22		50		78	
23		51		79	
24		52		80	
25		53		81	
26		54		82	
27		55		83	
28		56		84	

BASKETBALL SCORE SHEET

Date _____

Game Time _____

Site _____

Court # _____

Referees _____

Type
- ☐ Traditional
- ☐ Unified

Sex
- ☐ Men
- ☐ Women

Age Group
- ☐ Youth
- ☐ Junior
- ☐ Senior
- ☐ Master
- ☐ Senior Master

Division
- ☐ 1   ☐ 5
- ☐ 2   ☐ 6
- ☐ 3   ☐ 7
- ☐ 4   ☐ 8

VISITORS _____

Uniform Color _____

Team Fouls:
- 1st Half: | 1 | 2 | 3 | 4 | 5 | 6 | | 7 | 8 | 9 | | 10 | + |
- 2nd Half: | 1 | 2 | 3 | 4 | 5 | 6 | | 7 | 8 | 9 | | 10 | + |
- 1 + 1   2 Shots

Time Outs: 60 Secs | 1 | 2 | 3 |
30 Secs | 1 | 2 |

No.	U	Player	Fouls					SCORING: 3 = 3 point goal 2 = 2 point goal ● = FT Made O = FT missed			
								1st	2nd	3rd	4th
			1	2	3	4	5				
			1	2	3	4	5				
			1	2	3	4	5				
			1	2	3	4	5				
			1	2	3	4	5				
			1	2	3	4	5				
			1	2	3	4	5				
			1	2	3	4	5				
			1	2	3	4	5				
			1	2	3	4	5				
			1	2	3	4	5				
			1	2	3	4	5				

FINAL SCORE: _____   Quarter Total

Running Score
1	29	57
2	30	58
3	31	59
4	32	60
5	33	61
6	34	62
7	35	63
8	36	64
9	37	65
10	38	66
11	39	67
12	40	68
13	41	69
14	42	70
15	43	71
16	44	72
17	45	73
18	46	74
19	47	75
20	48	76
21	49	77
22	50	78
23	51	79
24	52	80
25	53	81
26	54	82
27	55	83
28	56	84

Alternating Possession | H | V | H | V | H | V | H | V | H | V | H | V | H | V | H | V | H | V | H | V | H | V | H | V |

Defensive Warning | | |

HOME _____

Uniform Color _____

Team Fouls:
- 1st Half: | 1 | 2 | 3 | 4 | 5 | 6 | | 7 | 8 | 9 | | 10 | + |
- 2nd Half: | 1 | 2 | 3 | 4 | 5 | 6 | | 7 | 8 | 9 | | 10 | + |
- 1 + 1   2 Shots

Time Outs: 60 Secs | 1 | 2 | 3 |
30 Secs | 1 | 2 |

No.	U	Player	Fouls					SCORING: 3 = 3 point goal 2 = 2 point goal ● = FT Made ○ = FT missed			
								1st	2nd	3rd	4th
			1	2	3	4	5				
			1	2	3	4	5				
			1	2	3	4	5				
			1	2	3	4	5				
			1	2	3	4	5				
			1	2	3	4	5				
			1	2	3	4	5				
			1	2	3	4	5				
			1	2	3	4	5				
			1	2	3	4	5				
			1	2	3	4	5				
			1	2	3	4	5				

_____   Quarter Total

Running Score
1	29	57
2	30	58
3	31	59
4	32	60
5	33	61
6	34	62
7	35	63
8	36	64
9	37	65
10	38	66
11	39	67
12	40	68
13	41	69
14	42	70
15	43	71
16	44	72
17	45	73
18	46	74
19	47	75
20	48	76
21	49	77
22	50	78
23	51	79
24	52	80
25	53	81
26	54	82
27	55	83
28	56	84

BASKETBALL SCORE SHEET

Date _____	
Game Time _____	
Site _____	
Court # _____	
Referees _____	

Type
- ☐ Traditional
- ☐ Unified

Sex
- ☐ Men
- ☐ Women

Age Group
- ☐ Youth
- ☐ Junior
- ☐ Senior
- ☐ Master
- ☐ Senior Master

Division
- ☐ 1 ☐ 5
- ☐ 2 ☐ 6
- ☐ 3 ☐ 7
- ☐ 4 ☐ 8

VISITORS _____

Uniform Color _____

Team Fouls:

1st Half	1	2	3	4	5	6		7	8	9		10	+

2nd Half	1	2	3	4	5	6		7	8	9		10	+

1 + 1   2 Shots

Time Outs: 60 Secs | 1 | 2 | 3 |

30 Secs | 1 | 2 |

No.	U	Player	Fouls					SCORING: 3 = 3 point goal 2 = 2 point goal ● = FT Made O = FT missed			
								1st	2nd	3rd	4th
			1	2	3	4	5				
			1	2	3	4	5				
			1	2	3	4	5				
			1	2	3	4	5				
			1	2	3	4	5				
			1	2	3	4	5				
			1	2	3	4	5				
			1	2	3	4	5				
			1	2	3	4	5				
			1	2	3	4	5				
			1	2	3	4	5				
			1	2	3	4	5				

FINAL SCORE: _____   Quarter Total

Running Score

1	29	57
2	30	58
3	31	59
4	32	60
5	33	61
6	34	62
7	35	63
8	36	64
9	37	65
10	38	66
11	39	67
12	40	68
13	41	69
14	42	70
15	43	71
16	44	72
17	45	73
18	46	74
19	47	75
20	48	76
21	49	77
22	50	78
23	51	79
24	52	80
25	53	81
26	54	82
27	55	83
28	56	84

Alternating Possession | H | V | H | V | H | V | H | V | H | V | H | V | H | V | H | V | H | V | H | V | H | V | H | V |

Defensive Warning | | |

HOME _____

Uniform Color _____

Team Fouls:

1st Half	1	2	3	4	5	6		7	8	9		10	+

2nd Half	1	2	3	4	5	6		7	8	9		10	+

1 + 1   2 Shots

Time Outs: 60 Secs | 1 | 2 | 3 |

30 Secs | 1 | 2 |

No.	U	Player	Fouls					SCORING: 3 = 3 point goal 2 = 2 point goal ● = FT Made ○ = FT missed			
								1st	2nd	3rd	4th
			1	2	3	4	5				
			1	2	3	4	5				
			1	2	3	4	5				
			1	2	3	4	5				
			1	2	3	4	5				
			1	2	3	4	5				
			1	2	3	4	5				
			1	2	3	4	5				
			1	2	3	4	5				
			1	2	3	4	5				
			1	2	3	4	5				
			1	2	3	4	5				

_____   Quarter Total

Running Score

1	29	57
2	30	58
3	31	59
4	32	60
5	33	61
6	34	62
7	35	63
8	36	64
9	37	65
10	38	66
11	39	67
12	40	68
13	41	69
14	42	70
15	43	71
16	44	72
17	45	73
18	46	74
19	47	75
20	48	76
21	49	77
22	50	78
23	51	79
24	52	80
25	53	81
26	54	82
27	55	83
28	56	84

BASKETBALL SCORE SHEET

Date	_____
Game Time	_____
Site	_____
Court #	_____
Referees	_____

Type
- ☐ Traditional
- ☐ Unified

Sex
- ☐ Men
- ☐ Women

Age Group
- ☐ Youth
- ☐ Junior
- ☐ Senior
- ☐ Master
- ☐ Senior Master

Division
- ☐ 1
- ☐ 2
- ☐ 3
- ☐ 4
- ☐ 5
- ☐ 6
- ☐ 7
- ☐ 8

VISITORS _____

Uniform Color _____

Team Fouls:
1st Half | 1 2 3 4 5 6 | 7 8 9 | 10 + |
2nd Half | 1 2 3 4 5 6 | 7 8 9 | 10 + |
1 + 1   2 Shots

Time Outs: 60 Secs | 1 2 3 |
30 Secs | 1 2 |

No.	U	Player	Fouls					SCORING: 3 = 3 point goal 2 = 2 point goal ● = FT Made O = FT missed			
								1st	2nd	3rd	4th
			1	2	3	4	5				
			1	2	3	4	5				
			1	2	3	4	5				
			1	2	3	4	5				
			1	2	3	4	5				
			1	2	3	4	5				
			1	2	3	4	5				
			1	2	3	4	5				
			1	2	3	4	5				
			1	2	3	4	5				
			1	2	3	4	5				
			1	2	3	4	5				

FINAL SCORE: _____   Quarter Total

Running Score

1	29	57
2	30	58
3	31	59
4	32	60
5	33	61
6	34	62
7	35	63
8	36	64
9	37	65
10	38	66
11	39	67
12	40	68
13	41	69
14	42	70
15	43	71
16	44	72
17	45	73
18	46	74
19	47	75
20	48	76
21	49	77
22	50	78
23	51	79
24	52	80
25	53	81
26	54	82
27	55	83
28	56	84

Alternating Possession H V H V H V H V H V H V H V H V H V H V H V H V H V

Defensive Warning ☐☐

HOME _____

Uniform Color _____

Team Fouls:
1st Half | 1 2 3 4 5 6 | 7 8 9 | 10 + |
2nd Half | 1 2 3 4 5 6 | 7 8 9 | 10 + |
1 + 1   2 Shots

Time Outs: 60 Secs | 1 2 3 |
30 Secs | 1 2 |

No.	U	Player	Fouls					SCORING: 3 = 3 point goal 2 = 2 point goal ● = FT Made ○ = FT missed			
								1st	2nd	3rd	4th
			1	2	3	4	5				
			1	2	3	4	5				
			1	2	3	4	5				
			1	2	3	4	5				
			1	2	3	4	5				
			1	2	3	4	5				
			1	2	3	4	5				
			1	2	3	4	5				
			1	2	3	4	5				
			1	2	3	4	5				
			1	2	3	4	5				
			1	2	3	4	5				

_____   Quarter Total

Running Score

1	29	57
2	30	58
3	31	59
4	32	60
5	33	61
6	34	62
7	35	63
8	36	64
9	37	65
10	38	66
11	39	67
12	40	68
13	41	69
14	42	70
15	43	71
16	44	72
17	45	73
18	46	74
19	47	75
20	48	76
21	49	77
22	50	78
23	51	79
24	52	80
25	53	81
26	54	82
27	55	83
28	56	84

BASKETBALL SCORE SHEET

Date _____	**Type** ☐ Traditional ☐ Unified
Game Time _____	**Sex**
Site _____	☐ Men ☐ Women
Court # _____	
Referees _____	

Age Group ☐ Youth ☐ Junior ☐ Senior ☐ Master ☐ Senior Master

Division ☐ 1 ☐ 5 ☐ 2 ☐ 6 ☐ 3 ☐ 7 ☐ 4 ☐ 8

VISITORS _____   **Uniform Color** _____

Team Fouls:
1st Half | 1 | 2 | 3 | 4 | 5 | 6 | | 7 | 8 | 9 | | 10 | + |
2nd Half | 1 | 2 | 3 | 4 | 5 | 6 | | 7 | 8 | 9 | | 10 | + |
1 + 1   2 Shots

Time Outs: 60 Secs | 1 | 2 | 3 |
30 Secs | 1 | 2 |

SCORING: 3 = 3 point goal 2 = 2 point goal
● = FT Made   O = FT missed

No.	U	Player	Fouls					1st	2nd	3rd	4th
			1	2	3	4	5				
			1	2	3	4	5				
			1	2	3	4	5				
			1	2	3	4	5				
			1	2	3	4	5				
			1	2	3	4	5				
			1	2	3	4	5				
			1	2	3	4	5				
			1	2	3	4	5				
			1	2	3	4	5				
			1	2	3	4	5				
			1	2	3	4	5				

FINAL SCORE: _____   Quarter Total

Running Score

1		29		57	
2		30		58	
3		31		59	
4		32		60	
5		33		61	
6		34		62	
7		35		63	
8		36		64	
9		37		65	
10		38		66	
11		39		67	
12		40		68	
13		41		69	
14		42		70	
15		43		71	
16		44		72	
17		45		73	
18		46		74	
19		47		75	
20		48		76	
21		49		77	
22		50		78	
23		51		79	
24		52		80	
25		53		81	
26		54		82	
27		55		83	
28		56		84	

Alternating Possession: H V H V H V H V H V H V H V H V H V H V H V H V

Defensive Warning ☐☐

HOME _____   **Uniform Color** _____

Team Fouls:
1st Half | 1 | 2 | 3 | 4 | 5 | 6 | | 7 | 8 | 9 | | 10 | + |
2nd Half | 1 | 2 | 3 | 4 | 5 | 6 | | 7 | 8 | 9 | | 10 | + |
1 + 1   2 Shots

Time Outs: 60 Secs | 1 | 2 | 3 |
30 Secs | 1 | 2 |

SCORING: 3 = 3 point goal 2 = 2 point goal
● = FT Made   ○ = FT missed

No.	U	Player	Fouls					1st	2nd	3rd	4th
			1	2	3	4	5				
			1	2	3	4	5				
			1	2	3	4	5				
			1	2	3	4	5				
			1	2	3	4	5				
			1	2	3	4	5				
			1	2	3	4	5				
			1	2	3	4	5				
			1	2	3	4	5				
			1	2	3	4	5				
			1	2	3	4	5				
			1	2	3	4	5				

Quarter Total _____

Running Score

1		29		57	
2		30		58	
3		31		59	
4		32		60	
5		33		61	
6		34		62	
7		35		63	
8		36		64	
9		37		65	
10		38		66	
11		39		67	
12		40		68	
13		41		69	
14		42		70	
15		43		71	
16		44		72	
17		45		73	
18		46		74	
19		47		75	
20		48		76	
21		49		77	
22		50		78	
23		51		79	
24		52		80	
25		53		81	
26		54		82	
27		55		83	
28		56		84	

BASKETBALL SCORE SHEET

Date _____

Game Time _____

Site _____

Court # _____

Referees _____

Type
- ☐ Traditional
- ☐ Unified

Sex
- ☐ Men
- ☐ Women

Age Group
- ☐ Youth
- ☐ Junior
- ☐ Senior
- ☐ Master
- ☐ Senior Master

Division
- ☐ 1
- ☐ 2
- ☐ 3
- ☐ 4
- ☐ 5
- ☐ 6
- ☐ 7
- ☐ 8

VISITORS _____

Uniform Color _____

Team Fouls:	1st Half	1	2	3	4	5	6		7	8	9		10	+
	2nd Half	1	2	3	4	5	6		7	8	9		10	+

1 + 1   2 Shots

Time Outs: 60 Secs | 1 | 2 | 3 |

30 Secs | 1 | 2 |

Running Score

1	29	57
2	30	58
3	31	59
4	32	60
5	33	61
6	34	62
7	35	63
8	36	64
9	37	65
10	38	66
11	39	67
12	40	68
13	41	69
14	42	70
15	43	71
16	44	72
17	45	73
18	46	74
19	47	75
20	48	76
21	49	77
22	50	78
23	51	79
24	52	80
25	53	81
26	54	82
27	55	83
28	56	84

SCORING: 3 = 3 point goal 2 = 2 point goal
● = FT Made   O = FT missed

No.	U	Player	Fouls					1st	2nd	3rd	4th
			1	2	3	4	5				
			1	2	3	4	5				
			1	2	3	4	5				
			1	2	3	4	5				
			1	2	3	4	5				
			1	2	3	4	5				
			1	2	3	4	5				
			1	2	3	4	5				
			1	2	3	4	5				
			1	2	3	4	5				
			1	2	3	4	5				
			1	2	3	4	5				

FINAL SCORE: _____   Quarter Total

Alternating Possession | H | V | H | V | H | V | H | V | H | V | H | V | H | V | H | V | H | V | H | V | H | V | H | V |

Defensive Warning | | |

HOME _____

Uniform Color _____

Team Fouls:	1st Half	1	2	3	4	5	6		7	8	9		10	+
	2nd Half	1	2	3	4	5	6		7	8	9		10	+

1 + 1   2 Shots

Time Outs: 60 Secs | 1 | 2 | 3 |

30 Secs | 1 | 2 |

Running Score

1	29	57
2	30	58
3	31	59
4	32	60
5	33	61
6	34	62
7	35	63
8	36	64
9	37	65
10	38	66
11	39	67
12	40	68
13	41	69
14	42	70
15	43	71
16	44	72
17	45	73
18	46	74
19	47	75
20	48	76
21	49	77
22	50	78
23	51	79
24	52	80
25	53	81
26	54	82
27	55	83
28	56	84

SCORING: 3 = 3 point goal 2 = 2 point goal
● = FT Made   ○ = FT missed

No.	U	Player	Fouls					1st	2nd	3rd	4th
			1	2	3	4	5				
			1	2	3	4	5				
			1	2	3	4	5				
			1	2	3	4	5				
			1	2	3	4	5				
			1	2	3	4	5				
			1	2	3	4	5				
			1	2	3	4	5				
			1	2	3	4	5				
			1	2	3	4	5				
			1	2	3	4	5				
			1	2	3	4	5				

_____   Quarter Total

BASKETBALL SCORE SHEET

				Type		Age Group		Division			
Date	_____			☐	Traditional	☐	Youth	☐ 1	☐ 5		
Game Time	_____			☐	Unified	☐	Junior	☐ 2	☐ 6		
Site	_____			**Sex**		☐	Senior	☐ 3	☐ 7		
Court #	_____			☐	Men	☐	Master	☐ 4	☐ 8		
Referees	_____			☐	Women	☐	Senior Master				

VISITORS

Uniform Color _____

Team Fouls:

1st Half | 1 | 2 | 3 | 4 | 5 | 6 | | 7 | 8 | 9 | | 10 | + |

2nd Half | 1 | 2 | 3 | 4 | 5 | 6 | | 7 | 8 | 9 | | 10 | + |

1 + 1   2 Shots

Time Outs: 60 Secs | 1 | 2 | 3 |

30 Secs | 1 | 2 |

No.	U	Player	Fouls					SCORING: 3 = 3 point goal 2 = 2 point goal • = FT Made O = FT missed			
								1st	2nd	3rd	4th
			1	2	3	4	5				
			1	2	3	4	5				
			1	2	3	4	5				
			1	2	3	4	5				
			1	2	3	4	5				
			1	2	3	4	5				
			1	2	3	4	5				
			1	2	3	4	5				
			1	2	3	4	5				
			1	2	3	4	5				
			1	2	3	4	5				
			1	2	3	4	5				

FINAL SCORE: _____   Quarter Total

Running Score (Visitors)

1	29	57
2	30	58
3	31	59
4	32	60
5	33	61
6	34	62
7	35	63
8	36	64
9	37	65
10	38	66
11	39	67
12	40	68
13	41	69
14	42	70
15	43	71
16	44	72
17	45	73
18	46	74
19	47	75
20	48	76
21	49	77
22	50	78
23	51	79
24	52	80
25	53	81
26	54	82
27	55	83
28	56	84

Alternating Possession | H | V | H | V | H | V | H | V | H | V | H | V | H | V | H | V | H | V | H | V | H | V | H | V |

Defensive Warning | | |

HOME

Uniform Color _____

Team Fouls:

1st Half | 1 | 2 | 3 | 4 | 5 | 6 | | 7 | 8 | 9 | | 10 | + |

2nd Half | 1 | 2 | 3 | 4 | 5 | 6 | | 7 | 8 | 9 | | 10 | + |

1 + 1   2 Shots

Time Outs: 60 Secs | 1 | 2 | 3 |

30 Secs | 1 | 2 |

No.	U	Player	Fouls					SCORING: 3 = 3 point goal 2 = 2 point goal • = FT Made ○ = FT missed			
								1st	2nd	3rd	4th
			1	2	3	4	5				
			1	2	3	4	5				
			1	2	3	4	5				
			1	2	3	4	5				
			1	2	3	4	5				
			1	2	3	4	5				
			1	2	3	4	5				
			1	2	3	4	5				
			1	2	3	4	5				
			1	2	3	4	5				
			1	2	3	4	5				
			1	2	3	4	5				

Quarter Total

Running Score (Home)

1	29	57
2	30	58
3	31	59
4	32	60
5	33	61
6	34	62
7	35	63
8	36	64
9	37	65
10	38	66
11	39	67
12	40	68
13	41	69
14	42	70
15	43	71
16	44	72
17	45	73
18	46	74
19	47	75
20	48	76
21	49	77
22	50	78
23	51	79
24	52	80
25	53	81
26	54	82
27	55	83
28	56	84

BASKETBALL SCORE SHEET

	Type		Age Group		Division	
Date _____	☐ Traditional	☐ Youth		☐ 1	☐ 5	
Game Time _____	☐ Unified	☐ Junior		☐ 2	☐ 6	
Site _____	**Sex**	☐ Senior		☐ 3	☐ 7	
Court # _____	☐ Men	☐ Master		☐ 4	☐ 8	
Referees _____	☐ Women	☐ Senior Master				

VISITORS _____

Uniform Color _____

Team Fouls:

1st Half | 1 | 2 | 3 | 4 | 5 | 6 | 7 | 8 | 9 | 10 | + |

2nd Half | 1 | 2 | 3 | 4 | 5 | 6 | 7 | 8 | 9 | 10 | + |

1 + 1   2 Shots

Time Outs: 60 Secs | 1 | 2 | 3 |

30 Secs | 1 | 2 |

SCORING: 3 = 3 point goal 2 = 2 point goal
• = FT Made   O = FT missed

No.	U	Player	Fouls					1st	2nd	3rd	4th
			1	2	3	4	5				
			1	2	3	4	5				
			1	2	3	4	5				
			1	2	3	4	5				
			1	2	3	4	5				
			1	2	3	4	5				
			1	2	3	4	5				
			1	2	3	4	5				
			1	2	3	4	5				
			1	2	3	4	5				
			1	2	3	4	5				
			1	2	3	4	5				
			1	2	3	4	5				

FINAL SCORE: _____   Quarter Total

Running Score

1		29		57	
2		30		58	
3		31		59	
4		32		60	
5		33		61	
6		34		62	
7		35		63	
8		36		64	
9		37		65	
10		38		66	
11		39		67	
12		40		68	
13		41		69	
14		42		70	
15		43		71	
16		44		72	
17		45		73	
18		46		74	
19		47		75	
20		48		76	
21		49		77	
22		50		78	
23		51		79	
24		52		80	
25		53		81	
26		54		82	
27		55		83	
28		56		84	

Alternating Possession | H | V | H | V | H | V | H | V | H | V | H | V | H | V | H | V | H | V | H | V | H | V | H | V |

Defensive Warning | | |

HOME _____

Uniform Color _____

Team Fouls:

1st Half | 1 | 2 | 3 | 4 | 5 | 6 | 7 | 8 | 9 | 10 | + |

2nd Half | 1 | 2 | 3 | 4 | 5 | 6 | 7 | 8 | 9 | 10 | + |

1 + 1   2 Shots

Time Outs: 60 Secs | 1 | 2 | 3 |

30 Secs | 1 | 2 |

SCORING: 3 = 3 point goal 2 = 2 point goal
• = FT Made   ○ = FT missed

No.	U	Player	Fouls					1st	2nd	3rd	4th
			1	2	3	4	5				
			1	2	3	4	5				
			1	2	3	4	5				
			1	2	3	4	5				
			1	2	3	4	5				
			1	2	3	4	5				
			1	2	3	4	5				
			1	2	3	4	5				
			1	2	3	4	5				
			1	2	3	4	5				
			1	2	3	4	5				
			1	2	3	4	5				
			1	2	3	4	5				

_____   Quarter Total

Running Score

1		29		57	
2		30		58	
3		31		59	
4		32		60	
5		33		61	
6		34		62	
7		35		63	
8		36		64	
9		37		65	
10		38		66	
11		39		67	
12		40		68	
13		41		69	
14		42		70	
15		43		71	
16		44		72	
17		45		73	
18		46		74	
19		47		75	
20		48		76	
21		49		77	
22		50		78	
23		51		79	
24		52		80	
25		53		81	
26		54		82	
27		55		83	
28		56		84	

BASKETBALL SCORE SHEET

Type	**Age Group**	**Division**		

Date _____

Game Time _____

Site _____

Court # _____

Referees _____

Type
☐ Traditional
☐ Unified

Sex
☐ Men
☐ Women

Age Group
☐ Youth
☐ Junior
☐ Senior
☐ Master
☐ Senior Master

Division
☐ 1 ☐ 5
☐ 2 ☐ 6
☐ 3 ☐ 7
☐ 4 ☐ 8

VISITORS _____

Uniform Color _____

Team Fouls:

1st Half | 1 | 2 | 3 | 4 | 5 | 6 | | 7 | 8 | 9 | | 10 | + |

2nd Half | 1 | 2 | 3 | 4 | 5 | 6 | | 7 | 8 | 9 | | 10 | + |

1 + 1   2 Shots

Time Outs: 60 Secs | 1 | 2 | 3 |

30 Secs | 1 | 2 |

No.	U	Player	Fouls	SCORING: 3 = 3 point goal 2 = 2 point goal ● = FT Made ○ = FT missed
				1st / 2nd / 3rd / 4th
			1 2 3 4 5	
			1 2 3 4 5	
			1 2 3 4 5	
			1 2 3 4 5	
			1 2 3 4 5	
			1 2 3 4 5	
			1 2 3 4 5	
			1 2 3 4 5	
			1 2 3 4 5	
			1 2 3 4 5	
			1 2 3 4 5	
			1 2 3 4 5	

FINAL SCORE: _____   Quarter Total

Running Score

1	29	57
2	30	58
3	31	59
4	32	60
5	33	61
6	34	62
7	35	63
8	36	64
9	37	65
10	38	66
11	39	67
12	40	68
13	41	69
14	42	70
15	43	71
16	44	72
17	45	73
18	46	74
19	47	75
20	48	76
21	49	77
22	50	78
23	51	79
24	52	80
25	53	81
26	54	82
27	55	83
28	56	84

Alternating Possession | H | V | H | V | H | V | H | V | H | V | H | V | H | V | H | V | H | V | H | V | H | V | H | V | H | V | H | V |

Defensive Warning ☐ ☐

HOME _____

Uniform Color _____

Team Fouls:

1st Half | 1 | 2 | 3 | 4 | 5 | 6 | | 7 | 8 | 9 | | 10 | + |

2nd Half | 1 | 2 | 3 | 4 | 5 | 6 | | 7 | 8 | 9 | | 10 | + |

1 + 1   2 Shots

Time Outs: 60 Secs | 1 | 2 | 3 |

30 Secs | 1 | 2 |

No.	U	Player	Fouls	SCORING: 3 = 3 point goal 2 = 2 point goal ● = FT Made ○ = FT missed
				1st / 2nd / 3rd / 4th
			1 2 3 4 5	
			1 2 3 4 5	
			1 2 3 4 5	
			1 2 3 4 5	
			1 2 3 4 5	
			1 2 3 4 5	
			1 2 3 4 5	
			1 2 3 4 5	
			1 2 3 4 5	
			1 2 3 4 5	
			1 2 3 4 5	
			1 2 3 4 5	

_____   Quarter Total

Running Score

1	29	57
2	30	58
3	31	59
4	32	60
5	33	61
6	34	62
7	35	63
8	36	64
9	37	65
10	38	66
11	39	67
12	40	68
13	41	69
14	42	70
15	43	71
16	44	72
17	45	73
18	46	74
19	47	75
20	48	76
21	49	77
22	50	78
23	51	79
24	52	80
25	53	81
26	54	82
27	55	83
28	56	84

BASKETBALL SCORE SHEET

Date _____

Game Time _____

Site _____

Court # _____

Referees _____

Type
- ☐ Traditional
- ☐ Unified

Sex
- ☐ Men
- ☐ Women

Age Group
- ☐ Youth
- ☐ Junior
- ☐ Senior
- ☐ Master
- ☐ Senior Master

Division
- ☐ 1   ☐ 5
- ☐ 2   ☐ 6
- ☐ 3   ☐ 7
- ☐ 4   ☐ 8

VISITORS _____

Uniform Color _____

Team Fouls: 1st Half | 1 | 2 | 3 | 4 | 5 | 6 | | 7 | 8 | 9 | | 10 | + |

2nd Half | 1 | 2 | 3 | 4 | 5 | 6 | | 7 | 8 | 9 | | 10 | + |

1 + 1   2 Shots

Time Outs: 60 Secs | 1 | 2 | 3 |

30 Secs | 1 | 2 |

No.	U	Player	Fouls					SCORING: 3 = 3 point goal 2 = 2 point goal ● = FT Made O = FT missed			
								1st	2nd	3rd	4th
			1	2	3	4	5				
			1	2	3	4	5				
			1	2	3	4	5				
			1	2	3	4	5				
			1	2	3	4	5				
			1	2	3	4	5				
			1	2	3	4	5				
			1	2	3	4	5				
			1	2	3	4	5				
			1	2	3	4	5				
			1	2	3	4	5				
			1	2	3	4	5				

FINAL SCORE: _____   Quarter Total

Running Score

1	29	57
2	30	58
3	31	59
4	32	60
5	33	61
6	34	62
7	35	63
8	36	64
9	37	65
10	38	66
11	39	67
12	40	68
13	41	69
14	42	70
15	43	71
16	44	72
17	45	73
18	46	74
19	47	75
20	48	76
21	49	77
22	50	78
23	51	79
24	52	80
25	53	81
26	54	82
27	55	83
28	56	84

Alternating Possession | H | V | H | V | H | V | H | V | H | V | H | V | H | V | H | V | H | V | H | V | H | V | H | V |

Defensive Warning | | |

HOME _____

Uniform Color _____

Team Fouls: 1st Half | 1 | 2 | 3 | 4 | 5 | 6 | | 7 | 8 | 9 | | 10 | + |

2nd Half | 1 | 2 | 3 | 4 | 5 | 6 | | 7 | 8 | 9 | | 10 | + |

1 + 1   2 Shots

Time Outs: 60 Secs | 1 | 2 | 3 |

30 Secs | 1 | 2 |

No.	U	Player	Fouls					SCORING: 3 = 3 point goal 2 = 2 point goal ● = FT Made ○ = FT missed			
								1st	2nd	3rd	4th
			1	2	3	4	5				
			1	2	3	4	5				
			1	2	3	4	5				
			1	2	3	4	5				
			1	2	3	4	5				
			1	2	3	4	5				
			1	2	3	4	5				
			1	2	3	4	5				
			1	2	3	4	5				
			1	2	3	4	5				
			1	2	3	4	5				
			1	2	3	4	5				

_____   Quarter Total

Running Score

1	29	57
2	30	58
3	31	59
4	32	60
5	33	61
6	34	62
7	35	63
8	36	64
9	37	65
10	38	66
11	39	67
12	40	68
13	41	69
14	42	70
15	43	71
16	44	72
17	45	73
18	46	74
19	47	75
20	48	76
21	49	77
22	50	78
23	51	79
24	52	80
25	53	81
26	54	82
27	55	83
28	56	84

BASKETBALL SCORE SHEET

		Type	Age Group	Division

Date _____

Game Time _____

Site _____

Court # _____

Referees _____

Type
☐ Traditional
☐ Unified

Sex
☐ Men
☐ Women

Age Group
☐ Youth
☐ Junior
☐ Senior
☐ Master
☐ Senior Master

Division
☐ 1   ☐ 5
☐ 2   ☐ 6
☐ 3   ☐ 7
☐ 4   ☐ 8

VISITORS _____

Uniform Color _____

Team Fouls:

1st Half | 1 | 2 | 3 | 4 | 5 | 6 | | 7 | 8 | 9 | | 10 | + |

2nd Half | 1 | 2 | 3 | 4 | 5 | 6 | | 7 | 8 | 9 | | 10 | + |

1 + 1   2 Shots

Time Outs: 60 Secs | 1 | 2 | 3 |

30 Secs | 1 | 2 |

No.	U	Player	Fouls	SCORING: 3 = 3 point goal 2 = 2 point goal

● = FT Made   O = FT missed

No.	U	Player	Fouls	1st	2nd	3rd	4th
			1 2 3 4 5				
			1 2 3 4 5				
			1 2 3 4 5				
			1 2 3 4 5				
			1 2 3 4 5				
			1 2 3 4 5				
			1 2 3 4 5				
			1 2 3 4 5				
			1 2 3 4 5				
			1 2 3 4 5				
			1 2 3 4 5				
			1 2 3 4 5				
			1 2 3 4 5				

FINAL SCORE: _____   Quarter Total

Running Score (Visitors)

1	29	57
2	30	58
3	31	59
4	32	60
5	33	61
6	34	62
7	35	63
8	36	64
9	37	65
10	38	66
11	39	67
12	40	68
13	41	69
14	42	70
15	43	71
16	44	72
17	45	73
18	46	74
19	47	75
20	48	76
21	49	77
22	50	78
23	51	79
24	52	80
25	53	81
26	54	82
27	55	83
28	56	84

Alternating Possession | H | V | H | V | H | V | H | V | H | V | H | V | H | V | H | V | H | V | H | V | H | V | H | V | H | V |

Defensive Warning | | |

HOME _____

Uniform Color _____

Team Fouls:

1st Half | 1 | 2 | 3 | 4 | 5 | 6 | | 7 | 8 | 9 | | 10 | + |

2nd Half | 1 | 2 | 3 | 4 | 5 | 6 | | 7 | 8 | 9 | | 10 | + |

1 + 1   2 Shots

Time Outs: 60 Secs | 1 | 2 | 3 |

30 Secs | 1 | 2 |

No.	U	Player	Fouls	SCORING: 3 = 3 point goal 2 = 2 point goal

● = FT Made   ○ = FT missed

No.	U	Player	Fouls	1st	2nd	3rd	4th
			1 2 3 4 5				
			1 2 3 4 5				
			1 2 3 4 5				
			1 2 3 4 5				
			1 2 3 4 5				
			1 2 3 4 5				
			1 2 3 4 5				
			1 2 3 4 5				
			1 2 3 4 5				
			1 2 3 4 5				
			1 2 3 4 5				
			1 2 3 4 5				
			1 2 3 4 5				

_____   Quarter Total

Running Score (Home)

1	29	57
2	30	58
3	31	59
4	32	60
5	33	61
6	34	62
7	35	63
8	36	64
9	37	65
10	38	66
11	39	67
12	40	68
13	41	69
14	42	70
15	43	71
16	44	72
17	45	73
18	46	74
19	47	75
20	48	76
21	49	77
22	50	78
23	51	79
24	52	80
25	53	81
26	54	82
27	55	83
28	56	84

BASKETBALL SCORE SHEET

	Type	**Age Group**	**Division**	
Date _____	☐ Traditional	☐ Youth	☐ 1 ☐ 5	
Game Time _____	☐ Unified	☐ Junior	☐ 2 ☐ 6	
Site _____	**Sex**	☐ Senior	☐ 3 ☐ 7	
Court # _____	☐ Men	☐ Master	☐ 4 ☐ 8	
Referees _____	☐ Women	☐ Senior Master		

VISITORS _____

Uniform Color _____

Team Fouls:
1st Half: | 1 | 2 | 3 | 4 | 5 | 6 | | 7 | 8 | 9 | | 10 | + |
2nd Half: | 1 | 2 | 3 | 4 | 5 | 6 | | 7 | 8 | 9 | | 10 | + |
1 + 1   2 Shots

Time Outs: 60 Secs | 1 | 2 | 3 |
30 Secs | 1 | 2 |

No.	U	Player	Fouls	SCORING: 3 = 3 point goal 2 = 2 point goal ● = FT Made O = FT missed
				1st / 2nd / 3rd / 4th
			1 2 3 4 5	
			1 2 3 4 5	
			1 2 3 4 5	
			1 2 3 4 5	
			1 2 3 4 5	
			1 2 3 4 5	
			1 2 3 4 5	
			1 2 3 4 5	
			1 2 3 4 5	
			1 2 3 4 5	
			1 2 3 4 5	
			1 2 3 4 5	

FINAL SCORE: _____   Quarter Total

Running Score (Visitors)

1	29	57
2	30	58
3	31	59
4	32	60
5	33	61
6	34	62
7	35	63
8	36	64
9	37	65
10	38	66
11	39	67
12	40	68
13	41	69
14	42	70
15	43	71
16	44	72
17	45	73
18	46	74
19	47	75
20	48	76
21	49	77
22	50	78
23	51	79
24	52	80
25	53	81
26	54	82
27	55	83
28	56	84

Alternating Possession: H V H V H V H V H V H V H V H V H V H V H V H V H V H V

Defensive Warning ☐☐

HOME _____

Uniform Color _____

Team Fouls:
1st Half: | 1 | 2 | 3 | 4 | 5 | 6 | | 7 | 8 | 9 | | 10 | + |
2nd Half: | 1 | 2 | 3 | 4 | 5 | 6 | | 7 | 8 | 9 | | 10 | + |
1 + 1   2 Shots

Time Outs: 60 Secs | 1 | 2 | 3 |
30 Secs | 1 | 2 |

No.	U	Player	Fouls	SCORING: 3 = 3 point goal 2 = 2 point goal ● = FT Made ○ = FT missed
				1st / 2nd / 3rd / 4th
			1 2 3 4 5	
			1 2 3 4 5	
			1 2 3 4 5	
			1 2 3 4 5	
			1 2 3 4 5	
			1 2 3 4 5	
			1 2 3 4 5	
			1 2 3 4 5	
			1 2 3 4 5	
			1 2 3 4 5	
			1 2 3 4 5	
			1 2 3 4 5	

_____   Quarter Total

Running Score (Home)

1	29	57
2	30	58
3	31	59
4	32	60
5	33	61
6	34	62
7	35	63
8	36	64
9	37	65
10	38	66
11	39	67
12	40	68
13	41	69
14	42	70
15	43	71
16	44	72
17	45	73
18	46	74
19	47	75
20	48	76
21	49	77
22	50	78
23	51	79
24	52	80
25	53	81
26	54	82
27	55	83
28	56	84

BASKETBALL SCORE SHEET

	Type	Age Group	Division

Date _____

Game Time _____

Site _____

Court # _____

Referees _____

Type
- ☐ Traditional
- ☐ Unified

Sex
- ☐ Men
- ☐ Women

Age Group
- ☐ Youth
- ☐ Junior
- ☐ Senior
- ☐ Master
- ☐ Senior Master

Division
- ☐ 1   ☐ 5
- ☐ 2   ☐ 6
- ☐ 3   ☐ 7
- ☐ 4   ☐ 8

VISITORS _____

Uniform Color _____

Team Fouls:

1st Half: 1 2 3 4 5 6 | 7 8 9 | 10 +

2nd Half: 1 2 3 4 5 6 | 7 8 9 | 10 +

1 + 1   2 Shots

Time Outs: 60 Secs 1 2 3

30 Secs 1 2

No.	U	Player	Fouls					SCORING: 3 = 3 point goal 2 = 2 point goal ● = FT Made O = FT missed			
								1st	2nd	3rd	4th
			1	2	3	4	5				
			1	2	3	4	5				
			1	2	3	4	5				
			1	2	3	4	5				
			1	2	3	4	5				
			1	2	3	4	5				
			1	2	3	4	5				
			1	2	3	4	5				
			1	2	3	4	5				
			1	2	3	4	5				
			1	2	3	4	5				
			1	2	3	4	5				

FINAL SCORE: _____   **Quarter Total**

Running Score

1	29	57			
2	30	58			
3	31	59			
4	32	60			
5	33	61			
6	34	62			
7	35	63			
8	36	64			
9	37	65			
10	38	66			
11	39	67			
12	40	68			
13	41	69			
14	42	70			
15	43	71			
16	44	72			
17	45	73			
18	46	74			
19	47	75			
20	48	76			
21	49	77			
22	50	78			
23	51	79			
24	52	80			
25	53	81			
26	54	82			
27	55	83			
28	56	84			

Alternating Possession H V H V H V H V H V H V H V H V H V H V H V H V H V

Defensive Warning ☐☐

HOME _____

Uniform Color _____

Team Fouls:

1st Half: 1 2 3 4 5 6 | 7 8 9 | 10 +

2nd Half: 1 2 3 4 5 6 | 7 8 9 | 10 +

1 + 1   2 Shots

Time Outs: 60 Secs 1 2 3

30 Secs 1 2

No.	U	Player	Fouls					SCORING: 3 = 3 point goal 2 = 2 point goal ● = FT Made ○ = FT missed			
								1st	2nd	3rd	4th
			1	2	3	4	5				
			1	2	3	4	5				
			1	2	3	4	5				
			1	2	3	4	5				
			1	2	3	4	5				
			1	2	3	4	5				
			1	2	3	4	5				
			1	2	3	4	5				
			1	2	3	4	5				
			1	2	3	4	5				
			1	2	3	4	5				
			1	2	3	4	5				

_____   **Quarter Total**

Running Score

1	29	57			
2	30	58			
3	31	59			
4	32	60			
5	33	61			
6	34	62			
7	35	63			
8	36	64			
9	37	65			
10	38	66			
11	39	67			
12	40	68			
13	41	69			
14	42	70			
15	43	71			
16	44	72			
17	45	73			
18	46	74			
19	47	75			
20	48	76			
21	49	77			
22	50	78			
23	51	79			
24	52	80			
25	53	81			
26	54	82			
27	55	83			
28	56	84			

BASKETBALL SCORE SHEET

Date	_____		
Game Time	_____		
Site	_____		
Court #	_____		
Referees	_____		

Type
- ☐ Traditional
- ☐ Unified

Sex
- ☐ Men
- ☐ Women

Age Group
- ☐ Youth
- ☐ Junior
- ☐ Senior
- ☐ Master
- ☐ Senior Master

Division
- ☐ 1   ☐ 5
- ☐ 2   ☐ 6
- ☐ 3   ☐ 7
- ☐ 4   ☐ 8

VISITORS _____

Uniform Color _____

Team Fouls:
1st Half | 1 | 2 | 3 | 4 | 5 | 6 | 7 | 8 | 9 | 10 | + |
2nd Half | 1 | 2 | 3 | 4 | 5 | 6 | 7 | 8 | 9 | 10 | + |
1 + 1   2 Shots

Time Outs: 60 Secs | 1 | 2 | 3 |
30 Secs | 1 | 2 |

No.	U	Player	Fouls	SCORING: 3 = 3 point goal 2 = 2 point goal

● = FT Made   O = FT missed

			Fouls	1st	2nd	3rd	4th
			1 2 3 4 5				
			1 2 3 4 5				
			1 2 3 4 5				
			1 2 3 4 5				
			1 2 3 4 5				
			1 2 3 4 5				
			1 2 3 4 5				
			1 2 3 4 5				
			1 2 3 4 5				
			1 2 3 4 5				
			1 2 3 4 5				
			1 2 3 4 5				

FINAL SCORE: _____   Quarter Total

Running Score (Visitors)

1	29	57			
2	30	58			
3	31	59			
4	32	60			
5	33	61			
6	34	62			
7	35	63			
8	36	64			
9	37	65			
10	38	66			
11	39	67			
12	40	68			
13	41	69			
14	42	70			
15	43	71			
16	44	72			
17	45	73			
18	46	74			
19	47	75			
20	48	76			
21	49	77			
22	50	78			
23	51	79			
24	52	80			
25	53	81			
26	54	82			
27	55	83			
28	56	84			

Alternating Possession H V H V H V H V H V H V H V H V H V H V H V H V

Defensive Warning [ ][ ]

HOME _____

Uniform Color _____

Team Fouls:
1st Half | 1 | 2 | 3 | 4 | 5 | 6 | 7 | 8 | 9 | 10 | + |
2nd Half | 1 | 2 | 3 | 4 | 5 | 6 | 7 | 8 | 9 | 10 | + |
1 + 1   2 Shots

Time Outs: 60 Secs | 1 | 2 | 3 |
30 Secs | 1 | 2 |

No.	U	Player	Fouls	SCORING: 3 = 3 point goal 2 = 2 point goal

● = FT Made   ○ = FT missed

			Fouls	1st	2nd	3rd	4th
			1 2 3 4 5				
			1 2 3 4 5				
			1 2 3 4 5				
			1 2 3 4 5				
			1 2 3 4 5				
			1 2 3 4 5				
			1 2 3 4 5				
			1 2 3 4 5				
			1 2 3 4 5				
			1 2 3 4 5				
			1 2 3 4 5				
			1 2 3 4 5				

_____   Quarter Total

Running Score (Home)

1	29	57			
2	30	58			
3	31	59			
4	32	60			
5	33	61			
6	34	62			
7	35	63			
8	36	64			
9	37	65			
10	38	66			
11	39	67			
12	40	68			
13	41	69			
14	42	70			
15	43	71			
16	44	72			
17	45	73			
18	46	74			
19	47	75			
20	48	76			
21	49	77			
22	50	78			
23	51	79			
24	52	80			
25	53	81			
26	54	82			
27	55	83			
28	56	84			

BASKETBALL SCORE SHEET

Date	_____
Game Time	_____
Site	_____
Court #	_____
Referees	_____

Type
- ☐ Traditional
- ☐ Unified

Sex
- ☐ Men
- ☐ Women

Age Group
- ☐ Youth
- ☐ Junior
- ☐ Senior
- ☐ Master
- ☐ Senior Master

Division
- ☐ 1   ☐ 5
- ☐ 2   ☐ 6
- ☐ 3   ☐ 7
- ☐ 4   ☐ 8

VISITORS _____

Uniform Color _____

Team Fouls:

1st Half: | 1 | 2 | 3 | 4 | 5 | 6 | 7 | 8 | 9 | 10 | + |

2nd Half: | 1 | 2 | 3 | 4 | 5 | 6 | 7 | 8 | 9 | 10 | + |

1 + 1   2 Shots

Time Outs: 60 Secs | 1 | 2 | 3 |

30 Secs | 1 | 2 |

No.	U	Player	Fouls					SCORING: 3 = 3 point goal 2 = 2 point goal • = FT Made O = FT missed			
								1st	2nd	3rd	4th
			1	2	3	4	5				
			1	2	3	4	5				
			1	2	3	4	5				
			1	2	3	4	5				
			1	2	3	4	5				
			1	2	3	4	5				
			1	2	3	4	5				
			1	2	3	4	5				
			1	2	3	4	5				
			1	2	3	4	5				
			1	2	3	4	5				
			1	2	3	4	5				

FINAL SCORE: _____   Quarter Total

Alternating Possession | H | V | H | V | H | V | H | V | H | V | H | V | H | V | H | V | H | V | H | V | H | V | H | V |

Defensive Warning | | |

HOME _____

Uniform Color _____

Team Fouls:

1st Half: | 1 | 2 | 3 | 4 | 5 | 6 | 7 | 8 | 9 | 10 | + |

2nd Half: | 1 | 2 | 3 | 4 | 5 | 6 | 7 | 8 | 9 | 10 | + |

1 + 1   2 Shots

Time Outs: 60 Secs | 1 | 2 | 3 |

30 Secs | 1 | 2 |

No.	U	Player	Fouls					SCORING: 3 = 3 point goal 2 = 2 point goal • = FT Made o = FT missed			
								1st	2nd	3rd	4th
			1	2	3	4	5				
			1	2	3	4	5				
			1	2	3	4	5				
			1	2	3	4	5				
			1	2	3	4	5				
			1	2	3	4	5				
			1	2	3	4	5				
			1	2	3	4	5				
			1	2	3	4	5				
			1	2	3	4	5				
			1	2	3	4	5				
			1	2	3	4	5				

_____   Quarter Total

Running Score (Visitors)

1		29		57	
2		30		58	
3		31		59	
4		32		60	
5		33		61	
6		34		62	
7		35		63	
8		36		64	
9		37		65	
10		38		66	
11		39		67	
12		40		68	
13		41		69	
14		42		70	
15		43		71	
16		44		72	
17		45		73	
18		46		74	
19		47		75	
20		48		76	
21		49		77	
22		50		78	
23		51		79	
24		52		80	
25		53		81	
26		54		82	
27		55		83	
28		56		84	

Running Score (Home)

1		29		57	
2		30		58	
3		31		59	
4		32		60	
5		33		61	
6		34		62	
7		35		63	
8		36		64	
9		37		65	
10		38		66	
11		39		67	
12		40		68	
13		41		69	
14		42		70	
15		43		71	
16		44		72	
17		45		73	
18		46		74	
19		47		75	
20		48		76	
21		49		77	
22		50		78	
23		51		79	
24		52		80	
25		53		81	
26		54		82	
27		55		83	
28		56		84	

BASKETBALL SCORE SHEET

		Type		Age Group		Division			
Date	_____	☐ Traditional	☐	Youth	☐	1	☐	5	
Game Time	_____	☐ Unified	☐	Junior	☐	2	☐	6	
Site	_____	**Sex**	☐	Senior	☐	3	☐	7	
Court #	_____	☐ Men	☐	Master	☐	4	☐	8	
Referees	_____	☐ Women	☐	Senior Master					

VISITORS _____   Uniform Color _____

Team Fouls:
1st Half: | 1 | 2 | 3 | 4 | 5 | 6 | | 7 | 8 | 9 | | 10 | + |
2nd Half: | 1 | 2 | 3 | 4 | 5 | 6 | | 7 | 8 | 9 | | 10 | + |
1 + 1   2 Shots

Time Outs: 60 Secs | 1 | 2 | 3 |
30 Secs | 1 | 2 |

No.	U	Player	Fouls					1st	2nd	3rd	4th
			1	2	3	4	5				
			1	2	3	4	5				
			1	2	3	4	5				
			1	2	3	4	5				
			1	2	3	4	5				
			1	2	3	4	5				
			1	2	3	4	5				
			1	2	3	4	5				
			1	2	3	4	5				
			1	2	3	4	5				
			1	2	3	4	5				
			1	2	3	4	5				

SCORING: 3 = 3 point goal 2 = 2 point goal • = FT Made O = FT missed

FINAL SCORE: _____   Quarter Total

Running Score (Visitors)

1		29		57	
2		30		58	
3		31		59	
4		32		60	
5		33		61	
6		34		62	
7		35		63	
8		36		64	
9		37		65	
10		38		66	
11		39		67	
12		40		68	
13		41		69	
14		42		70	
15		43		71	
16		44		72	
17		45		73	
18		46		74	
19		47		75	
20		48		76	
21		49		77	
22		50		78	
23		51		79	
24		52		80	
25		53		81	
26		54		82	
27		55		83	
28		56		84	

Alternating Possession: H V H V H V H V H V H V H V H V H V H V H V

Defensive Warning ☐ ☐

HOME _____   Uniform Color _____

Team Fouls:
1st Half: | 1 | 2 | 3 | 4 | 5 | 6 | | 7 | 8 | 9 | | 10 | + |
2nd Half: | 1 | 2 | 3 | 4 | 5 | 6 | | 7 | 8 | 9 | | 10 | + |
1 + 1   2 Shots

Time Outs: 60 Secs | 1 | 2 | 3 |
30 Secs | 1 | 2 |

No.	U	Player	Fouls					1st	2nd	3rd	4th
			1	2	3	4	5				
			1	2	3	4	5				
			1	2	3	4	5				
			1	2	3	4	5				
			1	2	3	4	5				
			1	2	3	4	5				
			1	2	3	4	5				
			1	2	3	4	5				
			1	2	3	4	5				
			1	2	3	4	5				
			1	2	3	4	5				
			1	2	3	4	5				

SCORING: 3 = 3 point goal 2 = 2 point goal • = FT Made ○ = FT missed

_____   Quarter Total

Running Score (Home)

1		29		57	
2		30		58	
3		31		59	
4		32		60	
5		33		61	
6		34		62	
7		35		63	
8		36		64	
9		37		65	
10		38		66	
11		39		67	
12		40		68	
13		41		69	
14		42		70	
15		43		71	
16		44		72	
17		45		73	
18		46		74	
19		47		75	
20		48		76	
21		49		77	
22		50		78	
23		51		79	
24		52		80	
25		53		81	
26		54		82	
27		55		83	
28		56		84	

BASKETBALL SCORE SHEET

Date _____

Game Time _____

Site _____

Court # _____

Referees _____

Type
- [ ] Traditional
- [ ] Unified

Sex
- [ ] Men
- [ ] Women

Age Group
- [ ] Youth
- [ ] Junior
- [ ] Senior
- [ ] Master
- [ ] Senior Master

Division
- [ ] 1   - [ ] 5
- [ ] 2   - [ ] 6
- [ ] 3   - [ ] 7
- [ ] 4   - [ ] 8

VISITORS _____

Uniform Color _____

Team Fouls:

1st Half: | 1 | 2 | 3 | 4 | 5 | 6 | | 7 | 8 | 9 | | 10 | + |

2nd Half: | 1 | 2 | 3 | 4 | 5 | 6 | | 7 | 8 | 9 | | 10 | + |

1 + 1   2 Shots

Time Outs: 60 Secs | 1 | 2 | 3 |

30 Secs | 1 | 2 |

No.	U	Player	Fouls					SCORING: 3 = 3 point goal 2 = 2 point goal ● = FT Made O = FT missed			
								1st	2nd	3rd	4th
			1	2	3	4	5				
			1	2	3	4	5				
			1	2	3	4	5				
			1	2	3	4	5				
			1	2	3	4	5				
			1	2	3	4	5				
			1	2	3	4	5				
			1	2	3	4	5				
			1	2	3	4	5				
			1	2	3	4	5				
			1	2	3	4	5				
			1	2	3	4	5				

FINAL SCORE: _____   Quarter Total

Alternating Possession | H | V | H | V | H | V | H | V | H | V | H | V | H | V | H | V | H | V | H | V | H | V | H | V |

Defensive Warning | | |

Running Score (Visitors)

1	29	57
2	30	58
3	31	59
4	32	60
5	33	61
6	34	62
7	35	63
8	36	64
9	37	65
10	38	66
11	39	67
12	40	68
13	41	69
14	42	70
15	43	71
16	44	72
17	45	73
18	46	74
19	47	75
20	48	76
21	49	77
22	50	78
23	51	79
24	52	80
25	53	81
26	54	82
27	55	83
28	56	84

HOME _____

Uniform Color _____

Team Fouls:

1st Half: | 1 | 2 | 3 | 4 | 5 | 6 | | 7 | 8 | 9 | | 10 | + |

2nd Half: | 1 | 2 | 3 | 4 | 5 | 6 | | 7 | 8 | 9 | | 10 | + |

1 + 1   2 Shots

Time Outs: 60 Secs | 1 | 2 | 3 |

30 Secs | 1 | 2 |

No.	U	Player	Fouls					SCORING: 3 = 3 point goal 2 = 2 point goal ● = FT Made o = FT missed			
								1st	2nd	3rd	4th
			1	2	3	4	5				
			1	2	3	4	5				
			1	2	3	4	5				
			1	2	3	4	5				
			1	2	3	4	5				
			1	2	3	4	5				
			1	2	3	4	5				
			1	2	3	4	5				
			1	2	3	4	5				
			1	2	3	4	5				
			1	2	3	4	5				
			1	2	3	4	5				

_____   Quarter Total

Running Score (Home)

1	29	57
2	30	58
3	31	59
4	32	60
5	33	61
6	34	62
7	35	63
8	36	64
9	37	65
10	38	66
11	39	67
12	40	68
13	41	69
14	42	70
15	43	71
16	44	72
17	45	73
18	46	74
19	47	75
20	48	76
21	49	77
22	50	78
23	51	79
24	52	80
25	53	81
26	54	82
27	55	83
28	56	84

BASKETBALL SCORE SHEET

Date _____

Game Time _____

Site _____

Court # _____

Referees _____

Type
- ☐ Traditional
- ☐ Unified

Sex
- ☐ Men
- ☐ Women

Age Group
- ☐ Youth
- ☐ Junior
- ☐ Senior
- ☐ Master
- ☐ Senior Master

Division

☐ 1	☐ 5		
☐ 2	☐ 6		
☐ 3	☐ 7		
☐ 4	☐ 8		

VISITORS _____

Uniform Color _____

Team Fouls:

1st Half: | 1 | 2 | 3 | 4 | 5 | 6 | | 7 | 8 | 9 | | 10 | + |

2nd Half: | 1 | 2 | 3 | 4 | 5 | 6 | | 7 | 8 | 9 | | 10 | + |

1 + 1   2 Shots

Time Outs: 60 Secs | 1 | 2 | 3 |

30 Secs | 1 | 2 |

No.	U	Player	Fouls					SCORING: 3 = 3 point goal 2 = 2 point goal ● = FT Made O = FT missed			
								1st	2nd	3rd	4th
			1	2	3	4	5				
			1	2	3	4	5				
			1	2	3	4	5				
			1	2	3	4	5				
			1	2	3	4	5				
			1	2	3	4	5				
			1	2	3	4	5				
			1	2	3	4	5				
			1	2	3	4	5				
			1	2	3	4	5				
			1	2	3	4	5				
			1	2	3	4	5				

FINAL SCORE: _____   Quarter Total

Running Score

1		29		57
2		30		58
3		31		59
4		32		60
5		33		61
6		34		62
7		35		63
8		36		64
9		37		65
10		38		66
11		39		67
12		40		68
13		41		69
14		42		70
15		43		71
16		44		72
17		45		73
18		46		74
19		47		75
20		48		76
21		49		77
22		50		78
23		51		79
24		52		80
25		53		81
26		54		82
27		55		83
28		56		84

Alternating Possession: | H | V | H | V | H | V | H | V | H | V | H | V | H | V | H | V | H | V | H | V | H | V | H | V |

Defensive Warning | | |

HOME _____

Uniform Color _____

Team Fouls:

1st Half: | 1 | 2 | 3 | 4 | 5 | 6 | | 7 | 8 | 9 | | 10 | + |

2nd Half: | 1 | 2 | 3 | 4 | 5 | 6 | | 7 | 8 | 9 | | 10 | + |

1 + 1   2 Shots

Time Outs: 60 Secs | 1 | 2 | 3 |

30 Secs | 1 | 2 |

No.	U	Player	Fouls					SCORING: 3 = 3 point goal 2 = 2 point goal ● = FT Made ○ = FT missed			
								1st	2nd	3rd	4th
			1	2	3	4	5				
			1	2	3	4	5				
			1	2	3	4	5				
			1	2	3	4	5				
			1	2	3	4	5				
			1	2	3	4	5				
			1	2	3	4	5				
			1	2	3	4	5				
			1	2	3	4	5				
			1	2	3	4	5				
			1	2	3	4	5				
			1	2	3	4	5				

_____   Quarter Total

Running Score

1		29		57
2		30		58
3		31		59
4		32		60
5		33		61
6		34		62
7		35		63
8		36		64
9		37		65
10		38		66
11		39		67
12		40		68
13		41		69
14		42		70
15		43		71
16		44		72
17		45		73
18		46		74
19		47		75
20		48		76
21		49		77
22		50		78
23		51		79
24		52		80
25		53		81
26		54		82
27		55		83
28		56		84

BASKETBALL SCORE SHEET

	Type	Age Group	Division	
Date _____	☐ Traditional	☐ Youth	☐ 1	☐ 5
Game Time _____	☐ Unified	☐ Junior	☐ 2	☐ 6
Site _____	**Sex**	☐ Senior	☐ 3	☐ 7
Court # _____	☐ Men	☐ Master	☐ 4	☐ 8
Referees _____	☐ Women	☐ Senior Master		

VISITORS

Uniform Color _____

Team Fouls:

1st Half	1	2	3	4	5	6		7	8	9		10	+
2nd Half	1	2	3	4	5	6		7	8	9		10	+

1 + 1   2 Shots

Time Outs: 60 Secs | 1 | 2 | 3 |

30 Secs | 1 | 2 |

SCORING: 3 = 3 point goal 2 = 2 point goal
● = FT Made   O = FT missed

No.	U	Player	Fouls					1st	2nd	3rd	4th
			1	2	3	4	5				
			1	2	3	4	5				
			1	2	3	4	5				
			1	2	3	4	5				
			1	2	3	4	5				
			1	2	3	4	5				
			1	2	3	4	5				
			1	2	3	4	5				
			1	2	3	4	5				
			1	2	3	4	5				
			1	2	3	4	5				
			1	2	3	4	5				

FINAL SCORE: _____   Quarter Total

Alternating Possession

H	V	H	V	H	V	H	V	H	V	H	V	H	V	H	V	H	V	H	V	H	V	H	V

Defensive Warning ☐ ☐

HOME

Uniform Color _____

Team Fouls:

1st Half	1	2	3	4	5	6		7	8	9		10	+
2nd Half	1	2	3	4	5	6		7	8	9		10	+

1 + 1   2 Shots

Time Outs: 60 Secs | 1 | 2 | 3 |

30 Secs | 1 | 2 |

SCORING: 3 = 3 point goal 2 = 2 point goal
● = FT Made   ○ = FT missed

No.	U	Player	Fouls					1st	2nd	3rd	4th
			1	2	3	4	5				
			1	2	3	4	5				
			1	2	3	4	5				
			1	2	3	4	5				
			1	2	3	4	5				
			1	2	3	4	5				
			1	2	3	4	5				
			1	2	3	4	5				
			1	2	3	4	5				
			1	2	3	4	5				
			1	2	3	4	5				
			1	2	3	4	5				

_____ Quarter Total

Running Score (Visitors)

1	29	57
2	30	58
3	31	59
4	32	60
5	33	61
6	34	62
7	35	63
8	36	64
9	37	65
10	38	66
11	39	67
12	40	68
13	41	69
14	42	70
15	43	71
16	44	72
17	45	73
18	46	74
19	47	75
20	48	76
21	49	77
22	50	78
23	51	79
24	52	80
25	53	81
26	54	82
27	55	83
28	56	84

Running Score (Home)

1	29	57
2	30	58
3	31	59
4	32	60
5	33	61
6	34	62
7	35	63
8	36	64
9	37	65
10	38	66
11	39	67
12	40	68
13	41	69
14	42	70
15	43	71
16	44	72
17	45	73
18	46	74
19	47	75
20	48	76
21	49	77
22	50	78
23	51	79
24	52	80
25	53	81
26	54	82
27	55	83
28	56	84

BASKETBALL SCORE SHEET

Date _____

Game Time _____

Site _____

Court # _____

Referees _____

Type
- ☐ Traditional
- ☐ Unified

Sex
- ☐ Men
- ☐ Women

Age Group
- ☐ Youth
- ☐ Junior
- ☐ Senior
- ☐ Master
- ☐ Senior Master

Division
- ☐ 1   ☐ 5
- ☐ 2   ☐ 6
- ☐ 3   ☐ 7
- ☐ 4   ☐ 8

VISITORS _____

Uniform Color _____

Team Fouls:

1st Half | 1 | 2 | 3 | 4 | 5 | 6 | | 7 | 8 | 9 | | 10 | + |

2nd Half | 1 | 2 | 3 | 4 | 5 | 6 | | 7 | 8 | 9 | | 10 | + |

1 + 1   2 Shots

Time Outs: 60 Secs | 1 | 2 | 3 |

30 Secs | 1 | 2 |

No.	U	Player	Fouls					SCORING: 3 = 3 point goal 2 = 2 point goal

● = FT Made   O = FT missed

								1st	2nd	3rd	4th
			1	2	3	4	5				
			1	2	3	4	5				
			1	2	3	4	5				
			1	2	3	4	5				
			1	2	3	4	5				
			1	2	3	4	5				
			1	2	3	4	5				
			1	2	3	4	5				
			1	2	3	4	5				
			1	2	3	4	5				
			1	2	3	4	5				
			1	2	3	4	5				

FINAL SCORE: _____   **Quarter Total**

Running Score (Visitors)

1		29		57	
2		30		58	
3		31		59	
4		32		60	
5		33		61	
6		34		62	
7		35		63	
8		36		64	
9		37		65	
10		38		66	
11		39		67	
12		40		68	
13		41		69	
14		42		70	
15		43		71	
16		44		72	
17		45		73	
18		46		74	
19		47		75	
20		48		76	
21		49		77	
22		50		78	
23		51		79	
24		52		80	
25		53		81	
26		54		82	
27		55		83	
28		56		84	

Alternating Possession | H | V | H | V | H | V | H | V | H | V | H | V | H | V | H | V | H | V | H | V | H | V | H | V |

Defensive Warning | | |

HOME _____

Uniform Color _____

Team Fouls:

1st Half | 1 | 2 | 3 | 4 | 5 | 6 | | 7 | 8 | 9 | | 10 | + |

2nd Half | 1 | 2 | 3 | 4 | 5 | 6 | | 7 | 8 | 9 | | 10 | + |

1 + 1   2 Shots

Time Outs: 60 Secs | 1 | 2 | 3 |

30 Secs | 1 | 2 |

No.	U	Player	Fouls					SCORING: 3 = 3 point goal 2 = 2 point goal

● = FT Made   ○ = FT missed

								1st	2nd	3rd	4th
			1	2	3	4	5				
			1	2	3	4	5				
			1	2	3	4	5				
			1	2	3	4	5				
			1	2	3	4	5				
			1	2	3	4	5				
			1	2	3	4	5				
			1	2	3	4	5				
			1	2	3	4	5				
			1	2	3	4	5				
			1	2	3	4	5				
			1	2	3	4	5				

_____   **Quarter Total**

Running Score (Home)

1		29		57	
2		30		58	
3		31		59	
4		32		60	
5		33		61	
6		34		62	
7		35		63	
8		36		64	
9		37		65	
10		38		66	
11		39		67	
12		40		68	
13		41		69	
14		42		70	
15		43		71	
16		44		72	
17		45		73	
18		46		74	
19		47		75	
20		48		76	
21		49		77	
22		50		78	
23		51		79	
24		52		80	
25		53		81	
26		54		82	
27		55		83	
28		56		84	

BASKETBALL SCORE SHEET

	Type	Age Group	Division	
Date _____	☐ Traditional	☐ Youth	☐ 1 ☐ 5	
Game Time _____	☐ Unified	☐ Junior	☐ 2 ☐ 6	
Site _____	**Sex**	☐ Senior	☐ 3 ☐ 7	
Court # _____	☐ Men	☐ Master	☐ 4 ☐ 8	
Referees _____	☐ Women	☐ Senior Master		

VISITORS _____

Uniform Color _____

Team Fouls:

1st Half: | 1 | 2 | 3 | 4 | 5 | 6 | | 7 | 8 | 9 | | 10 | + |

2nd Half: | 1 | 2 | 3 | 4 | 5 | 6 | | 7 | 8 | 9 | | 10 | + |

1 + 1   2 Shots

Time Outs: 60 Secs | 1 | 2 | 3 |

30 Secs | 1 | 2 |

No.	U	Player	Fouls					SCORING: 3 = 3 point goal 2 = 2 point goal ● = FT Made O = FT missed			
								1st	2nd	3rd	4th
			1	2	3	4	5				
			1	2	3	4	5				
			1	2	3	4	5				
			1	2	3	4	5				
			1	2	3	4	5				
			1	2	3	4	5				
			1	2	3	4	5				
			1	2	3	4	5				
			1	2	3	4	5				
			1	2	3	4	5				
			1	2	3	4	5				
			1	2	3	4	5				

FINAL SCORE: _____   Quarter Total

Alternating Possession | H | V | H | V | H | V | H | V | H | V | H | V | H | V | H | V | H | V | H | V | H | V | H | V |

Defensive Warning | | |

HOME _____

Uniform Color _____

Team Fouls:

1st Half: | 1 | 2 | 3 | 4 | 5 | 6 | | 7 | 8 | 9 | | 10 | + |

2nd Half: | 1 | 2 | 3 | 4 | 5 | 6 | | 7 | 8 | 9 | | 10 | + |

1 + 1   2 Shots

Time Outs: 60 Secs | 1 | 2 | 3 |

30 Secs | 1 | 2 |

No.	U	Player	Fouls					SCORING: 3 = 3 point goal 2 = 2 point goal ● = FT Made ○ = FT missed			
								1st	2nd	3rd	4th
			1	2	3	4	5				
			1	2	3	4	5				
			1	2	3	4	5				
			1	2	3	4	5				
			1	2	3	4	5				
			1	2	3	4	5				
			1	2	3	4	5				
			1	2	3	4	5				
			1	2	3	4	5				
			1	2	3	4	5				
			1	2	3	4	5				
			1	2	3	4	5				

_____   Quarter Total

Running Score (Visitors)

1	29	57	15	43	71
2	30	58	16	44	72
3	31	59	17	45	73
4	32	60	18	46	74
5	33	61	19	47	75
6	34	62	20	48	76
7	35	63	21	49	77
8	36	64	22	50	78
9	37	65	23	51	79
10	38	66	24	52	80
11	39	67	25	53	81
12	40	68	26	54	82
13	41	69	27	55	83
14	42	70	28	56	84

Running Score (Home)

1	29	57	15	43	71
2	30	58	16	44	72
3	31	59	17	45	73
4	32	60	18	46	74
5	33	61	19	47	75
6	34	62	20	48	76
7	35	63	21	49	77
8	36	64	22	50	78
9	37	65	23	51	79
10	38	66	24	52	80
11	39	67	25	53	81
12	40	68	26	54	82
13	41	69	27	55	83
14	42	70	28	56	84

BASKETBALL SCORE SHEET

	Type	Age Group	Division	
Date _____	☐ Traditional	☐ Youth	☐ 1	☐ 5
Game Time _____	☐ Unified	☐ Junior	☐ 2	☐ 6
Site _____	**Sex**	☐ Senior	☐ 3	☐ 7
Court # _____	☐ Men	☐ Master	☐ 4	☐ 8
Referees _____	☐ Women	☐ Senior Master		

VISITORS

Uniform Color _____

Team Fouls:	1st Half	1 2 3 4 5 6	7 8 9	10 +	Time Outs: 60 Secs	1 2 3
	2nd Half	1 2 3 4 5 6	7 8 9	10 +	30 Secs	1 2

1 + 1   2 Shots

No.	U	Player	Fouls					SCORING: 3 = 3 point goal 2 = 2 point goal			
								● = FT Made O = FT missed			
								1st	2nd	3rd	4th
			1	2	3	4	5				
			1	2	3	4	5				
			1	2	3	4	5				
			1	2	3	4	5				
			1	2	3	4	5				
			1	2	3	4	5				
			1	2	3	4	5				
			1	2	3	4	5				
			1	2	3	4	5				
			1	2	3	4	5				
			1	2	3	4	5				
			1	2	3	4	5				

FINAL SCORE: _____   Quarter Total

Running Score

1		29		57	
2		30		58	
3		31		59	
4		32		60	
5		33		61	
6		34		62	
7		35		63	
8		36		64	
9		37		65	
10		38		66	
11		39		67	
12		40		68	
13		41		69	
14		42		70	
15		43		71	
16		44		72	
17		45		73	
18		46		74	
19		47		75	
20		48		76	
21		49		77	
22		50		78	
23		51		79	
24		52		80	
25		53		81	
26		54		82	
27		55		83	
28		56		84	

Alternating Possession H V H V H V H V H V H V H V H V H V H V H V H V   **Defensive Warning** ☐☐

HOME

Uniform Color _____

Team Fouls:	1st Half	1 2 3 4 5 6	7 8 9	10 +	Time Outs: 60 Secs	1 2 3
	2nd Half	1 2 3 4 5 6	7 8 9	10 +	30 Secs	1 2

1 + 1   2 Shots

No.	U	Player	Fouls					SCORING: 3 = 3 point goal 2 = 2 point goal			
								● = FT Made o = FT missed			
								1st	2nd	3rd	4th
			1	2	3	4	5				
			1	2	3	4	5				
			1	2	3	4	5				
			1	2	3	4	5				
			1	2	3	4	5				
			1	2	3	4	5				
			1	2	3	4	5				
			1	2	3	4	5				
			1	2	3	4	5				
			1	2	3	4	5				
			1	2	3	4	5				
			1	2	3	4	5				

_____   Quarter Total

Running Score

1		29		57	
2		30		58	
3		31		59	
4		32		60	
5		33		61	
6		34		62	
7		35		63	
8		36		64	
9		37		65	
10		38		66	
11		39		67	
12		40		68	
13		41		69	
14		42		70	
15		43		71	
16		44		72	
17		45		73	
18		46		74	
19		47		75	
20		48		76	
21		49		77	
22		50		78	
23		51		79	
24		52		80	
25		53		81	
26		54		82	
27		55		83	
28		56		84	

BASKETBALL SCORE SHEET

Type
- ☐ Traditional
- ☐ Unified

Sex
- ☐ Men
- ☐ Women

Age Group
- ☐ Youth
- ☐ Junior
- ☐ Senior
- ☐ Master
- ☐ Senior Master

Division
- ☐ 1
- ☐ 2
- ☐ 3
- ☐ 4
- ☐ 5
- ☐ 6
- ☐ 7
- ☐ 8

Date _____

Game Time _____

Site _____

Court # _____

Referees _____

VISITORS

Uniform Color _____

Team Fouls:

1st Half | 1 | 2 | 3 | 4 | 5 | 6 | 7 | 8 | 9 | 10 | + |

2nd Half | 1 | 2 | 3 | 4 | 5 | 6 | 7 | 8 | 9 | 10 | + |

1 + 1   2 Shots

Time Outs: 60 Secs | 1 | 2 | 3 |

30 Secs | 1 | 2 |

No.	U	Player	Fouls	SCORING: 3 = 3 point goal 2 = 2 point goal • = FT Made O = FT missed			
				1st	2nd	3rd	4th
			1 2 3 4 5				
			1 2 3 4 5				
			1 2 3 4 5				
			1 2 3 4 5				
			1 2 3 4 5				
			1 2 3 4 5				
			1 2 3 4 5				
			1 2 3 4 5				
			1 2 3 4 5				
			1 2 3 4 5				
			1 2 3 4 5				
			1 2 3 4 5				

FINAL SCORE: _____   Quarter Total

Alternating Possession | H | V | H | V | H | V | H | V | H | V | H | V | H | V | H | V | H | V | H | V | H | V | H | V |

Defensive Warning | | |

Running Score (Visitors)

1	29	57
2	30	58
3	31	59
4	32	60
5	33	61
6	34	62
7	35	63
8	36	64
9	37	65
10	38	66
11	39	67
12	40	68
13	41	69
14	42	70
15	43	71
16	44	72
17	45	73
18	46	74
19	47	75
20	48	76
21	49	77
22	50	78
23	51	79
24	52	80
25	53	81
26	54	82
27	55	83
28	56	84

HOME

Uniform Color _____

Team Fouls:

1st Half | 1 | 2 | 3 | 4 | 5 | 6 | 7 | 8 | 9 | 10 | + |

2nd Half | 1 | 2 | 3 | 4 | 5 | 6 | 7 | 8 | 9 | 10 | + |

1 + 1   2 Shots

Time Outs: 60 Secs | 1 | 2 | 3 |

30 Secs | 1 | 2 |

No.	U	Player	Fouls	SCORING: 3 = 3 point goal 2 = 2 point goal • = FT Made ○ = FT missed			
				1st	2nd	3rd	4th
			1 2 3 4 5				
			1 2 3 4 5				
			1 2 3 4 5				
			1 2 3 4 5				
			1 2 3 4 5				
			1 2 3 4 5				
			1 2 3 4 5				
			1 2 3 4 5				
			1 2 3 4 5				
			1 2 3 4 5				
			1 2 3 4 5				
			1 2 3 4 5				

_____   Quarter Total

Running Score (Home)

1	29	57
2	30	58
3	31	59
4	32	60
5	33	61
6	34	62
7	35	63
8	36	64
9	37	65
10	38	66
11	39	67
12	40	68
13	41	69
14	42	70
15	43	71
16	44	72
17	45	73
18	46	74
19	47	75
20	48	76
21	49	77
22	50	78
23	51	79
24	52	80
25	53	81
26	54	82
27	55	83
28	56	84

BASKETBALL SCORE SHEET

		Type	Age Group	Division
Date _____		☐ Traditional	☐ Youth	☐ 1 ☐ 5
Game Time _____		☐ Unified	☐ Junior	☐ 2 ☐ 6
Site _____		**Sex**	☐ Senior	☐ 3 ☐ 7
Court # _____		☐ Men	☐ Master	☐ 4 ☐ 8
Referees _____		☐ Women	☐ Senior Master	

VISITORS _____

Uniform Color _____

Team Fouls:	1st Half	1	2	3	4	5	6		7	8	9		10	+
	2nd Half	1	2	3	4	5	6		7	8	9		10	+

1 + 1   2 Shots

Time Outs: 60 Secs | 1 | 2 | 3 |

30 Secs | 1 | 2 |

Running Score (Visitors)

1		29		57	
2		30		58	
3		31		59	
4		32		60	
5		33		61	
6		34		62	
7		35		63	
8		36		64	
9		37		65	
10		38		66	
11		39		67	
12		40		68	
13		41		69	
14		42		70	
15		43		71	
16		44		72	
17		45		73	
18		46		74	
19		47		75	
20		48		76	
21		49		77	
22		50		78	
23		51		79	
24		52		80	
25		53		81	
26		54		82	
27		55		83	
28		56		84	

SCORING: 3 = 3 point goal 2 = 2 point goal
● = FT Made   O = FT missed

No.	U	Player	Fouls					1st	2nd	3rd	4th
			1	2	3	4	5				
			1	2	3	4	5				
			1	2	3	4	5				
			1	2	3	4	5				
			1	2	3	4	5				
			1	2	3	4	5				
			1	2	3	4	5				
			1	2	3	4	5				
			1	2	3	4	5				
			1	2	3	4	5				
			1	2	3	4	5				
			1	2	3	4	5				

FINAL SCORE: _____   Quarter Total

Alternating Possession | H | V | H | V | H | V | H | V | H | V | H | V | H | V | H | V | H | V | H | V | H | V | H | V |

Defensive Warning ☐ ☐

HOME _____

Uniform Color _____

Team Fouls:	1st Half	1	2	3	4	5	6		7	8	9		10	+
	2nd Half	1	2	3	4	5	6		7	8	9		10	+

1 + 1   2 Shots

Time Outs: 60 Secs | 1 | 2 | 3 |

30 Secs | 1 | 2 |

Running Score (Home)

1		29		57	
2		30		58	
3		31		59	
4		32		60	
5		33		61	
6		34		62	
7		35		63	
8		36		64	
9		37		65	
10		38		66	
11		39		67	
12		40		68	
13		41		69	
14		42		70	
15		43		71	
16		44		72	
17		45		73	
18		46		74	
19		47		75	
20		48		76	
21		49		77	
22		50		78	
23		51		79	
24		52		80	
25		53		81	
26		54		82	
27		55		83	
28		56		84	

SCORING: 3 = 3 point goal 2 = 2 point goal
● = FT Made   ○ = FT missed

No.	U	Player	Fouls					1st	2nd	3rd	4th
			1	2	3	4	5				
			1	2	3	4	5				
			1	2	3	4	5				
			1	2	3	4	5				
			1	2	3	4	5				
			1	2	3	4	5				
			1	2	3	4	5				
			1	2	3	4	5				
			1	2	3	4	5				
			1	2	3	4	5				
			1	2	3	4	5				
			1	2	3	4	5				

_____   Quarter Total

BASKETBALL SCORE SHEET

Date	_____
Game Time	_____
Site	_____
Court #	_____
Referees	_____

Type
- ☐ Traditional
- ☐ Unified

Sex
- ☐ Men
- ☐ Women

Age Group
- ☐ Youth
- ☐ Junior
- ☐ Senior
- ☐ Master
- ☐ Senior Master

Division
- ☐ 1   ☐ 5
- ☐ 2   ☐ 6
- ☐ 3   ☐ 7
- ☐ 4   ☐ 8

VISITORS _____

Uniform Color _____

Team Fouls:

1st Half: | 1 | 2 | 3 | 4 | 5 | 6 | | 7 | 8 | 9 | | 10 | + |

2nd Half: | 1 | 2 | 3 | 4 | 5 | 6 | | 7 | 8 | 9 | | 10 | + |

1 + 1   2 Shots

Time Outs: 60 Secs | 1 | 2 | 3 |

30 Secs | 1 | 2 |

No.	U	Player	Fouls					SCORING: 3 = 3 point goal 2 = 2 point goal • = FT Made O = FT missed			
								1st	2nd	3rd	4th
			1	2	3	4	5				
			1	2	3	4	5				
			1	2	3	4	5				
			1	2	3	4	5				
			1	2	3	4	5				
			1	2	3	4	5				
			1	2	3	4	5				
			1	2	3	4	5				
			1	2	3	4	5				
			1	2	3	4	5				
			1	2	3	4	5				
			1	2	3	4	5				

FINAL SCORE: _____   Quarter Total

Running Score

1	29	57
2	30	58
3	31	59
4	32	60
5	33	61
6	34	62
7	35	63
8	36	64
9	37	65
10	38	66
11	39	67
12	40	68
13	41	69
14	42	70
15	43	71
16	44	72
17	45	73
18	46	74
19	47	75
20	48	76
21	49	77
22	50	78
23	51	79
24	52	80
25	53	81
26	54	82
27	55	83
28	56	84

Alternating Possession: | H | V | H | V | H | V | H | V | H | V | H | V | H | V | H | V | H | V | H | V | H | V | H | V |

Defensive Warning | | |

HOME _____

Uniform Color _____

Team Fouls:

1st Half: | 1 | 2 | 3 | 4 | 5 | 6 | | 7 | 8 | 9 | | 10 | + |

2nd Half: | 1 | 2 | 3 | 4 | 5 | 6 | | 7 | 8 | 9 | | 10 | + |

1 + 1   2 Shots

Time Outs: 60 Secs | 1 | 2 | 3 |

30 Secs | 1 | 2 |

No.	U	Player	Fouls					SCORING: 3 = 3 point goal 2 = 2 point goal • = FT Made ○ = FT missed			
								1st	2nd	3rd	4th
			1	2	3	4	5				
			1	2	3	4	5				
			1	2	3	4	5				
			1	2	3	4	5				
			1	2	3	4	5				
			1	2	3	4	5				
			1	2	3	4	5				
			1	2	3	4	5				
			1	2	3	4	5				
			1	2	3	4	5				
			1	2	3	4	5				
			1	2	3	4	5				

_____   Quarter Total

Running Score

1	29	57
2	30	58
3	31	59
4	32	60
5	33	61
6	34	62
7	35	63
8	36	64
9	37	65
10	38	66
11	39	67
12	40	68
13	41	69
14	42	70
15	43	71
16	44	72
17	45	73
18	46	74
19	47	75
20	48	76
21	49	77
22	50	78
23	51	79
24	52	80
25	53	81
26	54	82
27	55	83
28	56	84

BASKETBALL SCORE SHEET

Date _____

Game Time _____

Site _____

Court # _____

Referees _____

Type
☐ Traditional
☐ Unified

Sex
☐ Men
☐ Women

Age Group
☐ Youth
☐ Junior
☐ Senior
☐ Master
☐ Senior Master

Division
☐ 1   ☐ 5
☐ 2   ☐ 6
☐ 3   ☐ 7
☐ 4   ☐ 8

VISITORS _____

Uniform Color _____

Team Fouls:	1st Half	1	2	3	4	5	6		7	8	9		10	+
	2nd Half	1	2	3	4	5	6		7	8	9		10	+

1 + 1   2 Shots

Time Outs: 60 Secs | 1 | 2 | 3 |

30 Secs | 1 | 2 |

No.	U	Player	Fouls					SCORING: 3 = 3 point goal 2 = 2 point goal • = FT Made O = FT missed			
								1st	2nd	3rd	4th
			1	2	3	4	5				
			1	2	3	4	5				
			1	2	3	4	5				
			1	2	3	4	5				
			1	2	3	4	5				
			1	2	3	4	5				
			1	2	3	4	5				
			1	2	3	4	5				
			1	2	3	4	5				
			1	2	3	4	5				
			1	2	3	4	5				
			1	2	3	4	5				

FINAL SCORE: _____   Quarter Total

Running Score		
1	29	57
2	30	58
3	31	59
4	32	60
5	33	61
6	34	62
7	35	63
8	36	64
9	37	65
10	38	66
11	39	67
12	40	68
13	41	69
14	42	70
15	43	71
16	44	72
17	45	73
18	46	74
19	47	75
20	48	76
21	49	77
22	50	78
23	51	79
24	52	80
25	53	81
26	54	82
27	55	83
28	56	84

Alternating Possession
| H | V | H | V | H | V | H | V | H | V | H | V | H | V | H | V | H | V | H | V | H | V | H | V |

Defensive Warning ☐☐

HOME _____

Uniform Color _____

Team Fouls:	1st Half	1	2	3	4	5	6		7	8	9		10	+
	2nd Half	1	2	3	4	5	6		7	8	9		10	+

1 + 1   2 Shots

Time Outs: 60 Secs | 1 | 2 | 3 |

30 Secs | 1 | 2 |

No.	U	Player	Fouls					SCORING: 3 = 3 point goal 2 = 2 point goal • = FT Made o = FT missed			
								1st	2nd	3rd	4th
			1	2	3	4	5				
			1	2	3	4	5				
			1	2	3	4	5				
			1	2	3	4	5				
			1	2	3	4	5				
			1	2	3	4	5				
			1	2	3	4	5				
			1	2	3	4	5				
			1	2	3	4	5				
			1	2	3	4	5				
			1	2	3	4	5				
			1	2	3	4	5				

_____   Quarter Total

Running Score		
1	29	57
2	30	58
3	31	59
4	32	60
5	33	61
6	34	62
7	35	63
8	36	64
9	37	65
10	38	66
11	39	67
12	40	68
13	41	69
14	42	70
15	43	71
16	44	72
17	45	73
18	46	74
19	47	75
20	48	76
21	49	77
22	50	78
23	51	79
24	52	80
25	53	81
26	54	82
27	55	83
28	56	84

BASKETBALL SCORE SHEET

	Type	Age Group	Division	
Date _____	☐ Traditional	☐ Youth	☐ 1 ☐ 5	
Game Time _____	☐ Unified	☐ Junior	☐ 2 ☐ 6	
Site _____	**Sex**	☐ Senior	☐ 3 ☐ 7	
Court # _____	☐ Men	☐ Master	☐ 4 ☐ 8	
Referees _____	☐ Women	☐ Senior Master		

VISITORS _____

Uniform Color _____

Team Fouls:

1st Half | 1 | 2 | 3 | 4 | 5 | 6 | 7 | 8 | 9 | 10 | + |

2nd Half | 1 | 2 | 3 | 4 | 5 | 6 | 7 | 8 | 9 | 10 | + |

1 + 1   2 Shots

Time Outs: 60 Secs | 1 | 2 | 3 |

30 Secs | 1 | 2 |

No.	U	Player	Fouls					SCORING: 3 = 3 point goal 2 = 2 point goal ● = FT Made O = FT missed			
								1st	2nd	3rd	4th
			1	2	3	4	5				
			1	2	3	4	5				
			1	2	3	4	5				
			1	2	3	4	5				
			1	2	3	4	5				
			1	2	3	4	5				
			1	2	3	4	5				
			1	2	3	4	5				
			1	2	3	4	5				
			1	2	3	4	5				
			1	2	3	4	5				
			1	2	3	4	5				

FINAL SCORE: _____   Quarter Total

Running Score (Visitors)

1	29	57			
2	30	58			
3	31	59			
4	32	60			
5	33	61			
6	34	62			
7	35	63			
8	36	64			
9	37	65			
10	38	66			
11	39	67			
12	40	68			
13	41	69			
14	42	70			
15	43	71			
16	44	72			
17	45	73			
18	46	74			
19	47	75			
20	48	76			
21	49	77			
22	50	78			
23	51	79			
24	52	80			
25	53	81			
26	54	82			
27	55	83			
28	56	84			

Alternating Possession | H | V | H | V | H | V | H | V | H | V | H | V | H | V | H | V | H | V | H | V | H | V | H | V | H | V |

Defensive Warning | | |

HOME _____

Uniform Color _____

Team Fouls:

1st Half | 1 | 2 | 3 | 4 | 5 | 6 | 7 | 8 | 9 | 10 | + |

2nd Half | 1 | 2 | 3 | 4 | 5 | 6 | 7 | 8 | 9 | 10 | + |

1 + 1   2 Shots

Time Outs: 60 Secs | 1 | 2 | 3 |

30 Secs | 1 | 2 |

No.	U	Player	Fouls					SCORING: 3 = 3 point goal 2 = 2 point goal ● = FT Made ○ = FT missed			
								1st	2nd	3rd	4th
			1	2	3	4	5				
			1	2	3	4	5				
			1	2	3	4	5				
			1	2	3	4	5				
			1	2	3	4	5				
			1	2	3	4	5				
			1	2	3	4	5				
			1	2	3	4	5				
			1	2	3	4	5				
			1	2	3	4	5				
			1	2	3	4	5				
			1	2	3	4	5				

_____   Quarter Total

Running Score (Home)

1	29	57			
2	30	58			
3	31	59			
4	32	60			
5	33	61			
6	34	62			
7	35	63			
8	36	64			
9	37	65			
10	38	66			
11	39	67			
12	40	68			
13	41	69			
14	42	70			
15	43	71			
16	44	72			
17	45	73			
18	46	74			
19	47	75			
20	48	76			
21	49	77			
22	50	78			
23	51	79			
24	52	80			
25	53	81			
26	54	82			
27	55	83			
28	56	84			

BASKETBALL SCORE SHEET

Date _____

Game Time _____

Site _____

Court # _____

Referees _____

Type
- ☐ Traditional
- ☐ Unified

Sex
- ☐ Men
- ☐ Women

Age Group
- ☐ Youth
- ☐ Junior
- ☐ Senior
- ☐ Master
- ☐ Senior Master

Division
- ☐ 1   ☐ 5
- ☐ 2   ☐ 6
- ☐ 3   ☐ 7
- ☐ 4   ☐ 8

VISITORS _____

Uniform Color _____

Team Fouls:

1st Half | 1 | 2 | 3 | 4 | 5 | 6 | | 7 | 8 | 9 | | 10 | + |

2nd Half | 1 | 2 | 3 | 4 | 5 | 6 | | 7 | 8 | 9 | | 10 | + |

1 + 1   2 Shots

Time Outs: 60 Secs | 1 | 2 | 3 |

30 Secs | 1 | 2 |

No.	U	Player	Fouls					SCORING: 3 = 3 point goal 2 = 2 point goal ● = FT Made O = FT missed			
								1st	2nd	3rd	4th
			1	2	3	4	5				
			1	2	3	4	5				
			1	2	3	4	5				
			1	2	3	4	5				
			1	2	3	4	5				
			1	2	3	4	5				
			1	2	3	4	5				
			1	2	3	4	5				
			1	2	3	4	5				
			1	2	3	4	5				
			1	2	3	4	5				
			1	2	3	4	5				

FINAL SCORE: _____   Quarter Total

Alternating Possession | H | V | H | V | H | V | H | V | H | V | H | V | H | V | H | V | H | V | H | V | H | V | H | V |

Defensive Warning | | |

Running Score (Visitors)

1		29		57	
2		30		58	
3		31		59	
4		32		60	
5		33		61	
6		34		62	
7		35		63	
8		36		64	
9		37		65	
10		38		66	
11		39		67	
12		40		68	
13		41		69	
14		42		70	
15		43		71	
16		44		72	
17		45		73	
18		46		74	
19		47		75	
20		48		76	
21		49		77	
22		50		78	
23		51		79	
24		52		80	
25		53		81	
26		54		82	
27		55		83	
28		56		84	

HOME _____

Uniform Color _____

Team Fouls:

1st Half | 1 | 2 | 3 | 4 | 5 | 6 | | 7 | 8 | 9 | | 10 | + |

2nd Half | 1 | 2 | 3 | 4 | 5 | 6 | | 7 | 8 | 9 | | 10 | + |

1 + 1   2 Shots

Time Outs: 60 Secs | 1 | 2 | 3 |

30 Secs | 1 | 2 |

No.	U	Player	Fouls					SCORING: 3 = 3 point goal 2 = 2 point goal ● = FT Made ○ = FT missed			
								1st	2nd	3rd	4th
			1	2	3	4	5				
			1	2	3	4	5				
			1	2	3	4	5				
			1	2	3	4	5				
			1	2	3	4	5				
			1	2	3	4	5				
			1	2	3	4	5				
			1	2	3	4	5				
			1	2	3	4	5				
			1	2	3	4	5				
			1	2	3	4	5				
			1	2	3	4	5				

_____   Quarter Total

Running Score (Home)

1		29		57	
2		30		58	
3		31		59	
4		32		60	
5		33		61	
6		34		62	
7		35		63	
8		36		64	
9		37		65	
10		38		66	
11		39		67	
12		40		68	
13		41		69	
14		42		70	
15		43		71	
16		44		72	
17		45		73	
18		46		74	
19		47		75	
20		48		76	
21		49		77	
22		50		78	
23		51		79	
24		52		80	
25		53		81	
26		54		82	
27		55		83	
28		56		84	

BASKETBALL SCORE SHEET

	Type		Age Group		Division			
Date _____	☐	Traditional	☐	Youth	☐ 1	☐ 5		
Game Time _____	☐	Unified	☐	Junior	☐ 2	☐ 6		
Site _____	**Sex**		☐	Senior	☐ 3	☐ 7		
Court # _____	☐	Men	☐	Master	☐ 4	☐ 8		
Referees _____	☐	Women	☐	Senior Master				

VISITORS _____   Uniform Color _____

Team Fouls:
1st Half | 1 2 3 4 5 6 | 7 8 9 | 10 + |
2nd Half | 1 2 3 4 5 6 | 7 8 9 | 10 + |
1 + 1   2 Shots

Time Outs: 60 Secs | 1 2 3 |
30 Secs | 1 2 |

No.	U	Player	Fouls					SCORING: 3 = 3 point goal 2 = 2 point goal ● = FT Made O = FT missed			
								1st	2nd	3rd	4th
			1	2	3	4	5				
			1	2	3	4	5				
			1	2	3	4	5				
			1	2	3	4	5				
			1	2	3	4	5				
			1	2	3	4	5				
			1	2	3	4	5				
			1	2	3	4	5				
			1	2	3	4	5				
			1	2	3	4	5				
			1	2	3	4	5				
			1	2	3	4	5				
			1	2	3	4	5				

FINAL SCORE: _____   Quarter Total

Running Score

1	29	57
2	30	58
3	31	59
4	32	60
5	33	61
6	34	62
7	35	63
8	36	64
9	37	65
10	38	66
11	39	67
12	40	68
13	41	69
14	42	70
15	43	71
16	44	72
17	45	73
18	46	74
19	47	75
20	48	76
21	49	77
22	50	78
23	51	79
24	52	80
25	53	81
26	54	82
27	55	83
28	56	84

Alternating Possession | H V H V H V H V H V H V H V H V H V H V H V H V H V | Defensive Warning ☐☐

HOME _____   Uniform Color _____

Team Fouls:
1st Half | 1 2 3 4 5 6 | 7 8 9 | 10 + |
2nd Half | 1 2 3 4 5 6 | 7 8 9 | 10 + |
1 + 1   2 Shots

Time Outs: 60 Secs | 1 2 3 |
30 Secs | 1 2 |

No.	U	Player	Fouls					SCORING: 3 = 3 point goal 2 = 2 point goal ● = FT Made ○ = FT missed			
								1st	2nd	3rd	4th
			1	2	3	4	5				
			1	2	3	4	5				
			1	2	3	4	5				
			1	2	3	4	5				
			1	2	3	4	5				
			1	2	3	4	5				
			1	2	3	4	5				
			1	2	3	4	5				
			1	2	3	4	5				
			1	2	3	4	5				
			1	2	3	4	5				
			1	2	3	4	5				
			1	2	3	4	5				

Quarter Total

Running Score

1	29	57
2	30	58
3	31	59
4	32	60
5	33	61
6	34	62
7	35	63
8	36	64
9	37	65
10	38	66
11	39	67
12	40	68
13	41	69
14	42	70
15	43	71
16	44	72
17	45	73
18	46	74
19	47	75
20	48	76
21	49	77
22	50	78
23	51	79
24	52	80
25	53	81
26	54	82
27	55	83
28	56	84

BASKETBALL SCORE SHEET

Date _____

Game Time _____

Site _____

Court # _____

Referees _____

Type
- ☐ Traditional
- ☐ Unified

Sex
- ☐ Men
- ☐ Women

Age Group
- ☐ Youth
- ☐ Junior
- ☐ Senior
- ☐ Master
- ☐ Senior Master

Division
- ☐ 1
- ☐ 2
- ☐ 3
- ☐ 4
- ☐ 5
- ☐ 6
- ☐ 7
- ☐ 8

VISITORS

VISITORS _____

Uniform Color _____

Team Fouls:	1st Half	1	2	3	4	5	6		7	8	9		10	+
	2nd Half	1	2	3	4	5	6		7	8	9		10	+

1 + 1   2 Shots

Time Outs: 60 Secs | 1 | 2 | 3 |

30 Secs | 1 | 2 |

No.	U	Player	Fouls	SCORING: 3 = 3 point goal 2 = 2 point goal ● = FT Made O = FT missed

SCORING sub-columns: 1st, 2nd, 3rd, 4th

Fouls rows: 1 2 3 4 5 (repeated for each player, 14 rows)

FINAL SCORE: _____   Quarter Total

Alternating Possession H V H V H V H V H V H V H V H V H V H V H V H V

Defensive Warning ☐☐

Running Score (Visitors)

1		29		57	
2		30		58	
3		31		59	
4		32		60	
5		33		61	
6		34		62	
7		35		63	
8		36		64	
9		37		65	
10		38		66	
11		39		67	
12		40		68	
13		41		69	
14		42		70	
15		43		71	
16		44		72	
17		45		73	
18		46		74	
19		47		75	
20		48		76	
21		49		77	
22		50		78	
23		51		79	
24		52		80	
25		53		81	
26		54		82	
27		55		83	
28		56		84	

HOME

HOME _____

Uniform Color _____

Team Fouls:	1st Half	1	2	3	4	5	6		7	8	9		10	+
	2nd Half	1	2	3	4	5	6		7	8	9		10	+

1 + 1   2 Shots

Time Outs: 60 Secs | 1 | 2 | 3 |

30 Secs | 1 | 2 |

No.	U	Player	Fouls	SCORING: 3 = 3 point goal 2 = 2 point goal ● = FT Made o = FT missed

SCORING sub-columns: 1st, 2nd, 3rd, 4th

Fouls rows: 1 2 3 4 5 (repeated for each player, 14 rows)

_____   Quarter Total

Running Score (Home)

1		29		57	
2		30		58	
3		31		59	
4		32		60	
5		33		61	
6		34		62	
7		35		63	
8		36		64	
9		37		65	
10		38		66	
11		39		67	
12		40		68	
13		41		69	
14		42		70	
15		43		71	
16		44		72	
17		45		73	
18		46		74	
19		47		75	
20		48		76	
21		49		77	
22		50		78	
23		51		79	
24		52		80	
25		53		81	
26		54		82	
27		55		83	
28		56		84	

BASKETBALL SCORE SHEET

Date _____	**Type** ☐ Traditional ☐ Unified	**Age Group** ☐ Youth ☐ Junior ☐ Senior ☐ Master ☐ Senior Master
Game Time _____		
Site _____	**Sex** ☐ Men ☐ Women	
Court # _____		
Referees _____		

Division: ☐ 1 ☐ 2 ☐ 3 ☐ 4 ☐ 5 ☐ 6 ☐ 7 ☐ 8

VISITORS _____ **Uniform Color** _____

Team Fouls:	1st Half	1 2 3 4 5 6	7 8 9	10 +
	2nd Half	1 2 3 4 5 6	7 8 9	10 +

1 + 1   2 Shots

Time Outs: 60 Secs   1 2 3
30 Secs   1 2

No.	U	Player	Fouls	SCORING: 3 = 3 point goal 2 = 2 point goal • = FT Made O = FT missed
				1st	2nd	3rd	4th
			1 2 3 4 5				
			1 2 3 4 5				
			1 2 3 4 5				
			1 2 3 4 5				
			1 2 3 4 5				
			1 2 3 4 5				
			1 2 3 4 5				
			1 2 3 4 5				
			1 2 3 4 5				
			1 2 3 4 5				
			1 2 3 4 5				
			1 2 3 4 5				

FINAL SCORE: _____   Quarter Total

Running Score

1	29	57
2	30	58
3	31	59
4	32	60
5	33	61
6	34	62
7	35	63
8	36	64
9	37	65
10	38	66
11	39	67
12	40	68
13	41	69
14	42	70
15	43	71
16	44	72
17	45	73
18	46	74
19	47	75
20	48	76
21	49	77
22	50	78
23	51	79
24	52	80
25	53	81
26	54	82
27	55	83
28	56	84

Alternating Possession: H V H V H V H V H V H V H V H V H V H V H V H V

Defensive Warning ☐ ☐

HOME _____ **Uniform Color** _____

Team Fouls:	1st Half	1 2 3 4 5 6	7 8 9	10 +
	2nd Half	1 2 3 4 5 6	7 8 9	10 +

1 + 1   2 Shots

Time Outs: 60 Secs   1 2 3
30 Secs   1 2

No.	U	Player	Fouls	SCORING: 3 = 3 point goal 2 = 2 point goal • = FT Made ○ = FT missed
				1st	2nd	3rd	4th
			1 2 3 4 5				
			1 2 3 4 5				
			1 2 3 4 5				
			1 2 3 4 5				
			1 2 3 4 5				
			1 2 3 4 5				
			1 2 3 4 5				
			1 2 3 4 5				
			1 2 3 4 5				
			1 2 3 4 5				
			1 2 3 4 5				
			1 2 3 4 5				

_____   Quarter Total

Running Score

1	29	57
2	30	58
3	31	59
4	32	60
5	33	61
6	34	62
7	35	63
8	36	64
9	37	65
10	38	66
11	39	67
12	40	68
13	41	69
14	42	70
15	43	71
16	44	72
17	45	73
18	46	74
19	47	75
20	48	76
21	49	77
22	50	78
23	51	79
24	52	80
25	53	81
26	54	82
27	55	83
28	56	84

BASKETBALL SCORE SHEET

Date		
Game Time		
Site		
Court #		
Referees		

Type
- ☐ Traditional
- ☐ Unified

Sex
- ☐ Men
- ☐ Women

Age Group
- ☐ Youth
- ☐ Junior
- ☐ Senior
- ☐ Master
- ☐ Senior Master

Division
- ☐ 1 ☐ 5
- ☐ 2 ☐ 6
- ☐ 3 ☐ 7
- ☐ 4 ☐ 8

VISITORS _____

Uniform Color _____

Team Fouls:

| 1st Half | 1 | 2 | 3 | 4 | 5 | 6 | | 7 | 8 | 9 | | 10 | + |
| 2nd Half | 1 | 2 | 3 | 4 | 5 | 6 | | 7 | 8 | 9 | | 10 | + |

1 + 1   2 Shots

Time Outs: 60 Secs | 1 | 2 | 3 |

30 Secs | 1 | 2 |

No.	U	Player	Fouls					SCORING: 3 = 3 point goal 2 = 2 point goal • = FT Made O = FT missed			
								1st	2nd	3rd	4th
			1	2	3	4	5				
			1	2	3	4	5				
			1	2	3	4	5				
			1	2	3	4	5				
			1	2	3	4	5				
			1	2	3	4	5				
			1	2	3	4	5				
			1	2	3	4	5				
			1	2	3	4	5				
			1	2	3	4	5				
			1	2	3	4	5				
			1	2	3	4	5				

FINAL SCORE: _____   Quarter Total

Running Score

1	29	57
2	30	58
3	31	59
4	32	60
5	33	61
6	34	62
7	35	63
8	36	64
9	37	65
10	38	66
11	39	67
12	40	68
13	41	69
14	42	70
15	43	71
16	44	72
17	45	73
18	46	74
19	47	75
20	48	76
21	49	77
22	50	78
23	51	79
24	52	80
25	53	81
26	54	82
27	55	83
28	56	84

Alternating Possession | H | V | H | V | H | V | H | V | H | V | H | V | H | V | H | V | H | V | H | V | H | V | H | V |

Defensive Warning | | |

HOME _____

Uniform Color _____

Team Fouls:

| 1st Half | 1 | 2 | 3 | 4 | 5 | 6 | | 7 | 8 | 9 | | 10 | + |
| 2nd Half | 1 | 2 | 3 | 4 | 5 | 6 | | 7 | 8 | 9 | | 10 | + |

1 + 1   2 Shots

Time Outs: 60 Secs | 1 | 2 | 3 |

30 Secs | 1 | 2 |

No.	U	Player	Fouls					SCORING: 3 = 3 point goal 2 = 2 point goal • = FT Made ○ = FT missed			
								1st	2nd	3rd	4th
			1	2	3	4	5				
			1	2	3	4	5				
			1	2	3	4	5				
			1	2	3	4	5				
			1	2	3	4	5				
			1	2	3	4	5				
			1	2	3	4	5				
			1	2	3	4	5				
			1	2	3	4	5				
			1	2	3	4	5				
			1	2	3	4	5				
			1	2	3	4	5				

_____   Quarter Total

Running Score

1	29	57
2	30	58
3	31	59
4	32	60
5	33	61
6	34	62
7	35	63
8	36	64
9	37	65
10	38	66
11	39	67
12	40	68
13	41	69
14	42	70
15	43	71
16	44	72
17	45	73
18	46	74
19	47	75
20	48	76
21	49	77
22	50	78
23	51	79
24	52	80
25	53	81
26	54	82
27	55	83
28	56	84

BASKETBALL SCORE SHEET

Date	_____
Game Time	_____
Site	_____
Court #	_____
Referees	_____

Type
- ☐ Traditional
- ☐ Unified

Sex
- ☐ Men
- ☐ Women

Age Group
- ☐ Youth
- ☐ Junior
- ☐ Senior
- ☐ Master
- ☐ Senior Master

Division
- ☐ 1   ☐ 5
- ☐ 2   ☐ 6
- ☐ 3   ☐ 7
- ☐ 4   ☐ 8

VISITORS _____

Uniform Color _____

Team Fouls:
- 1st Half: | 1 | 2 | 3 | 4 | 5 | 6 | | 7 | 8 | 9 | | 10 | + |
- 2nd Half: | 1 | 2 | 3 | 4 | 5 | 6 | | 7 | 8 | 9 | | 10 | + |

1 + 1   2 Shots

Time Outs: 60 Secs | 1 | 2 | 3 |
30 Secs | 1 | 2 |

No.	U	Player	Fouls					SCORING: 3 = 3 point goal 2 = 2 point goal • = FT Made O = FT missed			
								1st	2nd	3rd	4th
			1	2	3	4	5				
			1	2	3	4	5				
			1	2	3	4	5				
			1	2	3	4	5				
			1	2	3	4	5				
			1	2	3	4	5				
			1	2	3	4	5				
			1	2	3	4	5				
			1	2	3	4	5				
			1	2	3	4	5				
			1	2	3	4	5				
			1	2	3	4	5				

FINAL SCORE: _____   Quarter Total

Running Score (Visitors)

1	29	57
2	30	58
3	31	59
4	32	60
5	33	61
6	34	62
7	35	63
8	36	64
9	37	65
10	38	66
11	39	67
12	40	68
13	41	69
14	42	70
15	43	71
16	44	72
17	45	73
18	46	74
19	47	75
20	48	76
21	49	77
22	50	78
23	51	79
24	52	80
25	53	81
26	54	82
27	55	83
28	56	84

Alternating Possession: H V H V H V H V H V H V H V H V H V H V H V H V H V

Defensive Warning | | |

HOME _____

Uniform Color _____

Team Fouls:
- 1st Half: | : | 2 | 3 | 4 | 5 | 6 | | 7 | 8 | 9 | | 10 | + |
- 2nd Half: | : | 2 | 3 | 4 | 5 | 6 | | 7 | 8 | 9 | | 10 | + |

1 + 1   2 Shots

Time Outs: 60 Secs | 1 | 2 | 3 |
30 Secs | 1 | 2 |

No.	U	Player	Fouls					SCORING: 3 = 3 point goal 2 = 2 point goal • = FT Made ○ = FT missed			
								1st	2nd	3rd	4th
			1	2	3	4	5				
			1	2	3	4	5				
			1	2	3	4	5				
			1	2	3	4	5				
			1	2	3	4	5				
			1	2	3	4	5				
			1	2	3	4	5				
			1	2	3	4	5				
			1	2	3	4	5				
			1	2	3	4	5				
			1	2	3	4	5				
			1	2	3	4	5				

_____   Quarter Total

Running Score (Home)

1	29	57
2	30	58
3	31	59
4	32	60
5	33	61
6	34	62
7	35	63
8	36	64
9	37	65
10	38	66
11	39	67
12	40	68
13	41	69
14	42	70
15	43	71
16	44	72
17	45	73
18	46	74
19	47	75
20	48	76
21	49	77
22	50	78
23	51	79
24	52	80
25	53	81
26	54	82
27	55	83
28	56	84

BASKETBALL SCORE SHEET

Date _____	
Game Time _____	
Site _____	
Court # _____	
Referees _____	

Type
- ☐ Traditional
- ☐ Unified

Sex
- ☐ Men
- ☐ Women

Age Group
- ☐ Youth
- ☐ Junior
- ☐ Senior
- ☐ Master
- ☐ Senior Master

Division
- ☐ 1 ☐ 5
- ☐ 2 ☐ 6
- ☐ 3 ☐ 7
- ☐ 4 ☐ 8

VISITORS _____

Uniform Color _____

Team Fouls:	1st Half	1 2 3 4 5 6	7 8 9	10 +	
	2nd Half	1 2 3 4 5 6	7 8 9	10 +	

1 + 1   2 Shots

Time Outs: 60 Secs: 1 2 3
30 Secs: 1 2

No.	U	Player	Fouls	SCORING: 3 = 3 point goal 2 = 2 point goal • = FT Made O = FT missed			
				1st	2nd	3rd	4th
			1 2 3 4 5				
			1 2 3 4 5				
			1 2 3 4 5				
			1 2 3 4 5				
			1 2 3 4 5				
			1 2 3 4 5				
			1 2 3 4 5				
			1 2 3 4 5				
			1 2 3 4 5				
			1 2 3 4 5				
			1 2 3 4 5				
			1 2 3 4 5				

FINAL SCORE: _____   Quarter Total

Running Score (Visitors)

1		29		57	
2		30		58	
3		31		59	
4		32		60	
5		33		61	
6		34		62	
7		35		63	
8		36		64	
9		37		65	
10		38		66	
11		39		67	
12		40		68	
13		41		69	
14		42		70	
15		43		71	
16		44		72	
17		45		73	
18		46		74	
19		47		75	
20		48		76	
21		49		77	
22		50		78	
23		51		79	
24		52		80	
25		53		81	
26		54		82	
27		55		83	
28		56		84	

Alternating Possession: H V H V H V H V H V H V H V H V H V H V H V H V H V H V

Defensive Warning [ ][ ]

HOME _____

Uniform Color _____

Team Fouls:	1st Half	1 2 3 4 5 6	7 8 9	10 +	
	2nd Half	1 2 3 4 5 6	7 8 9	10 +	

1 + 1   2 Shots

Time Outs: 60 Secs: 1 2 3
30 Secs: 1 2

No.	U	Player	Fouls	SCORING: 3 = 3 point goal 2 = 2 point goal • = FT Made ○ = FT missed			
				1st	2nd	3rd	4th
			1 2 3 4 5				
			1 2 3 4 5				
			1 2 3 4 5				
			1 2 3 4 5				
			1 2 3 4 5				
			1 2 3 4 5				
			1 2 3 4 5				
			1 2 3 4 5				
			1 2 3 4 5				
			1 2 3 4 5				
			1 2 3 4 5				
			1 2 3 4 5				

_____   Quarter Total

Running Score (Home)

1		29		57	
2		30		58	
3		31		59	
4		32		60	
5		33		61	
6		34		62	
7		35		63	
8		36		64	
9		37		65	
10		38		66	
11		39		67	
12		40		68	
13		41		69	
14		42		70	
15		43		71	
16		44		72	
17		45		73	
18		46		74	
19		47		75	
20		48		76	
21		49		77	
22		50		78	
23		51		79	
24		52		80	
25		53		81	
26		54		82	
27		55		83	
28		56		84	

BASKETBALL SCORE SHEET

	Type	Age Group	Division	
Date _____	☐ Traditional	☐ Youth	☐ 1	☐ 5
Game Time _____	☐ Unified	☐ Junior	☐ 2	☐ 6
Site _____	**Sex**	☐ Senior	☐ 3	☐ 7
Court # _____	☐ Men	☐ Master	☐ 4	☐ 8
Referees _____	☐ Women	☐ Senior Master		

VISITORS

Uniform Color _____

Team Fouls:

1st Half: | 1 | 2 | 3 | 4 | 5 | 6 | | 7 | 8 | 9 | | 10 | + |

2nd Half: | 1 | 2 | 3 | 4 | 5 | 6 | | 7 | 8 | 9 | | 10 | + |

1 + 1   2 Shots

Time Outs: 60 Secs | 1 | 2 | 3 |

30 Secs | 1 | 2 |

No.	U	Player	Fouls					SCORING: 3 = 3 point goal 2 = 2 point goal • = FT Made O = FT missed			
								1st	2nd	3rd	4th
			1	2	3	4	5				
			1	2	3	4	5				
			1	2	3	4	5				
			1	2	3	4	5				
			1	2	3	4	5				
			1	2	3	4	5				
			1	2	3	4	5				
			1	2	3	4	5				
			1	2	3	4	5				
			1	2	3	4	5				
			1	2	3	4	5				
			1	2	3	4	5				

FINAL SCORE: _____   Quarter Total

Running Score

1	29	57
2	30	58
3	31	59
4	32	60
5	33	61
6	34	62
7	35	63
8	36	64
9	37	65
10	38	66
11	39	67
12	40	68
13	41	69
14	42	70
15	43	71
16	44	72
17	45	73
18	46	74
19	47	75
20	48	76
21	49	77
22	50	78
23	51	79
24	52	80
25	53	81
26	54	82
27	55	83
28	56	84

Alternating Possession: | H | V | H | V | H | V | H | V | H | V | H | V | H | V | H | V | H | V | H | V | H | V | H | V | H | V |

Defensive Warning | | |

HOME

Uniform Color _____

Team Fouls:

1st Half: | 1 | 2 | 3 | 4 | 5 | 6 | | 7 | 8 | 9 | | 10 | + |

2nd Half: | 1 | 2 | 3 | 4 | 5 | 6 | | 7 | 8 | 9 | | 10 | + |

1 + 1   2 Shots

Time Outs: 60 Secs | 1 | 2 | 3 |

30 Secs | 1 | 2 |

No.	U	Player	Fouls					SCORING: 3 = 3 point goal 2 = 2 point goal • = FT Made ○ = FT missed			
								1st	2nd	3rd	4th
			1	2	3	4	5				
			1	2	3	4	5				
			1	2	3	4	5				
			1	2	3	4	5				
			1	2	3	4	5				
			1	2	3	4	5				
			1	2	3	4	5				
			1	2	3	4	5				
			1	2	3	4	5				
			1	2	3	4	5				
			1	2	3	4	5				
			1	2	3	4	5				

_____   Quarter Total

Running Score

1	29	57
2	30	58
3	31	59
4	32	60
5	33	61
6	34	62
7	35	63
8	36	64
9	37	65
10	38	66
11	39	67
12	40	68
13	41	69
14	42	70
15	43	71
16	44	72
17	45	73
18	46	74
19	47	75
20	48	76
21	49	77
22	50	78
23	51	79
24	52	80
25	53	81
26	54	82
27	55	83
28	56	84

BASKETBALL SCORE SHEET

	Type	Age Group	Division	
Date _____	☐ Traditional	☐ Youth	☐ 1 ☐ 5	
Game Time _____	☐ Unified	☐ Junior	☐ 2 ☐ 6	
Site _____	**Sex**	☐ Senior	☐ 3 ☐ 7	
Court # _____	☐ Men	☐ Master	☐ 4 ☐ 8	
Referees _____	☐ Women	☐ Senior Master		

VISITORS _____

Uniform Color _____

Team Fouls:
1st Half | 1 2 3 4 5 6 | 7 8 9 | 10 + | Time Outs: 60 Secs | 1 2 3
2nd Half | 1 2 3 4 5 6 | 7 8 9 | 10 + | 30 Secs | 1 2

1 + 1   2 Shots

SCORING: 3 = 3 point goal 2 = 2 point goal
● = FT Made   O = FT missed

No.	U	Player	Fouls	1st	2nd	3rd	4th
			1 2 3 4 5				
			1 2 3 4 5				
			1 2 3 4 5				
			1 2 3 4 5				
			1 2 3 4 5				
			1 2 3 4 5				
			1 2 3 4 5				
			1 2 3 4 5				
			1 2 3 4 5				
			1 2 3 4 5				
			1 2 3 4 5				
			1 2 3 4 5				

FINAL SCORE: _____   Quarter Total

Running Score (Visitors)

1	29	57
2	30	58
3	31	59
4	32	60
5	33	61
6	34	62
7	35	63
8	36	64
9	37	65
10	38	66
11	39	67
12	40	68
13	41	69
14	42	70
15	43	71
16	44	72
17	45	73
18	46	74
19	47	75
20	48	76
21	49	77
22	50	78
23	51	79
24	52	80
25	53	81
26	54	82
27	55	83
28	56	84

Alternating Possession: H V H V H V H V H V H V H V H V H V H V H V H V

Defensive Warning ☐☐

HOME _____

Uniform Color _____

Team Fouls:
1st Half | 1 2 3 4 5 6 | 7 8 9 | 10 + | Time Outs: 60 Secs | 1 2 3
2nd Half | 1 2 3 4 5 6 | 7 8 9 | 10 + | 30 Secs | 1 2

1 + 1   2 Shots

SCORING: 3 = 3 point goal 2 = 2 point goal
● = FT Made   ○ = FT missed

No.	U	Player	Fouls	1st	2nd	3rd	4th
			1 2 3 4 5				
			1 2 3 4 5				
			1 2 3 4 5				
			1 2 3 4 5				
			1 2 3 4 5				
			1 2 3 4 5				
			1 2 3 4 5				
			1 2 3 4 5				
			1 2 3 4 5				
			1 2 3 4 5				
			1 2 3 4 5				
			1 2 3 4 5				

_____   Quarter Total

Running Score (Home)

1	29	57
2	30	58
3	31	59
4	32	60
5	33	61
6	34	62
7	35	63
8	36	64
9	37	65
10	38	66
11	39	67
12	40	68
13	41	69
14	42	70
15	43	71
16	44	72
17	45	73
18	46	74
19	47	75
20	48	76
21	49	77
22	50	78
23	51	79
24	52	80
25	53	81
26	54	82
27	55	83
28	56	84

BASKETBALL SCORE SHEET

		Type		Age Group		Division			
Date	_____	☐ Traditional	☐ Youth	☐ 1	☐ 5				
Game Time	_____	☐ Unified	☐ Junior	☐ 2	☐ 6				
Site	_____	**Sex**	☐ Senior	☐ 3	☐ 7				
Court #	_____	☐ Men	☐ Master	☐ 4	☐ 8				
Referees	_____	☐ Women	☐ Senior Master						

VISITORS _____

Uniform Color _____

Team Fouls:

1st Half: | 1 | 2 | 3 | 4 | 5 | 6 | | 7 | 8 | 9 | | 10 | + |

2nd Half: | 1 | 2 | 3 | 4 | 5 | 6 | | 7 | 8 | 9 | | 10 | + |

1 + 1   2 Shots

Time Outs: 60 Secs | 1 | 2 | 3 |

30 Secs | 1 | 2 |

SCORING: 3 = 3 point goal 2 = 2 point goal
● = FT Made   O = FT missed

No.	U	Player	Fouls					1st	2nd	3rd	4th
			1	2	3	4	5				
			1	2	3	4	5				
			1	2	3	4	5				
			1	2	3	4	5				
			1	2	3	4	5				
			1	2	3	4	5				
			1	2	3	4	5				
			1	2	3	4	5				
			1	2	3	4	5				
			1	2	3	4	5				
			1	2	3	4	5				
			1	2	3	4	5				
			1	2	3	4	5				

FINAL SCORE: _____   Quarter Total

Alternating Possession: | H | V | H | V | H | V | H | V | H | V | H | V | H | V | H | V | H | V | H | V | H | V | H | V |

Defensive Warning ☐☐

Running Score (Visitors)

1	29	57
2	30	58
3	31	59
4	32	60
5	33	61
6	34	62
7	35	63
8	36	64
9	37	65
10	38	66
11	39	67
12	40	68
13	41	69
14	42	70
15	43	71
16	44	72
17	45	73
18	46	74
19	47	75
20	48	76
21	49	77
22	50	78
23	51	79
24	52	80
25	53	81
26	54	82
27	55	83
28	56	84

HOME _____

Uniform Color _____

Team Fouls:

1st Half: | 1 | 2 | 3 | 4 | 5 | 6 | | 7 | 8 | 9 | | 10 | + |

2nd Half: | 1 | 2 | 3 | 4 | 5 | 6 | | 7 | 8 | 9 | | 10 | + |

1 + 1   2 Shots

Time Outs: 60 Secs | 1 | 2 | 3 |

30 Secs | 1 | 2 |

SCORING: 3 = 3 point goal 2 = 2 point goal
● = FT Made   o = FT missed

No.	U	Player	Fouls					1st	2nd	3rd	4th
			1	2	3	4	5				
			1	2	3	4	5				
			1	2	3	4	5				
			1	2	3	4	5				
			1	2	3	4	5				
			1	2	3	4	5				
			1	2	3	4	5				
			1	2	3	4	5				
			1	2	3	4	5				
			1	2	3	4	5				
			1	2	3	4	5				
			1	2	3	4	5				
			1	2	3	4	5				

_____   Quarter Total

Running Score (Home)

1	29	57
2	30	58
3	31	59
4	32	60
5	33	61
6	34	62
7	35	63
8	36	64
9	37	65
10	38	66
11	39	67
12	40	68
13	41	69
14	42	70
15	43	71
16	44	72
17	45	73
18	46	74
19	47	75
20	48	76
21	49	77
22	50	78
23	51	79
24	52	80
25	53	81
26	54	82
27	55	83
28	56	84

BASKETBALL SCORE SHEET

Date _____

Game Time _____

Site _____

Court # _____

Referees _____

Type
- ☐ Traditional
- ☐ Unified

Sex
- ☐ Men
- ☐ Women

Age Group
- ☐ Youth
- ☐ Junior
- ☐ Senior
- ☐ Master
- ☐ Senior Master

Division
- ☐ 1   ☐ 5
- ☐ 2   ☐ 6
- ☐ 3   ☐ 7
- ☐ 4   ☐ 8

VISITORS _____

Uniform Color _____

Team Fouls:

1st Half | 1 | 2 | 3 | 4 | 5 | 6 | | 7 | 8 | 9 | | 10 | + |

2nd Half | 1 | 2 | 3 | 4 | 5 | 6 | | 7 | 8 | 9 | | 10 | + |

1 + 1   2 Shots

Time Outs: 60 Secs | 1 | 2 | 3 |

30 Secs | 1 | 2 |

SCORING: 3 = 3 point goal   2 = 2 point goal   • = FT Made   O = FT missed

No.	U	Player	Fouls					1st	2nd	3rd	4th
			1	2	3	4	5				
			1	2	3	4	5				
			1	2	3	4	5				
			1	2	3	4	5				
			1	2	3	4	5				
			1	2	3	4	5				
			1	2	3	4	5				
			1	2	3	4	5				
			1	2	3	4	5				
			1	2	3	4	5				
			1	2	3	4	5				
			1	2	3	4	5				

FINAL SCORE: _____   Quarter Total

Alternating Possession | H | V | H | V | H | V | H | V | H | V | H | V | H | V | H | V | H | V | H | V | H | V | H | V |

Defensive Warning ☐☐

Running Score

1	29	57
2	30	58
3	31	59
4	32	60
5	33	61
6	34	62
7	35	63
8	36	64
9	37	65
10	38	66
11	39	67
12	40	68
13	41	69
14	42	70
15	43	71
16	44	72
17	45	73
18	46	74
19	47	75
20	48	76
21	49	77
22	50	78
23	51	79
24	52	80
25	53	81
26	54	82
27	55	83
28	56	84

HOME _____

Uniform Color _____

Team Fouls:

1st Half | 1 | 2 | 3 | 4 | 5 | 6 | | 7 | 8 | 9 | | 10 | + |

2nd Half | 1 | 2 | 3 | 4 | 5 | 6 | | 7 | 8 | 9 | | 10 | + |

1 + 1   2 Shots

Time Outs: 60 Secs | 1 | 2 | 3 |

30 Secs | 1 | 2 |

SCORING: 3 = 3 point goal   2 = 2 point goal   • = FT Made   o = FT missed

No.	U	Player	Fouls					1st	2nd	3rd	4th
			1	2	3	4	5				
			1	2	3	4	5				
			1	2	3	4	5				
			1	2	3	4	5				
			1	2	3	4	5				
			1	2	3	4	5				
			1	2	3	4	5				
			1	2	3	4	5				
			1	2	3	4	5				
			1	2	3	4	5				
			1	2	3	4	5				
			1	2	3	4	5				

_____   Quarter Total

Running Score

1	29	57
2	30	58
3	31	59
4	32	60
5	33	61
6	34	62
7	35	63
8	36	64
9	37	65
10	38	66
11	39	67
12	40	68
13	41	69
14	42	70
15	43	71
16	44	72
17	45	73
18	46	74
19	47	75
20	48	76
21	49	77
22	50	78
23	51	79
24	52	80
25	53	81
26	54	82
27	55	83
28	56	84

BASKETBALL SCORE SHEET

	Type	Age Group	Division	
Date _____	☐ Traditional	☐ Youth	☐ 1	☐ 5
Game Time _____	☐ Unified	☐ Junior	☐ 2	☐ 6
Site _____	**Sex**	☐ Senior	☐ 3	☐ 7
Court # _____	☐ Men	☐ Master	☐ 4	☐ 8
Referees _____	☐ Women	☐ Senior Master		

VISITORS

VISITORS _____   **Uniform Color** _____

Team Fouls:

1st Half: | 1 | 2 | 3 | 4 | 5 | 6 | | 7 | 8 | 9 | | 10 | + |

2nd Half: | 1 | 2 | 3 | 4 | 5 | 6 | | 7 | 8 | 9 | | 10 | + |

1 + 1   2 Shots

Time Outs: 60 Secs | 1 | 2 | 3 |

30 Secs | 1 | 2 |

No.	U	Player	Fouls	SCORING: 3 = 3 point goal 2 = 2 point goal ● = FT Made O = FT missed			
				1st	2nd	3rd	4th
			1 2 3 4 5				
			1 2 3 4 5				
			1 2 3 4 5				
			1 2 3 4 5				
			1 2 3 4 5				
			1 2 3 4 5				
			1 2 3 4 5				
			1 2 3 4 5				
			1 2 3 4 5				
			1 2 3 4 5				
			1 2 3 4 5				
			1 2 3 4 5				

FINAL SCORE: _____   Quarter Total

Alternating Possession: | H | V | H | V | H | V | H | V | H | V | H | V | H | V | H | V | H | V | H | V | H | V | H | V |

Defensive Warning ☐☐

HOME

HOME _____   **Uniform Color** _____

Team Fouls:

1st Half: | 1 | 2 | 3 | 4 | 5 | 6 | | 7 | 8 | 9 | | 10 | + |

2nd Half: | 1 | 2 | 3 | 4 | 5 | 6 | | 7 | 8 | 9 | | 10 | + |

1 + 1   2 Shots

Time Outs: 60 Secs | 1 | 2 | 3 |

30 Secs | 1 | 2 |

No.	U	Player	Fouls	SCORING: 3 = 3 point goal 2 = 2 point goal ● = FT Made ○ = FT missed			
				1st	2nd	3rd	4th
			1 2 3 4 5				
			1 2 3 4 5				
			1 2 3 4 5				
			1 2 3 4 5				
			1 2 3 4 5				
			1 2 3 4 5				
			1 2 3 4 5				
			1 2 3 4 5				
			1 2 3 4 5				
			1 2 3 4 5				
			1 2 3 4 5				
			1 2 3 4 5				

_____   Quarter Total

Running Score (Visitors)

1	29	57
2	30	58
3	31	59
4	32	60
5	33	61
6	34	62
7	35	63
8	36	64
9	37	65
10	38	66
11	39	67
12	40	68
13	41	69
14	42	70
15	43	71
16	44	72
17	45	73
18	46	74
19	47	75
20	48	76
21	49	77
22	50	78
23	51	79
24	52	80
25	53	81
26	54	82
27	55	83
28	56	84

Running Score (Home)

1	29	57
2	30	58
3	31	59
4	32	60
5	33	61
6	34	62
7	35	63
8	36	64
9	37	65
10	38	66
11	39	67
12	40	68
13	41	69
14	42	70
15	43	71
16	44	72
17	45	73
18	46	74
19	47	75
20	48	76
21	49	77
22	50	78
23	51	79
24	52	80
25	53	81
26	54	82
27	55	83
28	56	84

BASKETBALL SCORE SHEET

Date _____

Game Time _____

Site _____

Court # _____

Referees _____

Type
- [ ] Traditional
- [ ] Unified

Sex
- [ ] Men
- [ ] Women

Age Group
- [ ] Youth
- [ ] Junior
- [ ] Senior
- [ ] Master
- [ ] Senior Master

Division
- [ ] 1
- [ ] 2
- [ ] 3
- [ ] 4
- [ ] 5
- [ ] 6
- [ ] 7
- [ ] 8

VISITORS _____

Uniform Color _____

Team Fouls:	1st Half	1 2 3 4 5 6	7 8 9	10 +
	2nd Half	1 2 3 4 5 6	7 8 9	10 +

1 + 1   2 Shots

Time Outs: 60 Secs — 1 2 3

30 Secs — 1 2

Running Score

1	29	57
2	30	58
3	31	59
4	32	60
5	33	61
6	34	62
7	35	63
8	36	64
9	37	65
10	38	66
11	39	67
12	40	68
13	41	69
14	42	70
15	43	71
16	44	72
17	45	73
18	46	74
19	47	75
20	48	76
21	49	77
22	50	78
23	51	79
24	52	80
25	53	81
26	54	82
27	55	83
28	56	84

SCORING: 3 = 3 point goal 2 = 2 point goal
● = FT Made O = FT missed

No.	U	Player	Fouls	1st	2nd	3rd	4th
			1 2 3 4 5				
			1 2 3 4 5				
			1 2 3 4 5				
			1 2 3 4 5				
			1 2 3 4 5				
			1 2 3 4 5				
			1 2 3 4 5				
			1 2 3 4 5				
			1 2 3 4 5				
			1 2 3 4 5				
			1 2 3 4 5				
			1 2 3 4 5				

FINAL SCORE: _____   Quarter Total

Alternating Possession H V H V H V H V H V H V H V H V H V H V H V H V H V

Defensive Warning [ ][ ]

HOME _____

Uniform Color _____

Team Fouls:	1st Half	1 2 3 4 5 6	7 8 9	10 +
	2nd Half	1 2 3 4 5 6	7 8 9	10 +

1 + 1   2 Shots

Time Outs: 60 Secs — 1 2 3

30 Secs — 1 2

Running Score

1	29	57
2	30	58
3	31	59
4	32	60
5	33	61
6	34	62
7	35	63
8	36	64
9	37	65
10	38	66
11	39	67
12	40	68
13	41	69
14	42	70
15	43	71
16	44	72
17	45	73
18	46	74
19	47	75
20	48	76
21	49	77
22	50	78
23	51	79
24	52	80
25	53	81
26	54	82
27	55	83
28	56	84

SCORING: 3 = 3 point goal 2 = 2 point goal
● = FT Made ○ = FT missed

No.	U	Player	Fouls	1st	2nd	3rd	4th
			1 2 3 4 5				
			1 2 3 4 5				
			1 2 3 4 5				
			1 2 3 4 5				
			1 2 3 4 5				
			1 2 3 4 5				
			1 2 3 4 5				
			1 2 3 4 5				
			1 2 3 4 5				
			1 2 3 4 5				
			1 2 3 4 5				
			1 2 3 4 5				

_____   Quarter Total

BASKETBALL SCORE SHEET

	Type	Age Group	Division
Date _____	☐ Traditional	☐ Youth	☐ 1 ☐ 5
Game Time _____	☐ Unified	☐ Junior	☐ 2 ☐ 6
Site _____	**Sex**	☐ Senior	☐ 3 ☐ 7
Court # _____	☐ Men	☐ Master	☐ 4 ☐ 8
Referees _____	☐ Women	☐ Senior Master	

VISITORS _____

Uniform Color _____

Team Fouls:

1st Half: 1 2 3 4 5 6   7 8 9   10 +

2nd Half: 1 2 3 4 5 6   7 8 9   10 +

1 + 1   2 Shots

Time Outs: 60 Secs   1 2 3

30 Secs   1 2

No.	U	Player	Fouls					SCORING: 3 = 3 point goal 2 = 2 point goal • = FT Made O = FT missed			
								1st	2nd	3rd	4th
			1	2	3	4	5				
			1	2	3	4	5				
			1	2	3	4	5				
			1	2	3	4	5				
			1	2	3	4	5				
			1	2	3	4	5				
			1	2	3	4	5				
			1	2	3	4	5				
			1	2	3	4	5				
			1	2	3	4	5				
			1	2	3	4	5				
			1	2	3	4	5				

FINAL SCORE: _____   Quarter Total

Running Score		
1	29	57
2	30	58
3	31	59
4	32	60
5	33	61
6	34	62
7	35	63
8	36	64
9	37	65
10	38	66
11	39	67
12	40	68
13	41	69
14	42	70
15	43	71
16	44	72
17	45	73
18	46	74
19	47	75
20	48	76
21	49	77
22	50	78
23	51	79
24	52	80
25	53	81
26	54	82
27	55	83
28	56	84

Alternating Possession: H V H V H V H V H V H V H V H V H V H V H V H V H V

Defensive Warning ☐

HOME _____

Uniform Color _____

Team Fouls:

1st Half: 1 2 3 4 5 6   7 8 9   10 +

2nd Half: 1 2 3 4 5 6   7 8 9   10 +

1 + 1   2 Shots

Time Outs: 60 Secs   1 2 3

30 Secs   1 2

No.	U	Player	Fouls					SCORING: 3 = 3 point goal 2 = 2 point goal • = FT Made o = FT missed			
								1st	2nd	3rd	4th
			1	2	3	4	5				
			1	2	3	4	5				
			1	2	3	4	5				
			1	2	3	4	5				
			1	2	3	4	5				
			1	2	3	4	5				
			1	2	3	4	5				
			1	2	3	4	5				
			1	2	3	4	5				
			1	2	3	4	5				
			1	2	3	4	5				
			1	2	3	4	5				

_____   Quarter Total

Running Score		
1	29	57
2	30	58
3	31	59
4	32	60
5	33	61
6	34	62
7	35	63
8	36	64
9	37	65
10	38	66
11	39	67
12	40	68
13	41	69
14	42	70
15	43	71
16	44	72
17	45	73
18	46	74
19	47	75
20	48	76
21	49	77
22	50	78
23	51	79
24	52	80
25	53	81
26	54	82
27	55	83
28	56	84

BASKETBALL SCORE SHEET

Type
- ☐ Traditional
- ☐ Unified

Sex
- ☐ Men
- ☐ Women

Age Group
- ☐ Youth
- ☐ Junior
- ☐ Senior
- ☐ Master
- ☐ Senior Master

Division
- ☐ 1   ☐ 5
- ☐ 2   ☐ 6
- ☐ 3   ☐ 7
- ☐ 4   ☐ 8

Date _____

Game Time _____

Site _____

Court # _____

Referees _____

VISITORS _____

Uniform Color _____

Team Fouls:

1st Half | 1 | 2 | 3 | 4 | 5 | 6 | | 7 | 8 | 9 | | 10 | + |

2nd Half | 1 | 2 | 3 | 4 | 5 | 6 | | 7 | 8 | 9 | | 10 | + |

1 + 1   2 Shots

Time Outs: 60 Secs | 1 | 2 | 3 |

30 Secs | 1 | 2 |

No.	U	Player	Fouls					SCORING: 3 = 3 point goal 2 = 2 point goal ● = FT Made O = FT missed			
								1st	2nd	3rd	4th
			1	2	3	4	5				
			1	2	3	4	5				
			1	2	3	4	5				
			1	2	3	4	5				
			1	2	3	4	5				
			1	2	3	4	5				
			1	2	3	4	5				
			1	2	3	4	5				
			1	2	3	4	5				
			1	2	3	4	5				
			1	2	3	4	5				
			1	2	3	4	5				

FINAL SCORE: _____   Quarter Total

Running Score

1		29		57	
2		30		58	
3		31		59	
4		32		60	
5		33		61	
6		34		62	
7		35		63	
8		36		64	
9		37		65	
10		38		66	
11		39		67	
12		40		68	
13		41		69	
14		42		70	
15		43		71	
16		44		72	
17		45		73	
18		46		74	
19		47		75	
20		48		76	
21		49		77	
22		50		78	
23		51		79	
24		52		80	
25		53		81	
26		54		82	
27		55		83	
28		56		84	

Alternating Possession | H | V | H | V | H | V | H | V | H | V | H | V | H | V | H | V | H | V | H | V | H | V | H | V | H | V |

Defensive Warning | | |

HOME _____

Uniform Color _____

Team Fouls:

1st Half | 1 | 2 | 3 | 4 | 5 | 6 | | 7 | 8 | 9 | | 10 | + |

2nd Half | 1 | 2 | 3 | 4 | 5 | 6 | | 7 | 8 | 9 | | 10 | + |

1 + 1   2 Shots

Time Outs: 60 Secs | 1 | 2 | 3 |

30 Secs | 1 | 2 |

No.	U	Player	Fouls					SCORING: 3 = 3 point goal 2 = 2 point goal ● = FT Made ○ = FT missed			
								1st	2nd	3rd	4th
			1	2	3	4	5				
			1	2	3	4	5				
			1	2	3	4	5				
			1	2	3	4	5				
			1	2	3	4	5				
			1	2	3	4	5				
			1	2	3	4	5				
			1	2	3	4	5				
			1	2	3	4	5				
			1	2	3	4	5				
			1	2	3	4	5				
			1	2	3	4	5				

_____   Quarter Total

Running Score

1		29		57	
2		30		58	
3		31		59	
4		32		60	
5		33		61	
6		34		62	
7		35		63	
8		36		64	
9		37		65	
10		38		66	
11		39		67	
12		40		68	
13		41		69	
14		42		70	
15		43		71	
16		44		72	
17		45		73	
18		46		74	
19		47		75	
20		48		76	
21		49		77	
22		50		78	
23		51		79	
24		52		80	
25		53		81	
26		54		82	
27		55		83	
28		56		84	

BASKETBALL SCORE SHEET

Date	_____
Game Time	_____
Site	_____
Court #	_____
Referees	_____

Type
- ☐ Traditional
- ☐ Unified

Sex
- ☐ Men
- ☐ Women

Age Group
- ☐ Youth
- ☐ Junior
- ☐ Senior
- ☐ Master
- ☐ Senior Master

Division
- ☐ 1
- ☐ 2
- ☐ 3
- ☐ 4
- ☐ 5
- ☐ 6
- ☐ 7
- ☐ 8

VISITORS _____

Uniform Color _____

Team Fouls:

1st Half: | 1 | 2 | 3 | 4 | 5 | 6 | | 7 | 8 | 9 | | 10 | + |

2nd Half: | 1 | 2 | 3 | 4 | 5 | 6 | | 7 | 8 | 9 | | 10 | + |

1 + 1   2 Shots

Time Outs: 60 Secs | 1 | 2 | 3 |

30 Secs | 1 | 2 |

No.	U	Player	Fouls					SCORING: 3 = 3 point goal 2 = 2 point goal ● = FT Made O = FT missed			
								1st	2nd	3rd	4th
			1	2	3	4	5				
			1	2	3	4	5				
			1	2	3	4	5				
			1	2	3	4	5				
			1	2	3	4	5				
			1	2	3	4	5				
			1	2	3	4	5				
			1	2	3	4	5				
			1	2	3	4	5				
			1	2	3	4	5				
			1	2	3	4	5				
			1	2	3	4	5				

FINAL SCORE: _____   Quarter Total

Alternating Possession | H | V | H | V | H | V | H | V | H | V | H | V | H | V | H | V | H | V | H | V | H | V |

Defensive Warning | | |

HOME _____

Uniform Color _____

Team Fouls:

1st Half: | 1 | 2 | 3 | 4 | 5 | 6 | | 7 | 8 | 9 | | 10 | + |

2nd Half: | 1 | 2 | 3 | 4 | 5 | 6 | | 7 | 8 | 9 | | 10 | + |

1 + 1   2 Shots

Time Outs: 60 Secs | 1 | 2 | 3 |

30 Secs | 1 | 2 |

No.	U	Player	Fouls					SCORING: 3 = 3 point goal 2 = 2 point goal ● = FT Made ○ = FT missed			
								1st	2nd	3rd	4th
			1	2	3	4	5				
			1	2	3	4	5				
			1	2	3	4	5				
			1	2	3	4	5				
			1	2	3	4	5				
			1	2	3	4	5				
			1	2	3	4	5				
			1	2	3	4	5				
			1	2	3	4	5				
			1	2	3	4	5				
			1	2	3	4	5				
			1	2	3	4	5				

_____   Quarter Total

Running Score (Visitors)

1	29	57
2	30	58
3	31	59
4	32	60
5	33	61
6	34	62
7	35	63
8	36	64
9	37	65
10	38	66
11	39	67
12	40	68
13	41	69
14	42	70
15	43	71
16	44	72
17	45	73
18	46	74
19	47	75
20	48	76
21	49	77
22	50	78
23	51	79
24	52	80
25	53	81
26	54	82
27	55	83
28	56	84

Running Score (Home)

1	29	57
2	30	58
3	31	59
4	32	60
5	33	61
6	34	62
7	35	63
8	36	64
9	37	65
10	38	66
11	39	67
12	40	68
13	41	69
14	42	70
15	43	71
16	44	72
17	45	73
18	46	74
19	47	75
20	48	76
21	49	77
22	50	78
23	51	79
24	52	80
25	53	81
26	54	82
27	55	83
28	56	84

BASKETBALL SCORE SHEET

Date _____		
Game Time _____		
Site _____		
Court # _____		
Referees _____		

Type
- ☐ Traditional
- ☐ Unified

Sex
- ☐ Men
- ☐ Women

Age Group
- ☐ Youth
- ☐ Junior
- ☐ Senior
- ☐ Master
- ☐ Senior Master

Division
- ☐ 1 ☐ 5
- ☐ 2 ☐ 6
- ☐ 3 ☐ 7
- ☐ 4 ☐ 8

VISITORS _____

Uniform Color _____

Team Fouls:
1st Half | 1 | 2 | 3 | 4 | 5 | 6 | 7 | 8 | 9 | 10 | +
2nd Half | 1 | 2 | 3 | 4 | 5 | 6 | 7 | 8 | 9 | 10 | +
1 + 1   2 Shots

Time Outs: 60 Secs | 1 | 2 | 3
30 Secs | 1 | 2

Running Score

1	29	57
2	30	58
3	31	59
4	32	60
5	33	61
6	34	62
7	35	63
8	36	64
9	37	65
10	38	66
11	39	67
12	40	68
13	41	69
14	42	70
15	43	71
16	44	72
17	45	73
18	46	74
19	47	75
20	48	76
21	49	77
22	50	78
23	51	79
24	52	80
25	53	81
26	54	82
27	55	83
28	56	84

SCORING: 3 = 3 point goal 2 = 2 point goal
● = FT Made   O = FT missed

No.	U	Player	Fouls	1st	2nd	3rd	4th
			1 2 3 4 5				
			1 2 3 4 5				
			1 2 3 4 5				
			1 2 3 4 5				
			1 2 3 4 5				
			1 2 3 4 5				
			1 2 3 4 5				
			1 2 3 4 5				
			1 2 3 4 5				
			1 2 3 4 5				
			1 2 3 4 5				
			1 2 3 4 5				

FINAL SCORE: _____ Quarter Total

Alternating Possession | H | V | H | V | H | V | H | V | H | V | H | V | H | V | H | V | H | V | H | V | H | V | H | V |

Defensive Warning ☐ ☐

HOME _____

Uniform Color _____

Team Fouls:
1st Half | 1 | 2 | 3 | 4 | 5 | 6 | 7 | 8 | 9 | 10 | +
2nd Half | 1 | 2 | 3 | 4 | 5 | 6 | 7 | 8 | 9 | 10 | +
1 + 1   2 Shots

Time Outs: 60 Secs | 1 | 2 | 3
30 Secs | 1 | 2

Running Score

1	29	57
2	30	58
3	31	59
4	32	60
5	33	61
6	34	62
7	35	63
8	36	64
9	37	65
10	38	66
11	39	67
12	40	68
13	41	69
14	42	70
15	43	71
16	44	72
17	45	73
18	46	74
19	47	75
20	48	76
21	49	77
22	50	78
23	51	79
24	52	80
25	53	81
26	54	82
27	55	83
28	56	84

SCORING: 3 = 3 point goal 2 = 2 point goal
● = FT Made   ○ = FT missed

No.	U	Player	Fouls	1st	2nd	3rd	4th
			1 2 3 4 5				
			1 2 3 4 5				
			1 2 3 4 5				
			1 2 3 4 5				
			1 2 3 4 5				
			1 2 3 4 5				
			1 2 ·3 4 5				
			1 2 3 4 5				
			1 2 3 4 5				
			1 2 3 4 5				
			1 2 3 4 5				
			1 2 3 4 5				

_____ Quarter Total

BASKETBALL SCORE SHEET

		Type		Age Group		Division			
Date	_____	☐ Traditional		☐ Youth		☐ 1	☐ 5		
Game Time	_____	☐ Unified		☐ Junior		☐ 2	☐ 6		
Site	_____	**Sex**		☐ Senior		☐ 3	☐ 7		
Court #	_____	☐ Men		☐ Master		☐ 4	☐ 8		
Referees	_____	☐ Women		☐ Senior Master					

VISITORS _____   Uniform Color _____

Team Fouls:
- 1st Half: 1 2 3 4 5 6 | 7 8 9 | 10 +
- 2nd Half: 1 2 3 4 5 6 | 7 8 9 | 10 +
- 1 + 1   2 Shots

Time Outs: 60 Secs: 1 2 3
30 Secs: 1 2

No.	U	Player	Fouls	SCORING: 3 = 3 point goal 2 = 2 point goal • = FT Made O = FT missed			
				1st	2nd	3rd	4th
			1 2 3 4 5				
			1 2 3 4 5				
			1 2 3 4 5				
			1 2 3 4 5				
			1 2 3 4 5				
			1 2 3 4 5				
			1 2 3 4 5				
			1 2 3 4 5				
			1 2 3 4 5				
			1 2 3 4 5				
			1 2 3 4 5				
			1 2 3 4 5				

FINAL SCORE: _____   Quarter Total

Alternating Possession: H V H V H V H V H V H V H V H V H V H V H V H V   Defensive Warning ☐☐

Running Score (VISITORS)

1	29	57
2	30	58
3	31	59
4	32	60
5	33	61
6	34	62
7	35	63
8	36	64
9	37	65
10	38	66
11	39	67
12	40	68
13	41	69
14	42	70
15	43	71
16	44	72
17	45	73
18	46	74
19	47	75
20	48	76
21	49	77
22	50	78
23	51	79
24	52	80
25	53	81
26	54	82
27	55	83
28	56	84

HOME _____   Uniform Color _____

Team Fouls:
- 1st Half: 1 2 3 4 5 6 | 7 8 9 | 10 +
- 2nd Half: 1 2 3 4 5 6 | 7 8 9 | 10 +
- 1 + 1   2 Shots

Time Outs: 60 Secs: 1 2 3
30 Secs: 1 2

No.	U	Player	Fouls	SCORING: 3 = 3 point goal 2 = 2 point goal • = FT Made ○ = FT missed			
				1st	2nd	3rd	4th
			1 2 3 4 5				
			1 2 3 4 5				
			1 2 3 4 5				
			1 2 3 4 5				
			1 2 3 4 5				
			1 2 3 4 5				
			1 2 3 4 5				
			1 2 3 4 5				
			1 2 3 4 5				
			1 2 3 4 5				
			1 2 3 4 5				
			1 2 3 4 5				

_____   Quarter Total

Running Score (HOME)

1	29	57
2	30	58
3	31	59
4	32	60
5	33	61
6	34	62
7	35	63
8	36	64
9	37	65
10	38	66
11	39	67
12	40	68
13	41	69
14	42	70
15	43	71
16	44	72
17	45	73
18	46	74
19	47	75
20	48	76
21	49	77
22	50	78
23	51	79
24	52	80
25	53	81
26	54	82
27	55	83
28	56	84

BASKETBALL SCORE SHEET

		Type	Age Group	Division
Date	_____	☐ Traditional	☐ Youth	☐ 1 ☐ 5
Game Time	_____	☐ Unified	☐ Junior	☐ 2 ☐ 6
Site	_____	**Sex**	☐ Senior	☐ 3 ☐ 7
Court #	_____	☐ Men	☐ Master	☐ 4 ☐ 8
Referees	_____	☐ Women	☐ Senior Master	

VISITORS _____

Uniform Color _____

Team Fouls:

1st Half | 1 | 2 | 3 | 4 | 5 | 6 | | 7 | 8 | 9 | | 10 | + |

2nd Half | 1 | 2 | 3 | 4 | 5 | 6 | | 7 | 8 | 9 | | 10 | + |

1 + 1   2 Shots

Time Outs: 60 Secs | 1 | 2 | 3 |

30 Secs | 1 | 2 |

No.	U	Player	Fouls					1st	2nd	3rd	4th
			1	2	3	4	5				
			1	2	3	4	5				
			1	2	3	4	5				
			1	2	3	4	5				
			1	2	3	4	5				
			1	2	3	4	5				
			1	2	3	4	5				
			1	2	3	4	5				
			1	2	3	4	5				
			1	2	3	4	5				
			1	2	3	4	5				
			1	2	3	4	5				

SCORING: 3 = 3 point goal 2 = 2 point goal   ● = FT Made   O = FT missed

FINAL SCORE: _____   Quarter Total

Alternating Possession | H | V | H | V | H | V | H | V | H | V | H | V | H | V | H | V | H | V | H | V | H | V | H | V |

Defensive Warning ☐☐

Running Score (Visitors)

1		29		57	
2		30		58	
3		31		59	
4		32		60	
5		33		61	
6		34		62	
7		35		63	
8		36		64	
9		37		65	
10		38		66	
11		39		67	
12		40		68	
13		41		69	
14		42		70	
15		43		71	
16		44		72	
17		45		73	
18		46		74	
19		47		75	
20		48		76	
21		49		77	
22		50		78	
23		51		79	
24		52		80	
25		53		81	
26		54		82	
27		55		83	
28		56		84	

HOME _____

Uniform Color _____

Team Fouls:

1st Half | 1 | 2 | 3 | 4 | 5 | 6 | | 7 | 8 | 9 | | 10 | + |

2nd Half | 1 | 2 | 3 | 4 | 5 | 6 | | 7 | 8 | 9 | | 10 | + |

1 + 1   2 Shots

Time Outs: 60 Secs | 1 | 2 | 3 |

30 Secs | 1 | 2 |

No.	U	Player	Fouls					1st	2nd	3rd	4th
			1	2	3	4	5				
			1	2	3	4	5				
			1	2	3	4	5				
			1	2	3	4	5				
			1	2	3	4	5				
			1	2	3	4	5				
			1	2	3	4	5				
			1	2	3	4	5				
			1	2	3	4	5				
			1	2	3	4	5				
			1	2	3	4	5				
			1	2	3	4	5				

SCORING: 3 = 3 point goal 2 = 2 point goal   ● = FT Made   ○ = FT missed

_____   Quarter Total

Running Score (Home)

1		29		57	
2		30		58	
3		31		59	
4		32		60	
5		33		61	
6		34		62	
7		35		63	
8		36		64	
9		37		65	
10		38		66	
11		39		67	
12		40		68	
13		41		69	
14		42		70	
15		43		71	
16		44		72	
17		45		73	
18		46		74	
19		47		75	
20		48		76	
21		49		77	
22		50		78	
23		51		79	
24		52		80	
25		53		81	
26		54		82	
27		55		83	
28		56		84	

BASKETBALL SCORE SHEET

Date _____

Game Time _____

Site _____

Court # _____

Referees _____

Type
- ☐ Traditional
- ☐ Unified

Sex
- ☐ Men
- ☐ Women

Age Group
- ☐ Youth
- ☐ Junior
- ☐ Senior
- ☐ Master
- ☐ Senior Master

Division
- ☐ 1   ☐ 5
- ☐ 2   ☐ 6
- ☐ 3   ☐ 7
- ☐ 4   ☐ 8

VISITORS _____

Uniform Color _____

Team Fouls:

1st Half | 1 | 2 | 3 | 4 | 5 | 6 | 7 | 8 | 9 | 10 | + |

2nd Half | 1 | 2 | 3 | 4 | 5 | 6 | 7 | 8 | 9 | 10 | + |

1 + 1   2 Shots

Time Outs: 60 Secs | 1 | 2 | 3 |

30 Secs | 1 | 2 |

SCORING: 3 = 3 point goal 2 = 2 point goal
● = FT Made   O = FT missed

No.	U	Player	Fouls					1st	2nd	3rd	4th
			1	2	3	4	5				
			1	2	3	4	5				
			1	2	3	4	5				
			1	2	3	4	5				
			1	2	3	4	5				
			1	2	3	4	5				
			1	2	3	4	5				
			1	2	3	4	5				
			1	2	3	4	5				
			1	2	3	4	5				
			1	2	3	4	5				
			1	2	3	4	5				
			1	2	3	4	5				

FINAL SCORE: _____   Quarter Total

Alternating Possession | H | V | H | V | H | V | H | V | H | V | H | V | H | V | H | V | H | V | H | V | H | V | H | V |

Defensive Warning | ☐ |

Running Score (Visitors)

1	29	57
2	30	58
3	31	59
4	32	60
5	33	61
6	34	62
7	35	63
8	36	64
9	37	65
10	38	66
11	39	67
12	40	68
13	41	69
14	42	70
15	43	71
16	44	72
17	45	73
18	46	74
19	47	75
20	48	76
21	49	77
22	50	78
23	51	79
24	52	80
25	53	81
26	54	82
27	55	83
28	56	84

HOME _____

Uniform Color _____

Team Fouls:

1st Half | 1 | 2 | 3 | 4 | 5 | 6 | 7 | 8 | 9 | 10 | + |

2nd Half | 1 | 2 | 3 | 4 | 5 | 6 | 7 | 8 | 9 | 10 | + |

1 + 1   2 Shots

Time Outs: 60 Secs | 1 | 2 | 3 |

30 Secs | 1 | 2 |

SCORING: 3 = 3 point goal 2 = 2 point goal
● = FT Made   ○ = FT missed

No.	U	Player	Fouls					1st	2nd	3rd	4th
			1	2	3	4	5				
			1	2	3	4	5				
			1	2	3	4	5				
			1	2	3	4	5				
			1	2	3	4	5				
			1	2	3	4	5				
			1	2	3	4	5				
			1	2	3	4	5				
			1	2	3	4	5				
			1	2	3	4	5				
			1	2	3	4	5				
			1	2	3	4	5				
			1	2	3	4	5				

_____   Quarter Total

Running Score (Home)

1	29	57
2	30	58
3	31	59
4	32	60
5	33	61
6	34	62
7	35	63
8	36	64
9	37	65
10	38	66
11	39	67
12	40	68
13	41	69
14	42	70
15	43	71
16	44	72
17	45	73
18	46	74
19	47	75
20	48	76
21	49	77
22	50	78
23	51	79
24	52	80
25	53	81
26	54	82
27	55	83
28	56	84

BASKETBALL SCORE SHEET

		Type		**Age Group**		**Division**		
Date	_____	☐ Traditional	☐ Youth	☐ 1	☐ 5
Game Time	_____	☐ Unified	☐ Junior	☐ 2	☐ 6
Site	_____	**Sex**	☐ Senior	☐ 3	☐ 7
Court #	_____	☐ Men	☐ Master	☐ 4	☐ 8
Referees	_____	☐ Women	☐ Senior Master		

VISITORS _____

Uniform Color _____

Team Fouls:	1st Half	1 2 3 4 5 6	7 8 9	10 +
	2nd Half	1 2 3 4 5 6	7 8 9	10 +

1 + 1   2 Shots

Time Outs: 60 Secs [1 2 3]
30 Secs [1 2]

No.	U	Player	Fouls	SCORING: 3 = 3 point goal 2 = 2 point goal • = FT Made O = FT missed			
				1st	2nd	3rd	4th
			1 2 3 4 5				
			1 2 3 4 5				
			1 2 3 4 5				
			1 2 3 4 5				
			1 2 3 4 5				
			1 2 3 4 5				
			1 2 3 4 5				
			1 2 3 4 5				
			1 2 3 4 5				
			1 2 3 4 5				
			1 2 3 4 5				
			1 2 3 4 5				

FINAL SCORE: _____   Quarter Total

Alternating Possession	H V H V H V H V H V H V H V H V H V H V H V H V H V	Defensive Warning [ ]

Running Score (Visitors)

1	29	57
2	30	58
3	31	59
4	32	60
5	33	61
6	34	62
7	35	63
8	36	64
9	37	65
10	38	66
11	39	67
12	40	68
13	41	69
14	42	70
15	43	71
16	44	72
17	45	73
18	46	74
19	47	75
20	48	76
21	49	77
22	50	78
23	51	79
24	52	80
25	53	81
26	54	82
27	55	83
28	56	84

HOME _____

Uniform Color _____

Team Fouls:	1st Half	1 2 3 4 5 6	7 8 9	10 +
	2nd Half	1 2 3 4 5 6	7 8 9	10 +

1 + 1   2 Shots

Time Outs: 60 Secs [1 2 3]
30 Secs [1 2]

No.	U	Player	Fouls	SCORING: 3 = 3 point goal 2 = 2 point goal • = FT Made o = FT missed			
				1st	2nd	3rd	4th
			1 2 3 4 5				
			1 2 3 4 5				
			1 2 3 4 5				
			1 2 3 4 5				
			1 2 3 4 5				
			1 2 3 4 5				
			1 2 3 4 5				
			1 2 3 4 5				
			1 2 3 4 5				
			1 2 3 4 5				
			1 2 3 4 5				
			1 2 3 4 5				

_____   Quarter Total

Running Score (Home)

1	29	57
2	30	58
3	31	59
4	32	60
5	33	61
6	34	62
7	35	63
8	36	64
9	37	65
10	38	66
11	39	67
12	40	68
13	41	69
14	42	70
15	43	71
16	44	72
17	45	73
18	46	74
19	47	75
20	48	76
21	49	77
22	50	78
23	51	79
24	52	80
25	53	81
26	54	82
27	55	83
28	56	84

BASKETBALL SCORE SHEET

Date _____

Game Time _____

Site _____

Court # _____

Referees _____

Type
- ☐ Traditional
- ☐ Unified

Sex
- ☐ Men
- ☐ Women

Age Group
- ☐ Youth
- ☐ Junior
- ☐ Senior
- ☐ Master
- ☐ Senior Master

Division
- ☐ 1   ☐ 5
- ☐ 2   ☐ 6
- ☐ 3   ☐ 7
- ☐ 4   ☐ 8

VISITORS _____

Uniform Color _____

Team Fouls:

1st Half | 1 2 3 4 5 6 | 7 8 9 | 10 + |

2nd Half | 1 2 3 4 5 6 | 7 8 9 | 10 + |

1 + 1   2 Shots

Time Outs: 60 Secs | 1 2 3 |

30 Secs | 1 2 |

SCORING: 3 = 3 point goal 2 = 2 point goal
● = FT Made   O = FT missed

No.	U	Player	Fouls					1st	2nd	3rd	4th
			1	2	3	4	5				
			1	2	3	4	5				
			1	2	3	4	5				
			1	2	3	4	5				
			1	2	3	4	5				
			1	2	3	4	5				
			1	2	3	4	5				
			1	2	3	4	5				
			1	2	3	4	5				
			1	2	3	4	5				
			1	2	3	4	5				
			1	2	3	4	5				
			1	2	3	4	5				

FINAL SCORE: _____   Quarter Total

Running Score (Visitors)

1	29	57
2	30	58
3	31	59
4	32	60
5	33	61
6	34	62
7	35	63
8	36	64
9	37	65
10	38	66
11	39	67
12	40	68
13	41	69
14	42	70
15	43	71
16	44	72
17	45	73
18	46	74
19	47	75
20	48	76
21	49	77
22	50	78
23	51	79
24	52	80
25	53	81
26	54	82
27	55	83
28	56	84

Alternating Possession: H V H V H V H V H V H V H V H V H V H V H V H V H V H V

Defensive Warning ☐☐

HOME _____

Uniform Color _____

Team Fouls:

1st Half | 1 2 3 4 5 6 | 7 8 9 | 10 + |

2nd Half | 1 2 3 4 5 6 | 7 8 9 | 10 + |

1 + 1   2 Shots

Time Outs: 60 Secs | 1 2 3 |

30 Secs | 1 2 |

SCORING: 3 = 3 point goal 2 = 2 point goal
● = FT Made   ○ = FT missed

No.	U	Player	Fouls					1st	2nd	3rd	4th
			1	2	3	4	5				
			1	2	3	4	5				
			1	2	3	4	5				
			1	2	3	4	5				
			1	2	3	4	5				
			1	2	3	4	5				
			1	2	3	4	5				
			1	2	3	4	5				
			1	2	3	4	5				
			1	2	3	4	5				
			1	2	3	4	5				
			1	2	3	4	5				
			1	2	3	4	5				

_____   Quarter Total

Running Score (Home)

1	29	57
2	30	58
3	31	59
4	32	60
5	33	61
6	34	62
7	35	63
8	36	64
9	37	65
10	38	66
11	39	67
12	40	68
13	41	69
14	42	70
15	43	71
16	44	72
17	45	73
18	46	74
19	47	75
20	48	76
21	49	77
22	50	78
23	51	79
24	52	80
25	53	81
26	54	82
27	55	83
28	56	84

BASKETBALL SCORE SHEET

Date _____

Game Time _____

Site _____

Court # _____

Referees _____

Type
- [ ] Traditional
- [ ] Unified

Sex
- [ ] Men
- [ ] Women

Age Group
- [ ] Youth
- [ ] Junior
- [ ] Senior
- [ ] Master
- [ ] Senior Master

Division
- [ ] 1   [ ] 5
- [ ] 2   [ ] 6
- [ ] 3   [ ] 7
- [ ] 4   [ ] 8

VISITORS _____   **Uniform Color** _____

Team Fouls:

| 1st Half | 1 | 2 | 3 | 4 | 5 | 6 | | 7 | 8 | 9 | | 10 | + |
| 2nd Half | 1 | 2 | 3 | 4 | 5 | 6 | | 7 | 8 | 9 | | 10 | + |

1 + 1   2 Shots

Time Outs: 60 Secs | 1 | 2 | 3 |

30 Secs | 1 | 2 |

No.	U	Player	Fouls					SCORING: 3 = 3 point goal 2 = 2 point goal ● = FT Made O = FT missed			
								1st	2nd	3rd	4th
			1	2	3	4	5				
			1	2	3	4	5				
			1	2	3	4	5				
			1	2	3	4	5				
			1	2	3	4	5				
			1	2	3	4	5				
			1	2	3	4	5				
			1	2	3	4	5				
			1	2	3	4	5				
			1	2	3	4	5				
			1	2	3	4	5				
			1	2	3	4	5				

FINAL SCORE: _____   Quarter Total

Running Score

1		29		57	
2		30		58	
3		31		59	
4		32		60	
5		33		61	
6		34		62	
7		35		63	
8		36		64	
9		37		65	
10		38		66	
11		39		67	
12		40		68	
13		41		69	
14		42		70	
15		43		71	
16		44		72	
17		45		73	
18		46		74	
19		47		75	
20		48		76	
21		49		77	
22		50		78	
23		51		79	
24		52		80	
25		53		81	
26		54		82	
27		55		83	
28		56		84	

Alternating Possession | H | V | H | V | H | V | H | V | H | V | H | V | H | V | H | V | H | V | H | V | H | V | H | V |

Defensive Warning | | |

HOME _____   **Uniform Color** _____

Team Fouls:

| 1st Half | 1 | 2 | 3 | 4 | 5 | 6 | | 7 | 8 | 9 | | 10 | + |
| 2nd Half | 1 | 2 | 3 | 4 | 5 | 6 | | 7 | 8 | 9 | | 10 | + |

1 + 1   2 Shots

Time Outs: 60 Secs | 1 | 2 | 3 |

30 Secs | 1 | 2 |

No.	U	Player	Fouls					SCORING: 3 = 3 point goal 2 = 2 point goal ● = FT Made ○ = FT missed			
								1st	2nd	3rd	4th
			1	2	3	4	5				
			1	2	3	4	5				
			1	2	3	4	5				
			1	2	3	4	5				
			1	2	3	4	5				
			1	2	3	4	5				
			1	2	3	4	5				
			1	2	3	4	5				
			1	2	3	4	5				
			1	2	3	4	5				
			1	2	3	4	5				
			1	2	3	4	5				

_____   Quarter Total

Running Score

1		29		57	
2		30		58	
3		31		59	
4		32		60	
5		33		61	
6		34		62	
7		35		63	
8		36		64	
9		37		65	
10		38		66	
11		39		67	
12		40		68	
13		41		69	
14		42		70	
15		43		71	
16		44		72	
17		45		73	
18		46		74	
19		47		75	
20		48		76	
21		49		77	
22		50		78	
23		51		79	
24		52		80	
25		53		81	
26		54		82	
27		55		83	
28		56		84	

BASKETBALL SCORE SHEET

Date _____	**Type**	**Age Group**	**Division**
Game Time _____	☐ Traditional	☐ Youth	☐ 1 ☐ 5
Site _____	☐ Unified	☐ Junior	☐ 2 ☐ 6
Court # _____	**Sex**	☐ Senior	☐ 3 ☐ 7
Referees _____	☐ Men	☐ Master	☐ 4 ☐ 8
	☐ Women	☐ Senior Master	

VISITORS

VISITORS _____   **Uniform Color** _____

Team Fouls:
1st Half | 1 | 2 | 3 | 4 | 5 | 6 | 7 | 8 | 9 | 10 | + |
2nd Half | 1 | 2 | 3 | 4 | 5 | 6 | 7 | 8 | 9 | 10 | + |
1 + 1   2 Shots

Time Outs: 60 Secs | 1 | 2 | 3 |
30 Secs | 1 | 2 |

No.	U	Player	Fouls	SCORING: 3 = 3 point goal 2 = 2 point goal • = FT Made ○ = FT missed				
					1st	2nd	3rd	4th
			1 2 3 4 5				
			1 2 3 4 5				
			1 2 3 4 5				
			1 2 3 4 5				
			1 2 3 4 5				
			1 2 3 4 5				
			1 2 3 4 5				
			1 2 3 4 5				
			1 2 3 4 5				
			1 2 3 4 5				
			1 2 3 4 5				
			1 2 3 4 5				

FINAL SCORE: _____   Quarter Total

Running Score (Visitors)

1	29	57	15	43	71
2	30	58	16	44	72
3	31	59	17	45	73
4	32	60	18	46	74
5	33	61	19	47	75
6	34	62	20	48	76
7	35	63	21	49	77
8	36	64	22	50	78
9	37	65	23	51	79
10	38	66	24	52	80
11	39	67	25	53	81
12	40	68	26	54	82
13	41	69	27	55	83
14	42	70	28	56	84

Alternating Possession | H | V | H | V | H | V | H | V | H | V | H | V | H | V | H | V | H | V | H | V | H | V |

Defensive Warning ☐☐

HOME

HOME _____   **Uniform Color** _____

Team Fouls:
1st Half | 1 | 2 | 3 | 4 | 5 | 6 | 7 | 8 | 9 | 10 | + |
2nd Half | 1 | 2 | 3 | 4 | 5 | 6 | 7 | 8 | 9 | 10 | + |
1 + 1   2 Shots

Time Outs: 60 Secs | 1 | 2 | 3 |
30 Secs | 1 | 2 |

No.	U	Player	Fouls	SCORING: 3 = 3 point goal 2 = 2 point goal • = FT Made ○ = FT missed				
					1st	2nd	3rd	4th
			1 2 3 4 5				
			1 2 3 4 5				
			1 2 3 4 5				
			1 2 3 4 5				
			1 2 3 4 5				
			1 2 3 4 5				
			1 2 3 4 5				
			1 2 3 4 5				
			1 2 3 4 5				
			1 2 3 4 5				
			1 2 3 4 5				
			1 2 3 4 5				

_____   Quarter Total

Running Score (Home)

1	29	57	15	43	71
2	30	58	16	44	72
3	31	59	17	45	73
4	32	60	18	46	74
5	33	61	19	47	75
6	34	62	20	48	76
7	35	63	21	49	77
8	36	64	22	50	78
9	37	65	23	51	79
10	38	66	24	52	80
11	39	67	25	53	81
12	40	68	26	54	82
13	41	69	27	55	83
14	42	70	28	56	84

Printed in Great Britain
by Amazon